国家社科基金重大项目"21世纪世界马克思主义发展状况与前景研究"（16ZDA001）

复旦大学马克思主义学院"望道书库"

教育部人文社科重点研究基地复旦大学当代国外马克思主义研究中心

21世纪世界马克思主义研究丛书

主编 王凤才

诺曼·莱文视域中的
马克思恩格斯关系

The Relationship between Marx and Engels
from the Perspective of Norman Levine

袁 芃▪著

中国社会科学出版社

图书在版编目（CIP）数据

诺曼·莱文视域中的马克思恩格斯关系 / 袁芃著.
北京：中国社会科学出版社，2025. 8. -- （21 世纪世界
马克思主义研究丛书）. -- ISBN 978-7-5227-5245-7

Ⅰ. B089.1
中国国家版本馆 CIP 数据核字第 2025WY4773 号

出 版 人	季为民	
责任编辑	杨晓芳	
责任校对	夏慧萍	
责任印制	张雪娇	

出　　版	中国社会科学出版社	
社　　址	北京鼓楼西大街甲 158 号	
邮　　编	100720	
网　　址	http://www.csspw.cn	
发 行 部	010-84083685	
门 市 部	010-84029450	
经　　销	新华书店及其他书店	

印　　刷	北京明恒达印务有限公司	
装　　订	廊坊市广阳区广增装订厂	
版　　次	2025 年 8 月第 1 版	
印　　次	2025 年 8 月第 1 次印刷	

开　　本	710×1000　1/16	
印　　张	17	
字　　数	226 千字	
定　　价	98.00 元	

21 世纪世界马克思主义基本格局

（代总序）

王凤才

马克思主义自诞生之日起，就经历着曲折的发展过程。苏东剧变后，马克思主义在西方世界被进一步边缘化，在原苏东国家失去了在意识形态与学术领域原有的主导地位。然而，经过短暂沉寂之后，马克思主义迅速复兴，21 世纪以来，在世界范围内甚至还出现了"马克思热"。从基本格局来看，21 世纪世界马克思主义主要分为五大地域：（1）21 世纪欧陆国家马克思主义，主要包括德国、法国、意大利、西班牙等国家的马克思主义发展状况；（2）21 世纪英语国家马克思主义，主要包括英国、美国、加拿大、澳大利亚等国家的马克思主义发展状况；（3）21 世纪原苏东国家马克思主义，主要包括原苏联国家、中东欧国家的马克思主义发展状况；（4）21 世纪非洲—拉美国家马克思主义，主要包括非洲国家、拉美国家的马克思主义发展状况；（5）21 世纪亚洲国家马克思主义，主要包括中国、印度、日本、韩国、越南、老挝、非洲国家、拉美国家的马克思主义发展状况，尤其是 21 世纪中国化马克思主义的最新理论成果。21 世纪国外马克思主义与 21 世纪中国化马克思主义一起，构成了 21 世纪世界马克思主义基本格局；从"单数的、非反思的马克思主义"到"复数的、创新的马克思主义"，构成了 21 世纪世界马克思主义研究基本框架；21 世纪世界马克思主义与 21 世纪社会主义—新共产主义思潮、激进左翼思潮、新社会运动交织在一起，构成了当代世界社会、经济、政治、思想文化领域的一道亮丽风景线。

一　21 世纪世界马克思主义阐释路径

第一，国外马克思学阐释路径

根据目前掌握的材料，"马克思学家"概念最早是由梁赞诺夫提出的。1928 年，在《马克思主义历史概论》"序言"中，梁赞诺夫提到"各种马克思学家"①。不过，"马克思学"概念则来自吕贝尔创办的《马克思学研究》（Etudes de Marxologie，1959）。吕贝尔说，马克思的大量思想遗产、社会活动、众多门徒、著作发表史、迄今尚无可靠的著作全集，以及各种马克思主义流派之间巨大的意识形态分歧，使得马克思学研究成为必要。②

学界一般认为，"马克思学"并非统一的学派或系统的学科，其共同性仅仅在于研究对象。总体来说，"马克思学"是对马克思的生平著述、著作版本、思想发展、理论观点、学术关系，以及马克思所有后继者的思想和各种马克思主义学派之间的差异进行跨学科、超意识形态、纯学术的研究。这种研究主要集中在三个方面：（1）文献学考证。例如，《资本论》之马克思手稿与恩格斯编辑稿的关系问题；《黑格尔法哲学批判》以及《导言》的撰写时间问题，等等。（2）文本学解读。例如，《德意志意识形态》、"巴黎手稿"的文本学研究，等等。（3）理论问题研究。例如，马克思与马克思主义的关系问题、马克思思想的来

---

① 杜章智：《一个反马克思主义的"马克思学家"：M. 吕贝尔》，载《马列主义研究资料》1982 年第 5 辑，第 232 页。

② 转自叶卫平《西方"马克思学"研究》，北京出版社 1995 年版，第 5—6 页。

源问题、马克思思想的发展逻辑问题、MEGA^2 中的马克思恩格斯学术关系问题、马克思与意识形态问题、马克思与伦理学问题、剩余价值分配理论问题，等等。①

第二，正统马克思主义阐释路径

根据目前掌握的材料，"马克思主义者"概念最早出现于维拉·伊万诺夫娜·查苏利奇给马克思的信（1881.2.16）中。她这样写道：那些鼓吹"农村公社注定要灭亡"的人，自称是"你的学生和马克思主义者"②。马克思回信（第二草稿第二点）说：关于您所讲到的俄国的"马克思主义者"，我完全不知道。现在和我保持个人联系的一些俄国人，就我所知，是持有完全相反的观点的。③ 那么，作为名词的"马克思主义"概念，是否可以说最早出现于 1882 年呢？在恩格斯致爱德华·伯恩施坦的信（1882.11.2－3）中，有这样的说法："您屡次硬说的'马克思主义'在法国威信扫地，所依据的也就是这个唯一的来源，即马隆的陈词滥调。诚然，法国的所谓'马克思主义'完全是这样一种特殊的产物，以致有一次马克思对拉法格说：'有一点可以肯定，我不是马克思主义者。'"④

所谓"正统马克思主义"，主要包括恩格斯以及第二国际马克思主义、列宁主义以及第三国际马克思主义、原苏东国家的传统马克思主义、西方共产党理论以及今天西方国家（和非西方国家）的马克思主义正统派。尽管具体观点有所不同，但都以恩格斯的"马克思主义观"为基础，经过普列汉诺夫、列宁到斯大林被固定化为传统教科书体系。

在正统马克思主义阐释路径中，马克思主义包括三个组成部分，即

① 详见鲁克俭《国外马克思学研究的热点问题》，中央编译出版社 2006 年版。
② 《马克思恩格斯全集》第 25 卷，人民出版社 2001 年版，第 757 页。
③ 《马克思恩格斯全集》第 25 卷，人民出版社 2001 年版，第 471 页。
④ 《马克思恩格斯全集》第 35 卷，人民出版社 1971 年版，第 385 页。

马克思主义哲学、马克思主义政治经济学、科学社会主义。其中，马克思主义哲学首先是辩证唯物主义，辩证唯物主义是在费尔巴哈唯物主义（"基本内核"）和黑格尔辩证法（"合理内核"）基础上形成的，将辩证唯物主义推广和运用到社会历史领域，就形成了历史唯物主义。

这条阐释路径对后世产生了深刻影响，迄今为止的马克思主义研究仍未完全从这种"权威结论"中摆脱出来。① 目前，这条阐释路径在欧陆国家、英语国家、原苏东国家、中国的马克思主义研究中仍然不同程度地存在着。

第三，西方马克思主义阐释路径

目前一般认为，"西方马克思主义"概念最早出现在《〈马克思主义和哲学〉问题的现状——一个反批评》一文中："现在，一场关于今日马克思主义总体状况的根本论争已经开始，（新老正统马克思主义的）家族内部之争已经成为次要的甚至已经消逝，在所有重大的决定性的问题上，相互对立的双方是：以考茨基为代表的马克思主义老正统派和俄国的或'列宁主义'的马克思主义新正统派的联盟为一方；以今日工人运动理论中所有批判的进步的趋向为另一方。"② 因而，尽管对俄国马克思主义与西方马克思主义的这种批评性比较来自今日俄国执政党的一个政治反对派，然而它的作者却是一个正统的普列汉诺夫信徒，一个在哲学上站在俄国马克思主义一边的人。因而，他的批评根本不是旨在反对"苏联的马克思主义"的一般历史结构，而是只反对它的最近的滑稽形式——它似乎使得"苏联的马克思主义"不像是俄国马克思主义理论传统的"发展和继续"而是"败坏和歪曲"③。

---

① 参见俞吾金、王凤才《关于诠释学视阈中的马克思哲学的学术对话》，《晋阳学刊》2009 年第 5 期。

② Karl Korsch, Gesamtausgabe. Bd. 3. Amsterdam：Stichting beherr Ⅱ SG. 1993. S. 371 - 41 - 4. Hier, S. 373.

③ 柯尔施：《马克思主义和哲学》，王南湜、荣新海译，重庆出版社 1993 年版，第 72—73 页，译文有改动。

"西方马克思主义"概念，经过梅洛－庞蒂、P. 安德森、阿格尔的改造，出现了四种不同用法：（1）纯粹地域性概念，即把西方马克思主义等同于西方的马克思主义或西欧的马克思主义；（2）在地域性概念前提下，强调特定思想内涵（即意识形态性）；（3）在地域性概念前提下，强调时代更替与主题转换；（4）非地域性的纯粹意识形态概念，即把西方马克思主义等同于"新马克思主义"。①

我们认为，"西方马克思主义"概念应具有以下规定性：（1）既有地域性限制，又有特定思想内涵——产生于西方并发展于西方的一种非正统马克思主义。这样，它就既不同于东欧新马克思主义，又不同于正统马克思主义，当然，也不包括西方共产党理论。（2）既以马克思思想为依据，又主张马克思主义开放性、多元化——以马克思思想为依据，有些人甚至自称为马克思主义者，但又用不同于西方思潮重释、补充、修正、重建马克思主义。这样，它就既不同于反马克思主义、非马克思主义，又不同于马克思学。（3）既批判资本主义，又批判现实社会主义；既批判工业文明，又批判性地反思人类文明本身——就批判资本主义和工业文明而言，它与正统马克思主义有共通之处；就批判现实社会主义而言，它与东欧新马克思主义有相似之处；就批判性地反思人类文明本身而言，这是它自己的特色。（4）从总体上看，西方马克思主义是一种体系庞杂、观点各异的非正统马克思主义思潮。

因而，西方马克思主义主要流派有：早期西方马克思主义、法兰克福学派批判理论、存在主义的马克思主义、弗洛伊德主义的马克思主义、新实证主义的马克思主义、结构主义的马克思主义、文化马克思主义、分析的马克思主义、女性主义的马克思主义、后马克思主义、生态

---

① 详见王凤才《追寻马克思——走进西方马克思主义》，山东大学出版社 2003 年版；陈学明：《"西方马克思主义"论》，辽宁教育出版社 1991 年版；俞吾金、陈学明：《国外马克思主义哲学流派新编——西方马克思主义卷》，复旦大学出版社 2002 年版。

学马克思主义，等等。这样，我们所理解的"西方马克思主义"就不包括"正统马克思主义""东欧新马克思主义""国外马克思学"，但包括"后马克思主义"①。

第四，东欧新马克思主义阐释路径

根据目前掌握的材料，"新马克思主义"概念最早出现于梅林在考茨基主编的《新时代》上发表的《新马克思主义》一文（1903）中。从广义上说，"新马克思主义"是指包括"西方马克思主义"在内的一切非正统马克思主义；从狭义上说，"新马克思主义"是指原东欧社会主义国家的非正统马克思主义，当时又称为"异端的马克思主义"或"持不同政见者的马克思主义"。我们倾向于狭义理解的新马克思主义，即东欧新马克思主义，主要包括南斯拉夫实践派、匈牙利布达佩斯学派、波兰意识形态批判学派、捷克人本主义学派，等等。

东欧新马克思主义，（1）从理论框架看，是以人为核心的哲学人本主义与实践本体论，以异化理论为基础的现实社会主义批判，以民主的、人道的、自治的社会主义为目标的社会改革方案。（2）从理论本质看，是第二次世界大战以后在原东欧社会主义国家兴起的人道主义的马克思主义思潮；但它并非统一的政治派别或学术团体，共同点仅仅在于研究对象，即马克思主义；尽管具体观点有所不同，但都认为马克思主义是一种人道主义。因而，从本质上看，它是一种非正统马克思主义。（3）从学术贡献看，对马克思思想有深刻的阐述，对社会主义理论与实践、历史与命运有批判性反思，对现代性有独特的理论洞见。（4）从历史演变和学术影响看，它经历了从"马克思主义复兴"→人道主义的马克思主义（20世纪60—70年代中期）→左翼激进

---

① 关于后马克思主义与西方马克思主义、马克思主义之间的关系，详见王凤才《继承与超越、解构与重建——后马克思主义与马克思主义关系阐释》，载《当代国外马克思主义评论》（6），人民出版社2008年版。

主义（70 年代后期—80 年代末）→后现代理论（80 年代末 90 年代初一至今）的过程。诚然，作为一种独立思潮的东欧新马克思主义已不复存在，但其历史影响仍然存在。①

第五，中国化马克思主义阐释路径

中国化马克思主义阐释路径，即马克思主义中国化。"马克思主义中国化"这个说法，最早出自 1938 年 10 月中共六届六中全会报告。在题为《论新阶段》的报告第七部分，即"中国共产党在民族战争中的地位"中，毛泽东指出："使马克思主义在中国具体化，使之在其每一表现中带着必须有的中国的特性，即是说，按照中国的特点去应用它，成为全党亟待了解并亟须解决的问题。"②

所谓"马克思主义中国化"，就是将马克思主义基本原理与中国革命、建设和改革开放的具体实践，以及中华优秀传统文化相结合，使马克思主义在中国实现具体化。在这个进程中形成的理论成果，称之为"中国化马克思主义"，它包括三方面内涵：（1）运用马克思主义基本原理解决中国革命、建设和改革开放过程中出现的实际问题；（2）将中国革命、建设和改革开放的实践经验和历史经验提升为（马克思主义）理论；（3）使马克思主义植根于中国的优秀文化之中，发展和创新马克思主义。③

"马克思主义中国化"的三次飞跃，产生了三大理论成果，即毛泽东思想（1945）、邓小平理论（1997）、习近平新时代中国特色社会主义思想（2017）。

---

① 参见衣俊卿《东欧新马克思主义精神史研究》，黑龙江大学出版社 2015 年版，第 5 页。

② 参见《中国共产党在民族战争中的地位》，载《毛泽东选集》第 2 卷，人民出版社 1993 年版。

③ 参见《毛泽东思想和中国特色社会主义理论体系概论》，高等教育出版社 2010 年版，第 3—5 页。

第六，五条阐释路径的关系

21世纪世界马克思主义五条阐释路径有着共同点：都以马克思思想为理论来源，并以马克思主义为研究对象；都有批判精神和/或科学精神，都有乌托邦精神和/或实践精神。然而，五条阐释路径之间也存在着差异：（1）国外马克思学阐释路径偏重于文献学考证、文本学解读，强调学术性；（2）正统马克思主义阐释路径或偏重于经济阐释，或偏重于政治阐释，或介于经济与政治之间，但都强调意识形态性；（3）西方马克思主义阐释路径偏重于文化阐释，强调思想性；（4）东欧新马克思主义阐释路径从"马克思主义复兴"开始，到人道主义的马克思主义，再到左翼激进主义，直达后现代理论，强调现实性；（5）中国化马克思主义阐释路径主张马克思主义基本原理与中国具体实际、中华优秀传统文化相结合，强调理论与实践统一，它是21世纪世界马克思主义发展过程中最具现实性、最有活力、最有发展前景的马克思主义。

二　21世纪世界马克思主义热点问题

第一，21世纪世界马克思主义问题域

1. 立足于MEGA^{2}的文献学与文本学研究，以及正统马克思主义最新发展研究。例如，MEGA^{2}编辑出版研究；MEGA^{2}中的马克思恩格斯关系研究；马克思恩格斯经典著作重新解读；马克思思想、马克思主义与当代社会思潮比较研究；马克思主义基础理论与当代价值研究，等等。

2. "复数的马克思主义"最新发展研究。例如，欧陆国家西方马克思主义最新发展研究；英语国家西方马克思主义最新发展研究；原苏东国家新马克思主义最新发展研究；亚非拉国家马克思主义最新发展研究，等等。

3. 当代资本主义最新发展研究。例如，自由主义史重新诠释；新自由主义与新帝国主义批判；金融资本主义与替代性选择；激进左翼思潮与新社会运动，等等。

4. 21 世纪社会主义与新共产主义研究。例如，社会主义观念重新理解；现实社会主义实践批判性反思；从新社会主义到 21 世纪社会主义构想；从"告别社会主义先生！"到"回到共产主义"，等等。

5. 中国化马克思主义最新发展研究。例如，历史唯物主义与中国特色社会主义道路研究；马克思主义政治经济学与中国特色社会主义市场经济研究；马克思主义社会政治哲学与中国现代化国家治理及共产党建设研究；马克思主义意识形态话语权与中国社会主义核心价值观研究；中国化马克思主义未来发展前景与中华民族伟大复兴研究，等。①

第二，21 世纪世界马克思主义热点问题

1. MEGA² 编辑出版研究：（1）MEGA² 逻辑结构与编辑出版状况。从逻辑结构上看，MEGA² 分为四个部分，即 Ⅰ/著作、文章、草稿；Ⅱ/《资本论》及其准备稿；Ⅲ/通信；Ⅳ/摘录、笔记、旁注。MEGA² 计划出版 114 卷 122 册。截至 2020 年 8 月，MEGA² 共编辑出版 67 卷，尚有 47 卷在编/待编。（2）马克思主义经典著作编辑出版/再版。例如，国际马克思恩格斯基金会（IMES）出版了 MEGA² 研究系列、《马克思恩格斯年鉴》；德国出版了《马克思恩格斯著作》（MEW 再版）、《马克思恩格斯研究文献：新系列》《马克思恩格斯研究通讯》等。此外，拉美国家也出版了一系列马克思主义经典著作。（3）MEGA² 中的马克思、恩格斯关系问题。关于马克思恩格斯关系问题，一直存在着不同理解："对立论""一致论""差异论""多变论"。21 世纪世界马克思主义学

---

① 关于"中国化马克思主义最新发展研究"的内容，笔者采用了课题组成员张娜的概括，特此致谢！

者也没有摆脱这几种模式：或者强调马克思与恩格斯/马克思主义的对立；或者强调马克思与恩格斯/马克思主义的统一；或者论述马克思、恩格斯思想的差异，认为尽管两人的关注点不同，但要真正创立"恩格斯主义"则是不可能的。不过，他们的独特之处在于：立足于 MEGA^2 讨论马克思与恩格斯/马克思主义的差异，尤其是在"利润率趋向下降规律"和"资本主义崩溃"问题上。

2. 马克思经典著作研究：（1）《资本论》：从重新阅读到重新诠释。一是在结合 MEGA^2、重新阅读《资本论》的基础上，深入地探讨了原始积累、拜物教、阶级、革命、霸权、历史必然性等核心概念，对《资本论》进行了重新诠释。二是试图发掘《资本论》的政治内涵，认为《资本论》不是对古典政治经济学的简单批判，而是对工人运动之动机和目标的分析，断定《资本论》是一部深刻的政治学著作。三是揭示《资本论》的现实意义，强调资本批判、劳动价值论、剩余价值理论、剥削、全球化等议题的当代价值。四是讨论《资本论》中经济规律与阶级斗争的关系问题，认为马克思揭示了被压迫者在反抗压迫的过程中创造出与压迫者逻辑不同的新逻辑。在重新诠释《资本论》的过程中，学者们深化了对许多问题的研究。例如，根据恩格斯编辑稿与马克思原始手稿的关系，进一步强调马克思恩格斯之间的差异；论证恩格斯在"马克思—恩格斯体系"中的重要作用；阐发《资本论》与政治经济学批判复兴的关系；以及马克思的资本循环理论、资本的限度等问题；这些都引导着人们重新塑造马克思形象。（2）对《德意志意识形态》《1844 年经济学哲学手稿》《共产党宣言》《路易·波拿巴的雾月十八日》等经典著作进行深入研究。

3. 马克思思想及其当代价值研究：（1）"重新发现马克思"。在重新阅读马克思、重新诠释马克思的过程中"重新发现马克思"，认为只有立足 MEGA^2 的马克思，才是"完整的马克思"，即真正的马克思。

（2）"重新塑造马克思"。不仅围绕着"意识形态还是科学"这个核心问题，从马克思思想的实质、特征、未来命运等方面，重新塑造了一个不同于传统理解的"马克思"；而且从政治活动家角度重塑马克思形象，展现了一个"有血有肉"的马克思，而非仅仅将马克思视为哲学家、经济学家、政治思想家或者知识分子。（3）"比较视阈中的马克思"。一是在关于卢森堡与马克思的关系问题中，分析了卢森堡的资本积累理论与马克思的资本积累理论的异同，以及资本积累理论的现实意义。二是在关于凯恩斯与马克思的关系问题中，分析了凯恩斯经济学与马克思经济学相互补充的必要性，以及凯恩斯主义在当今欧洲的适应性问题。三是在宗教、道德、伦理学、女性主义、无政府主义与马克思主义的关系问题上，考察了宗教与道德、宗教批判与资本主义批判，以及伦理学、宗教社会主义、女性主义、无政府主义与马克思主义的关系。四是在心理分析与马克思主义的关系问题中，探讨了社会批判理论在何种程度上能够接受"文化病理学"视角，同时又能够保持自身的"解放之维"。五是讨论海德格尔与马克思、M. 韦伯与马克思、克尔凯郭尔与马克思，以及不同类型的马克思主义理论关联问题。（4）"回到马克思"，并非"原教旨主义地"回到马克思思想，而是以资本主义批判立场审视今日资本主义，从而揭示马克思思想的当代价值。

4. 西方马克思主义及其最新发展研究：（1）卢卡奇、葛兰西、阿尔都塞研究。例如，卢卡奇的物化思想、美学思想、本体论思想，以及卢卡奇与列宁主义的关系问题；葛兰西的霸权理论、组织危机理论、教育思想、实践哲学思想、政治经济学理论、文学理论与大众文化研究、民族复兴与国家统一思想，以及统一战线思想的时代意义；阿尔都塞思想的整体形象和基本特点、"认识论断裂""科学与意识形态区分"，以及与列宁主义的关系等问题。（2）法兰克福学派批判理论及其最新发展研究。例如，早期批判理论家（阿多尔诺、本雅明、马尔库塞等）

思想研究；话语伦理学与协商民主理论进一步发展；承认理论、多元正义构想、民主伦理学；批判理论三期发展、批判理论的"政治伦理转向"、从批判理论到后批判理论，等等。（3）西方马克思主义其他流派研究。例如，文化马克思主义研究；分析的马克思主义研究；女性主义的马克思主义研究；生态学马克思主义研究，等等。

5. 阶级、阶级理论、两极分化问题研究：（1）阶级理论与阶级问题研究。一是关于阶级结构变化与阶级概念的适应性问题——学者们大都承认当代发达资本主义社会阶级结构的变化，但在阶级概念适应性问题上有不同的看法，主要分歧在于"告别"阶级概念还是"重新接受"阶级概念。二是关于阶级意识与阶级斗争问题——尽管学者们还在讨论阶级意识与阶级斗争问题，但也有学者认为与阶级意识和阶级斗争意识相比，阶级感受已经处于支配地位。因而，他们更愿意从文化象征方面探讨工人阶级，突出阶级的认同、感知和情感维度。三是关于马克思的阶级理论之现实性问题——尽管学者们的理解有所不同，但基本观点是：最近20年，西方世界出现了阶级分析与阶级理论的复兴，马克思的阶级理论在今天仍然具有现实性，但必须与社会结构分析、社会不平等问题，以及女性主义问题等相关研究结合起来，才具有生命力。此外，他们还考察了农民阶级问题、阶级流动性问题，以及社会阶级与劳工运动问题，等等。（2）两极分化与贫困化问题研究。例如，资本主义全球化背景下劳资矛盾的深化问题；工人贫困化的原因与对策问题，等等。

6. 民粹主义、民族主义与民族问题研究：（1）葛兰西的"人民的—民族的"概念与民粹主义关系研究，主要讨论葛兰西霸权理论中关于"民粹主义"的思想，从不同角度分析了葛兰西的"民粹主义"思想与当今的民粹主义的区别；从马克思、列宁、葛兰西的"人民"概念出发探讨了民粹主义；指出葛兰西"人民的—民族的"概念与拉克劳的"民粹主义"的不同。（2）西班牙民族国家统一问题，讨论了民族国家统一与佛朗哥主义的关系，提出恢复主权、重建国家的方案，等等。（3）非洲马克思主义与民族问题研究。例如，关注社会主义建设中的"非洲传统"；关注非洲社会主义与马克思主义的关系问题；对非洲社会主义运动的挫折进行反思，等。

7. 当代左翼思潮与新社会运动研究：（1）当代左翼思潮与新社会运动的关注点。例如，政党政治问题、工人的自我构成问题、新左翼与传统左翼的区分问题、激进主义与改良主义的区分问题，以及"泛左翼"联盟问题。（2）"21 世纪左翼运动是否存在危机"问题。有人认为对左翼运动的传统认识不再适用于今天，左翼运动总体上是衰退的，左翼政治实践大部分失败了；有人认为左翼运动的理论基础仍然是有效的，马克思主义者必须关注左翼政治实践，而不是在理论上消除社会主义的现实性；有人认为当代左翼思潮和左翼运动的危机，根本上是政治实践危机，而非社会主义理论危机。

8. 金融资本主义批判与后期资本主义危机批判性剖析：（1）新自由主义、金融资本主义批判。一是关于新自由主义的本质特征与命运问题——新自由主义不仅是一种经济理论，而且是一种政治立场。二是关于新自由主义的命运不同的看法。三是关于金融资本主义特征与 2008 年经济危机性质问题——今天的"金融资本主义"并不意味着资本主义性质发生了根本改变，而只是意味着资本主义发展到了一个新阶段——金融资本支配是金融资本主义的基本特征。至于这场经济危机的性质，学者们给出了不同的定位：全方位的系统危机；严重的过度生产危机；信贷危机、货币危机、金融市场危机。四是关于是否能够走出，以及如何走出金融危机问题——考察了这场经济危机的原因、社会政治影响，以及替代性选择问题，尤其是分析了"与凯恩斯一起走出危机的可能性"。（2）新帝国主义批判。一是关于帝国主义理论与新帝国主义问题。例如，帝国主义概念、理论及其现实性，尤其是列宁的帝国主义理论对革命的马克思主义政治纲领的现实意义；新帝国主义的经济基础、历史特征，新老帝国主义的结构形式；帝国主义意识形态与资产阶级意识形态、帝国主义政治的关系问题。二是关于世界体系变化与国际新秩序问题。例如，世界不均衡与南北关系；资本主义中心国家与边缘国家的关系；北美、西欧、日本"三角关系"终结，"新兴国家"崛起；中美俄关系对国际新秩序的决定作用，等等。（3）后期资本主义批判性剖析，揭示后期资本主义的多样态和非线性特征。这里涉及国家资本主义、民主资本主义、金融资本主义、债务资本主义、技术资本主义、加速资本主义、认知型资本主义、监督型资本主义、信息跨国资本主义、数字资本主义，等。

9. "现实社会主义"批判与未来社会构想：（1）社会主义观念重新理解与现实社会主义实践批判性反思，主要是对苏联模式社会主义，以及中东欧社会主义的批判性反思。（2）关于21世纪社会主义—新共产主义再认识。例如，俄罗斯"21世纪社会主义复兴运动"问题；拉美"21世纪社会主义"问题；从"告别社会主义先生！"到"回到共产主义"。在这里，提出了各种新社会主义构想。例如，民主社会主义、计算机—社会主义、市场社会主义、生态社会主义、新社会主义、21世纪社会主义。在他们的视阈里，"社会主义"应该有三个关键词，即："市场""民主""生态"作定语；讨论了"共产主义假说"（巴迪欧）、"共产主义观念"（C.杜齐纳斯、齐泽克），而且试图重新"诠释共产主义"（G.瓦蒂莫）、畅想"共产主义的现实性"（B.波斯蒂尔）、展望"共产主义地平线"（J.狄恩），等。

10. 中国特色社会主义道路问题研究：（1）中国化马克思主义理论研究。例如，中国化马克思主义理论总体性研究；邓小平理论研究；"三个代表"重要思想研究；科学发展观研究；习近平新时代中国特色社会主义思想研究，等等。（2）中国化马克思主义现实关切问题研究。例如，中国话语体系研究；生态文明研究；人类命运共同体研究，等等。（3）中国道路问题研究。例如，关于中国道路的内涵问题；关于中国道路的特征问题；关于中国道路的意义问题。此外，还讨论了中国经济发展状况与经济性质问题，等等。值得一提的是，关于中国道路问题，国外学者给出了不同的定位。例如，"效仿东亚模式的、国家资本主义道路"；"'政治实用主义'的、非资本主义道路"；"成功的、但非社会主义道路"；"超常规发展的、社会主义道路"[1]，等。

三　21 世纪世界马克思主义发展前景

第一，21 世纪世界马克思主义研究路向

1. 文献学路向（"寂寞的"马克思学家）。例如，W. F. 豪克、诺伊豪斯、胡贝曼、福尔格拉夫、黑克尔、巴加图利亚、大谷祯之介、平子友长等人，主要从事四项工作：（1）$MEGA^2$ 编辑出版研究；（2）马克思恩格斯经典著作编辑出版；（3）《马克思恩格斯年鉴》《马克思主义历史批判辞典》等编辑出版；（4）创办"马克思—秋季学校"、设立"梁赞诺夫奖"。在这条研究路向中，学术为主，兼顾思想，不问现实，最重要的是学术。

2. 意识形态路向（"孤独的"马克思主义正统派）。例如，施蒂勒（1924—2007）、施泰格瓦尔德（1925—2016）、霍尔茨（1927—2011）、哈恩、迈彻尔、比朔夫、泽普曼、前期巴里巴尔、塞夫、舍普琴科、科索拉波夫等人，以正统马克思主义的立场、观点、方法解释社会现实问题。在这条研究路向中，是否学术无所谓，有无思想不重要，最重要的

---

① 详见王凤才、杨晓慧《德国马克思主义学者视野中的"中国发展道路"》，《中国浦东干部学院学报》2012 年第 2 期。

是信仰。

3. 政治经济学路向（"活跃的"马克思主义创新派/反思派）。例如，胡弗施密特、莱比格尔、利贝拉姆、杜梅尼尔、梅茹耶夫（1933—2019）、布兹加林等人，以广义理解的马克思主义分析社会现实问题，并试图对马克思主义进行反思、批判、创新。在这条研究路向中，学术是基础，思想是灵魂，最重要的是现实。

4. 政治伦理学路向（"潇洒的"马克思主义重建派/批判派）。例如，霍耐特、维尔默（1933—2018）、奥菲、R. 弗斯特等人，他们尽管也试图借助马克思思想资源批判当代资本主义的悖谬，但侧重点是进一步推进和最终完成后期哈贝马斯开启的法兰克福学派批判理论的"政治伦理转向"。在这条研究路向中，学术性、思想性、现实性统一，最重要的是思想。此外，法国的 J. 比岱、E. 雷诺等，也可以视为马克思主义重建派。

第二，21 世纪世界马克思主义关键问题

如何把握 21 世纪世界马克思主义基本格局与基本框架？如何理解 21 世纪世界马克思主义理论实质与当代价值？如何理解 21 世纪国外马克思主义对 21 世纪中国化马克思主义的意义？如何理解 21 世纪中国化马克思主义对 21 世纪世界马克思主义的意义？这是 21 世纪世界马克思主义研究的核心问题，也是 21 世纪世界马克思主义研究的目的所在。

21 世纪世界马克思主义研究的难度体现在：（1）21 世纪世界马克思主义研究队伍、阐释路径、思想倾向、理论观点各不相同，缺乏统一的马克思主义观念与系统的马克思主义理论框架，这就增加了全面把握、深入理解 21 世纪世界马克思主义发展状况、研究主题、基本特点、发展前景的难度。（2）21 世纪世界马克思主义问题域非常广阔、内容非常丰富、问题十分复杂——既有理论问题，又有现实问题。在理论问题中，既有基础理论问题，又有理论前沿问题，既有马克思主义理论本身问题，又有当代西方理论问题。在现实问题中，既有本国现实问题，又有世界范围内现实问题。因而，21 世纪世界马克思主义研究问题域的界划、研究框架的确立，也是一个难点问题。（3）21 世纪世界马克思主义研究方法之跨学科、整体性、全方位、多维度，研究内容之复杂性、多样性，研究结论之不确定性、不成熟性；以及 21 世纪世界马克思主义研究之开拓性和前沿性，需要阅读大量外文资料（涉及十几种语言），这就决定了宏观把握与微观分析的困难性。（4）21 世纪世界马克思主义发展之未完成性，以及世界各国与中国在经济、政治、文化、历史、现实等方面的巨大差异，决定了 21 世纪世界马克思主义研究对中国化马克思主义的启示难以准确估计。

具体地说，21 世纪世界马克思主义研究的难点问题主要有：（1）马克思思想与马克思主义的关系问题；（2）马克思主义之科学性与批判性的关系问题；（3）马克思主义之理论与实践的关系问题；（4）马克思主义科学与共产主义信仰的关系问题；（5）马克思主义作为意识形态与作为学术的关系问题；（6）马克思主义之学术性、思想性、现实性的关系问题；（7）马克思主义之学术话语、体制话语、大众话语的关系问题；（8）马克思主义之世界性与民族性、普遍性与特殊性的关系问题；（9）马克思主义之单数性与复数性、统一性与多样性的关系问题；（10）国外马克思主义与中国化马克思主义的关系问题。

第三，21 世纪世界马克思主义研究意义

21 世纪世界马克思主义研究，通过对 21 世纪世界马克思主义发展状况与前景的回顾、反思、展望，对 21 世纪世界马克思主义进行跨学科、整体性、全方位、多维度研究，这是对最近二十年来世界各国马克思主义发展的深度思考。因而，该研究不仅具有重大学术价值，而且具有重大现实意义。

1. 把握了 21 世纪世界马克思主义基本格局，确立了 21 世纪世界马克思主义基本框架——从"单数的、非反思的马克思主义"到"复数的、创新的马克思主义"——这可以推进 21 世纪世界马克思主义研究的拓展和深化。

2. 实现马克思主义之学术研究与意识形态，以及学术性、思想性、现实性的统一，既可以推进 21 世纪国外马克思主义研究，又可以使马克思主义在中国语境中得到进一步发展，并坚持马克思主义在我国哲学社会科学领域的指导地位。

3. 不仅能够对 21 世纪国外马克思主义研究起到积极的推动作用，而且有助于马克思主义中国化、时代化、大众化，有助于"马克思主义理论研究与建设工程"的发展，对当代中国马克思主义发展起到积极的推动作用，以实现中国马克思主义研究的第三次拓展和深化，即从马克思列宁主义→西方马克思主义→国外马克思主义→世界马克思主义。

4. 不仅有助于在国际视野中构建中国特色的学科体系、学术体系、话语体系，加快构建中国特色、中国风格、中国气派的哲学社会科学；而且对当代中国的思想文化建设、民主政治建设、人际关系道德重建、生态文明建设、经济建设，乃至整个中国社会发展模式，都有重要的指导意义。

不过，21 世纪世界马克思主义研究要反对三种错误倾向，即教条主义、虚无主义、实用主义，要从理论与实践两个维度坚持、继承与创新、发展马克思主义。只有这样，才能实现中国马克思主义研究的第三次拓展与深化，才能达到马克思主义发展的新境界。

"21 世纪世界马克思主义研究丛书"源于国家社科基金重大项目"21 世纪世界马克思主义发展状况与前景研究"。与笔者主编的"批判理论研究丛书"不同——如果说"批判理论研究丛书"经过了长时间酝酿才得以"出炉"，那么"21 世纪世界马克思主义研究丛书"则几乎是"瞬间"确定的，即与中国社会科学出版社杨晓芳女士迅速达成共识的产物。因此，首先应该感谢中国社会科学出版社，尤其是责任编辑杨老师；没有她的大力支持，这套丛书不会这么顺利地"诞生"。其次，应该感谢这套丛书的每一位作者（包括未来可能的作者）；正是你们的积极参与，才使这套丛书变成现实。当然，还应该感谢为这个国家社科基金重大项目做出贡献的所有人；没有这个重大项目立项，也许就没有这套丛书。

值得一提的是，在课题组首席专家构思、策划、协调、组织下，在各个部门、广大同仁的大力支持和积极配合下，围绕着"21 世纪世界马克思主义发展状况与前景研究"这个重大课题，已经打造了一个具有较大影响的、全方位的、全国性的学术平台——"21 世纪世界马克思主义论坛"，包括：（1）一个研究主题：21 世纪世界马克思主义思潮；（2）一个学术团队：跨学科、跨院校、跨文化的高水平创新团队；（3）一个杂志专栏：《学习与探索》"21 世纪世界马克思主义论坛"；（4）一个微信公众号："21 世纪世界马克思主义论坛"；（5）一个全国性学术论坛："21 世纪世界马克思主义论坛"；（6）一套丛书：21 世纪世界马克思主义研究丛书；（7）一个研究院：山东科技大学 21 世纪世界马克思主义研究院。

总之，"21 世纪世界马克思主义研究丛书"将以"21 世纪世界马克思主义思潮"为核心，协调国外马克思主义研究、中国化马克思主义研究、马克思主义发展史研究、马克思主义哲学研究的关系；进一步提升 21 世纪世界马克思主义研究的整体水平，为全国马克思主义理论学科与哲学学科的建设与发展做出应有的贡献。

目　　录

Contents

Contents

导　论

在马克思主义理论研究中，马克思与恩格斯的学术关系是一个不能回避的问题，同样也是一个重要的基础性问题。以往的马克思主义研究者，总是习惯以传统的"伙伴论"把马克思与恩格斯做"一体化"的处理，其中又着重于对马克思的思想研究，很少有对二者之间的学术思想进行比较。不过，自马克思逝世尤其是在恩格斯逝世后，把马克思与恩格斯学术思想进行比较，研究二者的思想关系和生平交往关系，就成为国外马克思主义研究的新动向。之后又经过国际共产主义运动变化的影响以及西方马克思主义的原发理论阐释，马克思恩格斯的关系问题随即成为当代西方马克思学的核心问题之一，甚至可以说，成为马克思学说以及马克思主义的核心问题。因为这不仅关系到对马克思恩格斯学术思想关系的定位，而且关系到对马克思学说和马克思主义关系的理解。

进入 21 世纪，随着历史考证版 MEGA² 的陆续出版，更多马克思恩格斯的原始手稿逐步面世，传统经典马克思主义解释框架与解释路径均受到了极大挑战，马克思主义研究亟待在重新理解马克思与恩格斯学术关系的基础上再次展开。马克思恩格斯著作卷帙浩繁，笔记、提纲、草稿和过程稿散乱、杂糅，但这些手稿无不渗透和保存着他们的思想因子，对这些文献的重新考证也成为我们客观、完整、深入理解马克思恩格斯深邃的思想世界不可或缺的参考资料。因此，立足 MEGA² 的文献学与文本学研究，有关 MEGA² 编辑出版情况、MEGA² 中的马克思恩格斯关系研究、马克思恩格斯经典著作重新解读、马克思主义基础理论与当代价值研究等再次成为 21 世纪马克思主义研究中的重大问题域：不仅将马克思、恩格斯当作各自独立的个体，而且强调恩格斯思想对于理解马克思恩格斯关系问题的至关重要性。例如，德国 PROKLA 主编 M. 海因里希（Michael Heinrich）重提下述两个重要问题：一是马克思恩格斯关系问题；二是青年马克思与老年马克思关系问题。对于第一个问题，现在已经非常明白：恩格斯不仅在文体上而且在构思上，都使马克思手稿发生了重大改变。第二个问题则说明，马克思是"吃书的怪物"，他的思想也在不断变化。①

第一节　研究意义

当代法国思想家 E. 巴里巴尔（Etienne Balibar）在《马克思的哲学》中曾指出："还有人认为马克思主义哲学没有真正存在于马克思身上，作为对马克思著作的含义、原理和普遍意义的更加全面更加抽象的思考，它是事后才突然出现的。马克思主义哲学甚至还会以系统的方式被创立，被表达。"② 那么，马克思本人所认可的马克思主义到底是什么？恩格斯对马克思的解读到底对马克思主义的创立起到了何种作用？马克思与恩格斯究竟从黑格尔那里继承了什么？他们是否是从对黑格尔

---

① 王凤才、袁芃：《MEGA² 中的马克思恩格斯关系问题》，《探索与争鸣》2016 年第 2 期。

② ［法］埃蒂安·巴利巴尔：《马克思的哲学》，王吉会译，中国人民大学出版社 2007 年版，第 2 页。

的初次借用开始分道扬镳的？显然，这些问题在马克思主义研究过程中是不可回避的。而在这些问题域之中，马克思哲学与黑格尔哲学的关系，应当成为还原马克思恩格斯关系真相的最根本的路径。马克思不是以疏远或者搁置黑格尔哲学为前提来开拓自己的哲学理论的，相反，马克思正是以置身黑格尔的思想宝库并试图变革或置换其思想精髓作为自己哲学研究的理论基础。

对于马克思恩格斯的关系，学术界一直存在着几种不同的声音："伙伴论""差异论""对立论""多变论"以及"一致论"。21世纪世界马克思主义学者虽然也没有摆脱这几种模式，但是他们基于 MEGA^2 的最新扩展资料，重新审视马克思与恩格斯、马克思与马克思主义之间的差异，特别是在"利润率趋向下降规律"和"资本主义崩溃"等问题上提出一些新的观点。在此过程中，美国学者诺曼·莱文（Norman Levine）被锁定为一个重要的研究对象。他的学术思想之所以引起诸多学者的关注，在很大程度上与他极端的"马克思恩格斯对立论"立场而闻名。作为具有黑格尔主义倾向的西方马克思学的重要代表，诺曼·莱文延续了西方马克思主义理论家们所开创的研究路径，强调了马克思主义中的黑格尔元素。他的"重新回到黑格尔"的原则，贯穿了他从《悲剧性的骗局：马克思反对恩格斯》（1975）、《辩证法内部对话》（1984）到《马克思方法的黑格尔主义基础》[①]（2006）、《马克思与黑

① 《马克思方法的黑格尔主义基础》（*The Hegelian Foundations of Marx's Method*）是诺曼·莱文预计出版的系列丛书《不同的路径：马克思主义与恩格斯主义中的黑格尔》（*Divergent Paths：Hegel in Marxism and Engelsism*）的一卷本。描述的是黑格尔在马克思、恩格斯早期著作（1839—1841年）施加的影响，以及二者对其不同的借用导致了今后学术上的巨大差异。该书已于2009年由臧峰宇翻译，并由北京师范大学出版社出版，翻译的中文版题名为其丛书的总命名即《不同的路径：马克思主义与恩格斯主义中的黑格尔》。但笔者在本书中还是采取其英文原版的一卷本题名即《马克思方法的黑格尔主义基础》，以示限定该书所涉及的时间性。因此，本书中所提及的《马克思方法的黑格尔主义基础》与中文版《不同的路径：马克思主义与恩格斯主义中的黑格尔》实为同一本书。

格尔的对话》（2012）、《马克思对列宁的反叛》（2015）、《马克思对亚里士多德的复兴》（2021）等几乎所有重要著作。诺曼·莱文所探讨的马克思与恩格斯的学术关系问题，不仅是因为马克思恩格斯的大量遗著、手稿和笔记逐步面世，使得深究这一问题的学术条件已然成熟；更为重要的是，对这一问题的真相还原将直接规约着人们对马克思主义的本质和精髓的重新认识和理解；最终使马克思主义以完整的、真实的形象展现在世人面前。从这个意义上来说，在新的基础上，重新审视马克思与恩格斯之间的学术关系也就是重新认识马克思主义的实质。鉴于诺曼·莱文在马克思恩格斯关系研究中的重要地位及其尚未得到学界系统研究的现状，本书具有重要的理论意义和实践意义。

从理论上来看，本书对于我们澄清马克思和恩格斯的学术关系、对于更深入全面地把握马克思主义的精髓具有重要意义。由于马克思和恩格斯手稿繁多，因此对于马克思恩格斯关系的研究，最重要的是以文本为依据，这是研究的前提和保证。诺曼·莱文在资料的搜集和获取上，一直立足最新的研究成果 MEGA^2，确保了文本的丰富性和前沿性。同样，我们通过对诺曼·莱文的思想研究，可以借鉴他所搜集到的一手资料。通过运用这些资源，有利于我们更清晰地还原马克思、恩格斯思想演变的原貌，对于我们更深入准确地把握真正的马克思主义具有重要意义。

从实践上来看，本书可以为我们提供新的研究视角和研究方法，为当代中国马克思主义理论研究与建设提供有益的借鉴。尽管诺曼·莱文对马克思恩格斯关系的研究具有一定的片面性，但他提供的新的研究视角和研究方法（基于 MEGA^2、"回到黑格尔"），却是值得我们审视和学习的。这些研究有助于我们开阔学术视野，开展积极的学术对话。一方面是应对国外马克思学挑战的现实需要；另一方面，也能进一步深化国内马克思文本解读研究，促使我们建构中国学派的马克思学。

可以看出，通过以诺曼·莱文的思想为切入口，来探讨马克思恩格斯关系，能够使我们更加深入地挖掘马克思恩格斯关系的实质、揭开笼罩在马克思主义之上的神秘面纱。

第二节　国内外研究现状

诺曼·莱文作为"马恩对立论"的最极端代表，他的思想在国内外产生了相当的影响。但从目前的研究状况来看，却少有人以他的思想为核心做专门的学术研究。但这并不妨碍学者们在马克思与恩格斯学术关系的争论上对他的关注。因此，梳理国内外有关马克思恩格斯关系的研究状况，对于批判地开展此课题具有重要的价值。

一　国外研究现状

根据国外学者的立场和观点的不同，马克思恩格斯的思想关系主要分为"伙伴论""差异论""对立论""多变论"和"一致论"。不过，从国际上来看，直到20世纪60年代以前，早期"伙伴论"的观点一直占据着统治地位，这种观点主要以第二国际"正统马克思主义"者为代表。他们认为，马克思和恩格斯作为马克思主义的共同创始人，虽然在理论研究和革命实践上有不同的分工合作，但每一个重要的理论观点的提出都是经过二者充分讨论的，都是他们的共同思想、共同见解。不过从20世纪60年代起，这种状况开始发生变化，"差异论"出场，并由此引发了"对立论"成为这一"争论舞台"上的主角。进入90年代后，"一致论"开始萌生登场，形成了与"对立论"相互对峙的局面，并在西方马克思学中逐渐流行开来。由此而展开了"对立论"与"一致论"的世纪之争。"对立论"者认为恩格斯毁坏了马克思本人的思想，形成了所谓的与马克思主要思想相对立的"恩格斯主义"思想体系。"一致论"者则公开批评"对立论"者观点的片面性和方法的非科学性，系统论证了马克思和恩格斯在思想内容和理论特征、理论性质上的根本一致性。但值得注意的是这里的"一致论"有两种不同的形态：较为早期的"一致论"并不是"早期伙伴论"的延伸，而是隐藏在"一致论"外衣下的否定马克思主义的理论。另外，进入21世纪，国外学界掀起了恩格斯研究的新热潮，《每月评论》《新左派评论》《雅各宾》和《传播、资本主义与批判》等国外左翼期刊纷纷刊载有关恩格斯研究的文章，回顾恩格斯的思想历程，总结恩格斯的理论贡献，重新评估恩格斯在创立和阐释马克思主义方面的重要贡献，驳斥"马恩对立论"，以期澄清马克思恩格斯学术关系的一致性。① 下面笔者将梳理一下马克思恩格斯"差异论""对立论""多变论"和"一致论"几种认识模式的发展历程、主要观点、特点和区别，以便我们更好地了解诺曼·莱文在当今"关系之争"中处于何种地位。

1. 马克思恩格斯关系问题的兴起与发展。正是因为马克思与恩格斯的生活、革命交往的经历，使得人们基本上一直把二者看作完全一致的整体，恩格斯是"马克思的第二个我"。不过，在这种一致声音的背后，也有关于马克思恩格斯"不一致"的说法，并在很早就已经出现。例如，恩格斯曾经在1883年4月23日写给爱德华·伯恩施坦的信中就说过，"1844年以来，关于凶恶的恩格斯诱骗善良的马克思的小品文，多得不胜枚举，它们与另一类关于阿利曼——马克思把奥尔穆兹德——恩格斯诱离正路的小品文交替出现"②。"而到19、20世纪之交，不少西方学者开始讨论马克思恩格斯的差异问题。例如，在《黑格尔和包括

---

① 覃诗雅、张亚宁：《国外学术界对恩格斯研究的最新进展及启示》，《世界社会主义研究》2021年第12期。

② 《马克思恩格斯全集》第36卷，人民出版社1974年版，第14页。

马克思及哈特曼在内的黑格尔派的历史哲学：批判性尝试》《作为社会学的历史哲学》等著作中，德国学者 P. 巴尔特（Paul Barth）试图论证马克思恩格斯对立是社会静力学与社会动力学的对立。在《唯物主义史话》中，B. 克罗齐（Benedetto Croce）认定马克思恩格斯关系仅限于私交，在理论上是根本对立的。"① 不过在这一历史阶段，对于二者之间差异的探讨更多的是将矛头指向了恩格斯所开创的辩证唯物主义，形成了第一次反辩证唯物主义的大浪潮。1897 年，J. 斯特恩（J. Stern）在《经济的和自然哲学的唯物主义》中区分了哲学的唯物主义和经济的唯物主义，他认为哲学的唯物主义是从物质的概念出发，是一种形而上学；经济的唯物主义是历史的学说，它主要关心的不是物质，而是社会的和经济的生活形态。所以他得出结论：马克思不是形而上学者，他不是哲学上的唯物主义者，而是经济上的唯物主义者。伯恩施坦则沿着 J. 斯特恩开拓的道路进一步往前走：他认为所谓的"辩证唯物主义"创造者并非马克思，而是恩格斯，"辩证唯物主义"本身是完全行不通的。与此同时，他还发现了恩格斯的辩证唯物主义是神学的另一种形式。他主张用新康德主义代替主流辩证法思想，公开声称"社会民主党必须有一个康德，他总有一天要十分苛刻地对传统教义进行批判的审查和严厉的责备"②，其中的"传统教义"正是伯恩施坦所指的作为"神学"的辩证唯物主义，一种类似于早期宗教的形而上学。伯恩施坦还指出自然规律和社会规律是截然不同的。唯物主义不应只关心物质及其规律。A. A. 波格丹诺夫（A. A. Bogdanov）则从社会生物学原理开始他的系统思考，并对机械物理学的认识论产生了怀疑。他从生物学的模式出发研究社会，把世界观的产生和发展与生物体适应自然和社会环境的需

---

① 王凤才、袁芃：《MEGA^2 中的马克思恩格斯关系问题》，《探索与争鸣》2016 年第2 期。

② 殷叙彝：《伯恩施坦文选》，人民出版社 2008 年版，第 335 页。

要联系起来，并认为，唯物主义与物质无关，而是像马克思指出的那样，与生命生存条件的生产联系在一起。A. 潘涅库克（Anton Pannekoek）则以坚持 J. 狄慈根（Joseph Dietzgen）的唯物主义为基点，把感觉材料的可靠性与能动的意识观念结合起来。他反对辩证唯物主义，而更关心的是意识的辩证法。A. 潘涅库克与 H. 郭尔特（Herman Gorter）都对辩证唯物主义和历史唯物主义进行了区别，极力主张采取直接革命的策略。①

不过，从历史角度来看，这一次反"辩证唯物主义"的浪潮并没有在学界引起轰动，因为相比较而言，我们更应该把其归结为一场政治斗争。但是，从另一个角度来看，它的确开启了一个马克思恩格斯关系问题研究的先河，为后来的西方马克思主义者通过对这一问题的展开来对抗第二国际和苏联的马克思主义正统提供了一条出场路径。

按照公认的标准，真正引起学界注意的有关马克思与恩格斯关系的研究应该追溯到卢卡奇和柯尔施等西方马克思主义早期代表人物。他们在《历史与阶级意识》（1923）、《马克思主义与哲学》（1923）等书中，将马克思与恩格斯学术思想之间的差异，概括为社会辩证法（the dialectics of society）与自然辩证法（the dialectics of nature）之间的差异。卢卡奇把马克思主义重新黑格尔化，把马克思主义与批判哲学联系起来，而与自然科学相区别。卢卡奇十分反对把唯物主义和原子论、技术发展、绝对实在论硬扯在一块的做法。他注意到，恩格斯的自然辩证法是对马克思辩证法理论的一种误解，遮蔽了马克思主义辩证法的实践本性和革命本性。柯尔施则从马克思主义就是社会革命的理论出发，并指出马克思主义的革命实质恰恰体现在其对实在或社会的总体的把握之上，反对把马克思主义理论置于任何无产阶级的政治需要之外的解释。

---

① Norman Levine, *Dialogue Within the Dialectic*, London: George Allen&Unwin, 1984, pp. 28 – 38.

出于一些考虑，虽然柯尔施并没有特别强调马克思与恩格斯之间的差异，却清楚地意识到了这种不同，并抨击了第二国际正统马克思主义者对马克思主义学说总体特征的破坏。不过，无论是卢卡奇还是柯尔施，二者都认为马克思和恩格斯之间的理论关系并不是对立，在其他绝大多数方面还是具有一致性的。他们的观点为后继的西方马克思主义人本主义学派以及一些西方马克思学学者们定下了基本的框架。

美国学者 S. 胡克（Sydney Hook）在卢卡奇等人观点的基础上做了进一步的拓展。他对恩格斯的自然辩证法提出了更加尖锐、系统的批评，从而开启了第二次拉开马克思恩格斯关系的客观效应。

2. 马克思恩格斯关系问题研究的主题化。经过西方马克思主义的触发，20 世纪 30 年代，西方马克思学得以产生，在其研究的问题域中，"马恩对立论"被确立为一个非常重要的主题。"1957 年，联邦德国马克思学学者 I. 费彻尔（Iring Fetscher）在自己主编的《马克思主义研究》杂志上发表了著名的《马克思与马克思主义：从无产阶级哲学到无产阶级世界观》一文，宣称马克思的哲学是'无产阶级哲学'，而恩格斯在《反杜林论》中建立的是'无产阶级世界观'，'无产阶级世界观'破坏了'无产阶级哲学'所强调的无产阶级与其自觉的阶级行动之间的辩证统一，使之蜕化为政党的思想工具，进而蜕变为僵化的官方意识形态。"① I. 费彻尔的观点迅速在西方马克思学界掀起了一股浪潮，产生了巨大影响。紧接着马克思恩格斯关系的研究出现了一个重大转折：即是 1961 年，英国"马克思学"学者 G. 利希特海姆（George Lichtheim）出版了《马克思主义：历史和批判的研究》。在该书中 G. 利希特海姆通过比较恩格斯的《共产主义原理》与马克思恩格斯最后定稿的《共产党宣言》，发现了二者之间存在的巨大差异，得出恩格斯的

---

① 张亮：《西方"马克思学"的恩格斯研究：一个批判的评价》，《教学与研究》2005 年第 8 期。

论证要比《共产党宣言》更具技术统治色彩。这一观点的提出标志着"马恩对立论"的正式确立。① 1965 年，D. C. 霍奇斯（Donald Clark Hodges）鲜明指出青年马克思已成为马克思学术成就的楷模，而晚年恩格斯则成为其反派角色。同样，A. 麦金太尔（Alasdair MacIntyre）在 1968 年也表达了他对恩格斯式的马克思主义的拒斥，认为其把马克思的革命理论理解为一种准中立性事件。这种批判性观点认为恩格斯相信：我们必须等待革命的到来，正如我们等待一次日月食的到来一样。②

1962 年 A. 施密特的《马克思的自然概念》一书出版，此书对自卢卡奇以来的"西方马克思主义"中人本主义思潮的哲学观点做了全面总结，并通过专门探讨恩格斯的自然概念和马克思的自然概念的差异，把卢卡奇等人的观点发展到了一个新的阶段，为研究马克思恩格斯关系提供了新的视角。"A. 施密特指出：（1）马克思的唯物主义是一种'非本体论''经济唯物主义'；而恩格斯的唯物主义，尤其是关于物质世界统一性命题，则是错误的唯心主义本体论。（2）尽管马克思承认外部自然的优先性，但他的自然概念是'人化的自然'，具有社会历史性；而恩格斯的自然概念则是与历史对立的、外在于人的'纯粹的自然'，从而倒退为一种'独断的形而上学'。（3）马克思的辩证法是一种历史辩证法；恩格斯的自然辩证法是一种物活论。（4）马克思的唯物主义认识论基本立场是将客观主义与主观主义结合起来；而恩格斯的认识论是一种被动的反映论。（5）马克思的人与自然关系理论使之成为'哲学史上的最大乌托邦主义者'，基调是乐观主义的，但也有悲观主义因素；而恩格斯则是乐观主义者。"③ 不过，A. 施密特并不同意

① 鲁克俭：《国外马克思学研究的热点问题》，中央编译出版社 2006 年版，第 47 页。

② Paul Blackledge, "Engels vs. Marx? Two Hundred Years of Frederick Engels", *Monthly Review*, Vol. 72, No. 1, May2020, pp. 21 – 39. 转引自 [英] 保罗·布莱克利奇《"马恩对立论"驳议》，曲轩编译，《当代世界与社会主义》2020 年第 4 期。

③ 王凤才：袁芃：《MEGA² 中的马克思恩格斯关系问题》，《探索与争鸣》2016 年第 2 期。

"对立论"的观点，而是发展了卢卡奇、柯尔施等人的主张，推崇一种差异论的观点。但是，A. 施密特似乎比卢卡奇走得更远，虽然他主张马克思的自然观阐释的是自然被社会所中介，另外他又不否认自然界的优先地位，并且指出与费尔巴哈和一切哲学唯物主义不同的是，这里的自然优先性不是指现成的直接性意义上的感性直观自然，而是在一个批判性的保留中呈现出来的"中介"了的优先地位。与黑格尔的不同之处则在于，这不是经过观念的反思中介，而是客观实践的历史性中介。或者换句话说，他认为马克思哲学的本体论不是青年卢卡奇意义上的社会化了的自然规定，而是自然与社会的相互渗透。①

　　1956 年苏共二十大所提出的反对斯大林个人崇拜的问题，不仅对苏联国内的政治经济变化、对国际关系的变化产生了一系列深远影响，同时再一次引起了学者们在理论层面向正统苏联马克思主义提出了质疑和挑战。正如英国著名马克思主义理论家 P. 布莱克利奇（Paul Blackledge）在《"马恩对立论"驳议》中对这一观点流行的背景所做的阐述："新左派就是为了回应赫鲁晓夫的秘密报告、苏俄对匈牙利的入侵以及英、法、以色列对埃及的入侵而出现的，该派力图通过对马克思主义的批判性重审来复兴社会主义。恩格斯对马克思主义的贡献随后成为论辩的一个焦点。尽管在此情形下，一小部分人试图挽救恩格斯、马克思以及列宁的声誉，撇清他们与斯大林行径的关系，但是更多的人认为，斯大林主义的经验摧毁了一直追溯至马克思的整个马克思主义传统。在这两个极端之间，另有一部分人把青年马克思的'人道主义'著述与恩格斯对马克思主义的'科学'解释对立起来。"② 正是在这一

---

　　① 张一兵、胡大平：《西方马克思主义哲学的历史逻辑》，南京大学出版社 2003 年版，第 61—63 页。

　　② Paul Blackledge, "Engels vs. Marx? Two Hundred Years of Frederick Engels", *Monthly Review*, Vol. 72, No. 1, May2020, pp. 21 – 39. 转引自 ［英］ 保罗·布莱克利奇《"马恩对立论"驳议》，曲轩编译，《当代世界与社会主义》2020 年第 4 期。

背景下，从20世纪50年代中后期开始，苏联为应对这些不同质的声音，重新发动了对马克思恩格斯的研究，马克思恩格斯关系问题在这种局势下逐渐趋于主题化。① 主题化的标志主要表现为：1970年5月 M. 吕贝尔（Maximiliem Rubel）为了纪念恩格斯诞辰150周年，发表了一篇关于"恩格斯作为马克思主义的创始人"的发言提纲，他在提纲中指出：恩格斯是统治20世纪历史的神话的教父，马克思本人曾多次明确自己不是马克思主义者，而恩格斯却始终坚持使用"马克思主义"这一提法，这就会助长一种迷信，使得恩格斯成为20世纪马克思主义理论的"教父"。因此，他直言不讳地指出，马克思主义不是马克思思想的原本产物，而是接受了恩格斯思想的产物。这篇提纲一经发出随即在学术界产生了巨大的影响和波动，由于这份提纲的主要内容具有反恩格斯的倾向，因此有学者将其称为"反恩格斯提纲"。这一提纲也使得马克思恩格斯关系问题从学术争论转变为一场国际政治事件，成为众人关注的问题。

3. 马克思恩格斯关系争论的全面展开和逐步深入。20世纪70年代之后，经过主题化的洗礼，马克思恩格斯关系争论逐步展开。D. 麦克莱伦（David Mclellan）在1970年出版了《马克思主义之前的马克思》，之后又出版了《马克思以后的马克思主义》（1979、1980、1998）以论述马克思思想与马克思主义之间的区分。不过以 D. 麦克莱伦为代表的对立论者，对马恩关系问题的表述比较温和，政治倾向比较模糊。他们强调马克思实际上是了解恩格斯的理论倾向性的，这也就意味着"对立"的基础不是"骗局"。

1978年，流亡英国的波兰哲学家 L. 科拉科夫斯基（Leszek Kola-kowski）"在他的三卷本《马克思主义的主要流派》中，用大量篇幅谈

---

① 张亮：《西方"马克思学"的恩格斯研究：一个批判的评价》，《教学与研究》2005年第8期。

论马克思和恩格斯之间'根本的思想分歧'。并从理论上概括为四个方面的分歧：（1）人类中心论和自然主义进化论的分歧；（2）实践的认识论和知识的技术观的分歧；（3）哲学同生活融为一体论和'哲学没落'观的分歧；（4）革命末世论和无限进步论的分歧。"① 不过在"马恩对立论"者的代表中 L. 科拉科夫斯基属于极端分子，他最后也背弃了自己的信仰，成为马克思主义的敌人。

美国学者诺曼·莱文应该说是当今西方马克思学"对立论"中最负盛名的代表。他从各个方面详细、系统、激进地阐述了马克思恩格斯学术思想之间的全面对立。1975 年，诺曼·莱文出版了《悲剧性的骗局：马克思反对恩格斯》，该书是第一本完全以马克思与恩格斯思想对立为主题的专著，并提出了"马克思主义"与"恩格斯主义"的区分。1984 年他又出版了《辩证法内部对话》，该书进一步探讨了马克思与恩格斯在辩证法、认识论以及唯物主义等方面的分歧。2006 年之后，诺曼·莱文将其研究视域着重聚焦于马克思与黑格尔的关系，陆续出版了《马克思方法的黑格尔主义基础》《马克思与黑格尔的对话》，这两本书旨在通过"回到黑格尔"的理论路向重新挖掘和揭示马克思与黑格尔之间的勾连、断接以及马克思恩格斯对立的根源。2015 年，诺曼·莱文于美国纽约出版《马克思对列宁的反叛》，此书系统阐明了马克思思想的来源，表明了其与经典马克思主义理论解释方法不同的立场，并进一步以此论证了马克思与恩格斯、列宁与马克思思想部分相左的结论。2021 年，瑞士卡姆的帕尔格雷夫·麦克米伦出版社出版了诺曼·莱文的《马克思对亚里士多德的复兴》，该书重点论证了马克思思想中的自然主义与人文主义及其如何影响马克思的共产主义理论。两本著作均对诺曼·莱文视域中的马克思与黑格尔关系问题、马克思与恩格斯关系问

---

① 朱传启：《恩格斯在马克思主义发展史上的崇高地位及其杰出贡献》，《武汉大学学报》（哲学社会科学版）1995 年第 4 期。

题、马克思恩格斯与列宁关系问题等做出了一些新的阐述，是对其关于马克思黑格尔关系论、马克思恩格斯对立论等观点的进一步延续与佐证。

享有盛名的英国著名"马克思学"学者 T. 卡弗（Terrell Carver）则在对立论的基础上提出了一种更为隐晦的观点："多变论"①，T. 卡弗在这一阶段最具影响力的作品是他的《马克思与恩格斯：学术思想关系》（1983）和《弗里德里希·恩格斯：生平与思想》（1989）。T. 卡弗较之于诺曼·莱文来说要缓和得多，在他看来，马克思恩格斯关系是不断变化的。这一变化有三个阶段②：一是青年恩格斯影响了青年马克思；二是中期合作，但并非合二为一；三是晚年恩格斯逐渐背离了马克思。因此，马克思和恩格斯的思想关系到底为何，这个问题只能用文本进行诠释。不过，为后人所接受的马克思主义，实则是晚年恩格斯建构出来的。因而，如果说早期恩格斯著作是自己创作的，那么后期著作却明显缺乏独创性。

不仅西方学界，日本学者在马克思恩格斯关系问题上也有诸多类似的看法。像日本学者广松涉就反对马克思和恩格斯的一致论，并提出，"在马克思主义创造过程中，恩格斯才是第一小提琴手"。"广松涉根据对《德意志意识形态》的文献学研究，认为可以清楚地看出恩格斯对马克思的影响，看出马克思明显落后于恩格斯，看出历史唯物主义主要是出自恩格斯之手。"③ 另一位日本知名学者望月清司虽然也和广松涉的观点较为一致，不同意对马克思恩格斯做一体化的处理，但他同时也

① 王凤才、袁芃：《MEGA² 中的马克思恩格斯关系问题》，《探索与争鸣》2016 年第 2 期。

② 王凤才、袁芃：《MEGA² 中的马克思恩格斯关系问题》，《探索与争鸣》2016 年第 2 期。

③ 梁树发、李婷：《改革开放三十年来我国学者关于马克思主义认识的变化与发展》，《马克思主义与现实》2009 年第 4 期。

否定了广松涉的"恩格斯主导论"，提出了著名的两种"史论"思想，从新的角度阐释了二者之间的对立。

如果说在 1960 年之后，主要是"对立论"的广泛传播与流行。那么在这种声音下必然会发出异质的挑战。1980 年美国学者 A. W. 古尔德纳（Alvin Ward Gouldner）在《两种马克思主义》①　一书中区分了关于马克思主义的两种不同理解即"批判的马克思主义"和"科学的马克思主义"，但他坚信二者观点的一致性。至此，这种观点开始被西方许多学者接受并加以发展。1991 年 J. D. 亨利（J. D. Hunley）的《弗里德里希·恩格斯的生活和思想：重新解释》则认为，尽管马克思和恩格斯在有些问题上存在着差异（实际上马克思自己也有自相矛盾的地方），但在绝大多数方面是根本一致的。②　尤其是，他在第三章"以对立的形象出现的恩格斯"中对诺曼·莱文批判恩格斯的自然辩证法、认识论以及历史观等观点和方法提出了批判与质疑。如他针对诺曼·莱文所说的马克思并未"套入"，即没有认为规律以其存在于自然之中的方式同样存在于社会之中，而是使用"比拟"一词来说明社会总体结构起着类似自然规律的作用这一说法。J. D. 亨利指出，诺曼·莱文这种基于语言学的诡辩并不能消除马克思与恩格斯同样的实证主义倾向。③　S. H. 里各比（S. H. Rigby）则在《恩格斯与马克思主义的形成：历史、辩证法和革命》④（1992）一书中围绕辩证唯物主义、辩证法、认识论、唯物史观、共产主义以及黑格尔关系等方面的同质性来论证马克思和恩格斯的一致性。不过他们之所以论证二者之间的一致，并不同于早期"伙伴

①　Alvin WardGouldner, *The Two Marxisms: Contradictions and Anomaliesin the Development of Theory*, USA: Oxford University Press, 1982.

②　鲁克俭:《国外马克思学研究的热点问题》，中央编译出版社 2006 年版，第 54 页。

③　J. D. Hunley, *The Life and Thought of Friedrich Engels: A Reinterpretation*, New Haven: Yale University Press, 1991, p. 56.

④　S. H. Rigby, *Engels and the Formation of Marxism: History, Dialectics And Revolution*, Manehester University Press, 1992.

论"的正统马克思主义学家的观点，而是证明"对立论"者给恩格斯所加注的批判其实也是马克思所具有的。也就是说，"一致论"者企图通过发现马克思恩格斯思想中所共有的这些"内在矛盾"来达到解构马克思主义的目的。他们反驳了"对立论"者的思想观点，认为"对立论"者只是把马克思与恩格斯"两人各自思想的'内在矛盾'化为所谓早年马克思与晚年马克思、马克思与恩格斯的'外在对立'，企图以此消融马克思的思想本身的问题"①。他们认为，马克思与恩格斯的思想并不应该被看作一个一以贯之的统一整体，只有充分挖掘二者本身的"内在矛盾"才能真正地实现对马克思恩格斯的真实研究。

不过，针对"对立论"的观点，除了所谓的以解构为基础的"一致论"，还有部分学者通过高扬恩格斯的学术贡献，来回击和辩驳那些将恩格斯视为简化马克思主义的始作俑者的错误偏见，极力维护了恩格斯的学术地位。英国著名马克思主义理论家、伦敦南岸大学 P. 布莱克利奇（Paul Blackledge）教授分别从批判"对立论"的错误和重估恩格斯的学术贡献两个方面再现了恩格斯与马克思之间的思想关联。在《恩格斯反对马克思?》一文中，他指出，对恩格斯思想最无情的批判当属诺曼·莱文。在诺曼·莱文那里，区分了"马克思主义"与"恩格斯主义"。在诺曼·莱文看来，虽然马克思主义确实产生了斯大林主义，但 20 世纪的马克思主义最好被理解为"恩格斯主义"的一种形式，这是马克思原始思想的一种堕落。从恩格斯到列宁再到斯大林，有一个清晰而稳定的演变，斯大林把恩格斯的传统和列宁的恩格斯的那一面发挥到了极致。② 在《"马恩对立论"驳议》中 P. 布莱克利奇从"稻草人式

---

① 吴家华：《西方"马克思学"解构马克思主义的新动向》，《高校理论战线》2003 年第 11 期。

② Paul Blackledge, "Engels vs. Marx? Two Hundred Years of Frederick Engels", *Monthly Review*, Vol. 72, No. 1, May2020, pp. 21 – 39.

谬误的辩护""忽视了二者的学术分工""忽视了恩格斯历史判断的深刻洞察""将二者共同事业视为恩格斯的发明有失偏颇"四个方面展开对以 T. 卡弗为代表的"马恩差异论"的批判。① 而且，无论是诺曼·莱文还是 T. 卡弗等西方马克思学学者，他们攻击的对象主要是恩格斯的《反杜林论》《路德维希·费尔巴哈和德国古典哲学的终结》以及《自然辩证法》。不过 P. 布莱克利奇通过引用马克思和恩格斯的相关文本和通信，逐一反驳了"马恩对立论"者对恩格斯发起的攻击，他强调恩格斯和马克思作为亲密合作者的内在一致性，以及恩格斯在这一合作关系中的重要地位。② 同时，针对"对立论"普遍认为的马克思关注的是纯粹的社会批判理论，而恩格斯则更关注自然科学的研究，恩格斯的自然辩证法歪曲了马克思关于辩证法的原初构想等偏见，"土耳其青年学者 K. 康加恩（Kaan Kangal）通过跟踪历史考证版（MEGA²）中马克思关于生态学、矿物学、植物学、化学、地质学、物理学等自然科学札记的新文献的出版，揭示了马克思对自然科学同样具有浓厚的兴趣并进行了深入的研究"③。

近年来，国外马克思学界又开启了从政治经济学角度探讨马克思恩格斯关系的研究新动向。针对诺曼·莱文指出的，恩格斯编辑的《资本论》第 2 卷第 1 节与国际社会历史研究所保存的手稿之间存在重要差异。巴西巴伊亚联邦大学 R. 索萨（Renildo Souza）教授也对此提出了批判，他指出：虽然，马克思和恩格斯在关注焦点和理解上确实有一定差异，但我们更应该看到的是，恩格斯的政治经济学对马克思的积极影

---

① Paul Blackledge, "Engels vs. Marx? Two Hundred Years of Frederick Engels", *Monthly Review*, Vol. 72, No. 1, May2020, pp. 21 – 39. 转引自 [英] 保罗·布莱克利奇《"马恩对立论"驳议》，曲轩编译，《当代世界与社会主义》2020 年第 4 期。

② Paul Blackledge, "Engels vs. Marx? Two Hundred Years of Frederick Engels", *Monthly Review*, Vol. 72, No. 1, May2020, pp. 21 – 39.

③ 孙海洋：《近年来国外恩格斯研究聚焦的几个问题》，《国外理论动态》2020 年第 4 期。

响以及他为《资本论》的编辑出版和普及工作付出的巨大的努力。①

4. 德国学者基于 MEGA² 的"马克思恩格斯学术关系"研究②

20 世纪 90 年代以来，德国学者利用 MEGA² 的最新理论资源，将马克思恩格斯学术关系作为其研究的核心内容，并形成了几种不同的观点：

第一种观点：马克思恩格斯对立论。在《马克思主义历史批判辞典》中，W. F. 豪克（Wolfgang Fritz Haug）等人指出，自 19 世纪后期以来，我们所指认的"马克思主义"并不属于马克思本人的思想，它不过是恩格斯为了形势需要而通俗化的结果。在论述的大部分重要问题上，与真正的马克思思想有非常明显的区别：对于"马克思主义"，恩格斯的创造要远远多于马克思。因而，它实际上就是"恩格斯主义"。

在《关于马克思恩格斯关系不合时宜的论争》中，M. 海因里希（Michael Heinrich）断定，在作为世界观的马克思主义构建中，《反杜林论》只起到了无关紧要的作用；换言之，恩格斯所描述的"马克思主义形象"与马克思本人所阐发的"科学思想"是相互对立的。也就是说，马克思的科学思想才是真正的马克思主义，而由恩格斯刻画的"马克思主义形象"根本就不是真正的马克思主义。这里也暗含了二者之间的思想对立。

在《"恩格斯主义"的僵化性：对"马克思恩格斯关系问题"的说明》《马克思在西方：1965 年以来德国的"马克思—新读物"》等文本中，德国学者 I. 埃尔贝（Ingo Elbe）断言马克思恩格斯思想统一是"神话"，认为正是恩格斯编辑稿、刊印稿与马克思原始手稿的差异，

---

① 覃诗雅、张亚宁：《国外学术界对恩格斯研究的最新进展及启示》，《世界社会主义研究》2021 年第 12 期。

② 王凤才、袁芃：《MEGA² 中的马克思恩格斯关系问题》，《探索与争鸣》2016 年第 2 期。

引发了"马克思恩格斯思想差异"讨论。I.埃尔贝本人试图进一步论证马克思恩格斯思想的差异，并将恩格斯指责为偶尔僵化的经验主义者。在他看来，马克思是"纯粹的"科学家与逻辑体系的建构者，恩格斯则是具有"历史哲学"还原论与政治工具主义趋向的意识形态家。因而，马克思的政治经济学批判属于科学分析，恩格斯的论证主要被理解为抽象的范畴体系。

第二种观点：马克思恩格斯一致论。在《马克思思想实验中的一个部分：关于马克思恩格斯通信的笔记》中，W.泽普曼（Werner Sepp-mann）批评了德国马克思学家在马克思恩格斯关系问题上的立场，并试图捍卫马克思恩格斯思想的统一性。

W.泽普曼指出，如果像"辞典"作家所说的，马克思恩格斯思想存在着如此高度的不一致，两者的思维路径如此的异质，那么这种差异，首先必然会在他们的通信中留下痕迹。可是，从马克思恩格斯大量通信中并没有发现他们之间的不一致；相反，他们一直都在从事资本主义、反资本主义（社会主义）研究，并不断努力使共同的思想前提精确化。W.泽普曼认为，在劳动关系研究方面，马克思是深刻的思想家，但在关键问题上，（从他们合作开始）恩格斯就是马克思的重要启发者；在政治经济学批判方面，恩格斯比马克思更重要——关于英国工人阶级状况的描述，达到了研究阶级社会现实的水平。"恩格斯不仅拥有马克思没有的工厂实践经历与经济关系信息，而且一直提出新的理论问题，并用新的理论研究、新的历史研究、新的经验状况加以证实。"[1]

W.泽普曼还断言，自从他们合作以来，作为共产主义者的马克思恩格斯，无论在理论方面还是社会分析方面，都达到了"高度一致"。

---

[1]　Vgl. Rolf Jüngermann, "190 Jahre Friedrich Engels—40 Jahre Marx‒Engels‒Stiftung" in: *Zeitschrift Marxistische Erneuerung*, Nr. 85, März 2011, pp. 184‒185. 转引自王凤才、袁芃《MEGA² 中的马克思恩格斯关系问题》，《探索与争鸣》2016 年第 2 期。

至于自然辩证法，W.泽普曼指出，"自早期'巴黎手稿'开始，马克思就一直强调人类史与自然史内在交织"①。这就意味着，并不像某些马克思学家、某些西方马克思主义者所认为的那样，"自然辩证法"是恩格斯的"臆造"，马克思的辩证法只限定在历史领域；相反，在马克思那里同样也谈到了基于自然史领域的辩证运动与规律的普遍有效性。

第三种观点：尽管马克思恩格斯的关注点不同，但是要真正创立"恩格斯主义"是不可能的。I.费彻尔认为，恩格斯对马克思主义形成的重要性在下降；或者说，恩格斯只能被视为马克思观念的通俗化者。但在《资产阶级对马克思恩格斯接受过程中批评恩格斯的几个方面》中，W.格伦斯（Willi Gerns）批评了 I.费彻尔的观点，并试图阐发恩格斯对马克思主义的重大贡献。德国社会学家 K. H.特雅登（Karl Hermann Tjaden）在《恩格斯：揭示世界的唯物主义者，或为什么没有形成真正的恩格斯主义?》中则指出，尽管马克思恩格斯的研究领域和侧重点不一样，但是创立真正的"恩格斯主义"则是不可能的。

可以看到，尽管德国学者也没有跳出国际学界关于"马克思恩格斯关系"研究的几种模式，但他们的独特之处在于，所运用材料（MEGA²）的前沿性。这为本书的研究开拓了一个崭新的视角。

二　国内研究现状

由于我国理论界对于马克思恩格斯关系问题的主要观点还是延续自正统马克思主义的"早期伙伴论"的论调。因此，在很长一段时间内，并没有对这一问题多加关注。但是，自西方马克思学进入国内理论界的视野，无论是马克思恩格斯对立论或是掩藏在马克思恩格斯一致论外衣

---

① Werner Seppmann, *Ein Logenplatzmit dem Blick in das Laboratorium marxischen Denkens*: *Notizen über den Briefwechsel zwischen Marx und Engels*. in: Marxistische Blätter, 2011, p. 77. 转引自王凤才、袁芃《MEGA² 中的马克思恩格斯关系问题》，《探索与争鸣》2016 年第 2 期。

下的反马克思主义，就成为国内学界需要认真对待的"问题"了。基于国内的研究，主要有以下几个阶段：

1. 20 世纪 70 年代末到 80 年代：无意识阶段。这一阶段总体来说是对马克思恩格斯关系的盲目认识和无意识阶段。因为，那个时期改革开放才刚刚开始，学者们在很大程度上接受的是以往马克思主义者的既定认识，即认为二者是一个整体。与此同时，这一时期国内学界对国外学者的研究成果进行了比较集中的译介。像 D. 麦克莱伦的《青年黑格尔派与马克思》（商务印书馆，1982 年版）、《马克思以后的马克思主义》（中国社会科学出版社，1986 年版）等专著陆续在国内出版。另外《马列主义研究资料》《马列著作编译资料》《马列主义参考资料》等对国外学者的作品进行了部分介绍。比如：A. W. 古尔德纳的《两种马克思主义》（《马列主义研究资料》，1982 年第 3 辑）、《两种马克思主义的社会起源》（《马列主义研究资料》，1988 年第 2 辑）、《阿尔温·古尔德纳对马克思主义流派的分类和对佩里·安德森的批评》（《马列主义研究资料》，1988 年第 1 辑）、I. 费彻尔的《马克思与黑格尔的关系》（《马列主义研究资料》，1984 年第 5 辑）以及 L. 科拉克夫斯基的《马克思主义哲学的主要流派》（《马列主义研究参考资料》，1988 年第 1 辑）、杜章智编译的《马克思与恩格斯的比较——莱文的〈可悲的骗局：马克思反对恩格斯〉一书的主要观点摘编》（《马列著作编译资料》，1981 年第 14 辑）等。① 总体来看，这一时期国内一些学者基本还是固守传统的观点，认为所谓的马克思恩格斯关系问题是西方马克思学制造出来的问题，而不是马克思恩格斯本身的问题。

2. 20 世纪 90 年代：正面回应阶段。20 世纪 90 年代是改革开放的关键时期，在这一时期，伴随着同国外文化、学术交流的扩大，中国学

① 蒋天婵：《国内西方"马克思学"研究述评》，《教学与研究》2007 年第 10 期。

界开始变得活跃起来，各种批判、开放的声音逐步出现。较之上一阶段的全盘否定和盲目坚持，这个时期的学者们更愿意本着反思马克思主义的态度，对马克思恩格斯关系进行深入剖析与正面回应，出版了一系列反思马克思恩格斯关系的著作。如孙伯鍨等的《西方"马克思学"》、陈先达的《被肢解的马克思》、叶卫平的《西方"马克思学"研究》、朱传启等教授著述的《马克思恩格斯哲学思想比较》等。其中，叶卫平教授就在其著作的第十章《西方"马克思学"的主要研究方法》中立足《悲剧性的骗局：马克思反对恩格斯》一书对诺曼·莱文对立论的核心观点做了较为详细的阐述。另外，在这一时期，诺曼·莱文的《辩证法内部对话》也被译介到国内并正式出版，无疑对国内马克思恩格斯学术关系的争论起到一定的推动作用。不过，总体来说，这个阶段，学者们还是认为，西方马克思学家的观点具有浓厚的资产阶级的意识形态性：与其说他们是在进行脱离政治性的纯粹学术探讨，不如说他们实质是在学术研究幌子掩盖下进行的反马克思主义研究，他们企图通过回归本真的马克思的理论来达到反马克思主义的目的。

3. 近二十多年来：重新审视与批判阶段。"北京大学马克思主义文献中心的成立和张一兵教授的著作《回到马克思》一书的出版（1999），在其推动下，国内出现马克思文本研究的热潮。"① "作为五大解读模式之一的西方'马克思学'再次进入国内学界的视线。"② 并且伴随着国际交流的扩大，学者们掌握了最新的国外学术资讯，从而促成了他们对传统马克思主义解释模式的反思。"其标志是俞吾金教授关于马克思思想研究中的差异分析法的提出。提出差异分析法，据俞吾金教授讲，是为了要对马克思和马克思主义进行创造性研究，而实现的一个

---

① 梁树发、李婷：《改革开放三十年来我国学者关于马克思主义认识的变化与发展》，《马克思主义与现实》2009 年第 4 期。

② 蒋天婵：《国内西方"马克思学"研究述评》，《教学与研究》2007 年第 10 期。

思维方法上的转折，这种转折针对的是以往这种研究中对'本质认同法'的过分倚重。"① 无独有偶，山东大学的何中华教授在其发表的有关马克思恩格斯关系的系列文章中与俞吾金教授在此问题上的观点是不谋而合的。这两位知名教授的"实质性差异"观点的提出和质疑者对此见解的反驳，形成了第三阶段研究中的一个高潮。

在此过程中，成果较为突出的还有安徽大学的吴家华教授。他出版了一系列相关的著作及论文，从总体和宏观上将国外学者关于马克思恩格斯比较研究的各种范式进行了总结，同时还分析了各个范式流派的特点和实质。不过他的基本观点并不是差异论，而是反"差异论"的。他认为：西方马克思学在马克思恩格斯关系上所持的"同质论"和"对立论"虽然形式相反，但本质都是以"反对社会主义，解构马克思主义为己任，以维护资产阶级的根本利益为皈依"②的。南京大学的张亮教授则提出一种公平客观的解析方法，他认为："我们应该客观公正地评价西方马克思学研究。在评判过程中我们不应忽略其内部差异和历史变化，而从自己的政治立场和理论框架出发对其进行平面化和脸谱化，以政治批判代替学理分析。"③

与此同时，一批解析马克思恩格斯关系的国内外重点书目得以出版：在国内有鲁克俭的《国外马克思学研究的热点问题》④，这本书可以说是全面介绍了西方马克思学学者在各个方面的研究成果。同年，王东教授出版了《马克思学的新奠基》⑤一书，分析了马克思的解读模式

① 梁树发、李娉：《改革开放三十年来我国学者关于马克思主义认识的变化与发展》，《马克思主义与现实》2009 年第 4 期。

② 吴家华：《国外学者关于马克思恩格斯比较研究诸范式简评》，《高校理论战线》2004 年第 10 期。

③ 张亮：《西方"马克思学"的恩格斯研究：一个批判的评价》，《教学与研究》2005 年第 8 期。

④ 鲁克俭：《国外马克思学研究的热点问题》，中央编译出版社 2006 年版。

⑤ 王东：《马克思学的新奠基》，北京大学出版社 2006 年版。

问题。2007 年，曾枝盛教授在为《吕贝尔马克思学文集》所写的导言中，回顾了 M. 吕贝尔从事马克思学研究的过程。北京师范大学出版社也译介了一系列国外马克思学的重要著作，其中就有诺曼·莱文的《不同的路径：马克思主义与恩格斯主义中的黑格尔》①。中国人民大学出版社也于 2015 年翻译出版了诺曼·莱文的《马克思与黑格尔的对话》②。

更为可喜的是，近年来，南京大学、北京大学、中国人民大学、武汉大学、复旦大学的一批学者也开始了对诺曼·莱文思想的探讨和反思。不仅陆续出版了部分译著，并且相对于之前的阶段，学者们更本着客观的文本分析态度对其思想进行批判。

首先，展开了与诺曼·莱文的对话：如 2006 年，张亮发表了与诺曼·莱文的学术访谈。2013 年赵玉兰刊发了其与诺曼·莱文关于马克思黑格尔关系问题以及马克思恩格斯关系问题的对话与探讨。

其次，对诺曼·莱文思想的文本解读：如张翼星 1999 年就曾对《辩证法内部对话》做出过系统评介；2013 年李佃来教授的大作《马克思主义的黑格尔化与去黑格尔化》对诺曼·莱文的《马克思方法的黑格尔主义基础》做了详细文本解读；2013 年汪行福教授的文章《马克思误读了黑格尔吗：评诺曼·莱文教授的〈马克思对话黑格尔〉》则更加深入地分析了诺曼·莱文新作的思想特点并且指出了其中的理论疑惑。

最后，对诺曼·莱文思想观点的综合性评价：如聂锦芳教授在 2008 年发表的文章《国外四位"马克思学家"及其对马克思主义哲学

① ［美］诺曼·莱文：《不同的路径：马克思主义与恩格斯主义中的黑格尔》，臧峰宇译，北京师范大学出版社 2009 年版。

② ［美］诺曼·莱文：《马克思与黑格尔的对话》，周阳等译，中国人民大学出版社 2015 年版。

的理解》中对诺曼·莱文的观点做了一个总体的概括和评价；2010 年
李佃来教授的《马克思与黑格尔思想因缘的再考证——诺曼·莱文解读
马克思哲学的理论定向》则对诺曼·莱文的思想做出了整体的考辨。
2019 年苏国辉和张琪教授的《诺曼·莱文"马克思——黑格尔连续论"
之辨析》以及林锋教授的《诺曼·莱文对晚年恩格斯历史观的误读》
则是具体针对诺曼·莱文的某个观点进行了详尽的驳斥和辨析。2021
年王凤才教授基于诺曼·莱文的视角对马克思黑格尔关系进行了再探
讨，并提出只有融合康德与黑格尔，在个体主义与共同体主义之间寻找
一个平衡点，才能更好地理解马克思。2021 年赵立、张亮教授在《马
克思与黑格尔关系问题的"失锐式解读"：苏东剧变以来西方"马克思
学"对辩证的研究与反思》一文中以辩证法问题为切入点，在对西方
"马克思学"中马克思黑格尔关系的研究中专辟视域对诺曼·莱文的观
点进行了反思与重构。两位学者指出，诺曼·莱文为了一以贯之地证实
其马克思恩格斯对立的理论立场，试图从各个方面切断马克思恩格斯之
间的连字符。并有选择性地将马克思对辩证法的认识过程进行简单的还
原，实际是为了建构其心目中的"马克思主义"，而忽视和回避了马克
思和恩格斯所面对的时代问题①，2022 年，林锋基于对晚年马克思在
《摩尔根〈古代社会〉一书摘要》对社会发展观的辨析指出：诺曼·莱
文将晚年马克思的社会发展观界定为"非决定论"，制造了作为"非决
定论者"的马克思与作为"决定论者"的恩格斯的对立。但是，对
《摩尔根〈古代社会〉一书摘要》与《古代社会》的文本研究有力地证
实，诺曼·莱文的说法是不能成立的。摩尔根、马克思均肯定，具体社
会的演进和发展遵循着客观的、共同的规律。因此，"决定论"而不是
"非决定论"，才是对马克思《摩尔根〈古代社会〉一书摘要》中社会

---

① 赵立、张亮：《马克思与黑格尔关系问题的"失锐式解读"：苏东剧变以来西方"马
克思学"对辩证法的研究及反思》，《教学与研究》2021 年第 4 期。

发展观的恰当定位。①

　　总体来看，国外马克思恩格斯关系问题的研究已经非常全面。国内的研究也趋于升温，但必须看到，国内马克思恩格斯关系问题还没有形成专门化的系统研究，这一研究还有很大的空间。

第三节　研究框架

　　诺曼·莱文的主要著作都以英文发表。本书拟在全面深入解读诺曼·莱文的英文著作、论文的基础上，以马克思与恩格斯关系为主线，并以马克思与黑格尔的关系为中介，试图发掘诺曼·莱文"马恩对立论"的形成过程；揭示其理论背景、思想渊源以及历史演变。并融合四种关系模式：即"人本主义的马克思主义视黑格尔为其隐性逻辑；科学主义的马克思主义强调祛除'黑格尔的幽灵'；西方马克思学力图基于纯粹的文本考据还原二者关系的原貌；新辩证法学派致力于重审《资本论》与《逻辑学》的内在关联"②，对其理论前提、思想实质、理论目标以及理论方法等第一次进行系统研究和阐述。本书致力于将诺曼·莱文的思想理论置于当代国外马克思主义背景中，分析和论证诺曼·莱文思想体系的特点和存在的问题，勾勒出诺曼·莱文的一个相对完整的思想轮廓。

　　首先，通过阐述诺曼·莱文"马恩对立论"思想形成的第一本著作《悲剧性的骗局：马克思反对恩格斯》，全面梳理诺曼·莱文视域中的"马克思主义"与"恩格斯主义"在自然观、历史观、经济理论、

　　① 林锋：《〈摩尔根〈古代社会〉一书摘要〉社会发展观辨析——对诺曼·莱文相关观点的质疑》，《马克思主义与现实》2022 年第 6 期。
　　② 孙海洋：《国外马克思主义者论马克思与黑格尔的关系：一种谱系学分析》，《国外理论动态》2015 年第 9 期。

民主策略以及对共产主义的理解上的全方位对立。其次，通过探讨诺曼·莱文在《辩证法内部对话》中对马克思、恩格斯的辩证法、认识论、唯物主义之于黑格尔哲学的不同解读，从而梳理出诺曼·莱文的主要观点即马克思主义的主要敌人是形而上学，不管是唯心主义的还是唯物主义的形而上学。马克思主义辩证法的核心是人而不是自然，我们需要打破精神的客观性和物质的客观性的统治，只有在这个基础上，以马克思的实践——批判活动思想为中心，马克思主义的理论才能得到新的发展。再次，对诺曼·莱文的《马克思方法的黑格尔主义基础》《马克思与黑格尔的对话》做详细的文本解读。通过分析诺曼·莱文"回到黑格尔"的理论路向揭示马克思与黑格尔的连续性以及马克思与恩格斯学术关系对立的根源。不过，在以文本时间为顺序梳理诺曼·莱文思想体系的过程中，本书也将整合诺曼·莱文的新著《马克思对列宁的反叛》《马克思对亚里士多德的复兴》中有关马克思思想来源问题的探讨，分析诺曼·莱文是如何将理论触角置于从古希腊到近代启蒙思想传统的框架内以强化马克思恩格斯思想对立的根源。最后，将进一步探讨诺曼·莱文"马恩对立论"的核心观点，并对其思想做出客观评价：结合诺曼·莱文的具体阐述指明其理论中存在的局限，同时也试图挖掘出其思想可能给予我们的现实价值与当代启示。

为了较好地揭示诺曼·莱文"马恩对立论"思想的精神实质和深层意蕴，本书主要是通过以下的方法：即以总体性、历史性为视野的文本解读法以及互文本性语境中的比较式的解读法。

以总体性、历史性为视野的文本解读法。这里所谓的总体性视野主要是指阿尔都塞推荐的总体性阅读方法，即是要把诺曼·莱文的思想当作一个总体来看待，通过对文本的解读，找到贯穿其中的"问题框架"，即主题思想。关键是要用总体性的方法看到这些著作中的各种思想是内在联系的，是服从一个核心的。所谓历史性视野，是指在研究诺曼·莱文"马恩对立论"思想的过程中，我们不能以当代人的意识形态视野来先入为主地批判，而应该将其放到具体的历史发展过程中去看待他的思想是如何形成的。因此，本书的研究方法是在总体性与历史性为宏观视野的角度下的文本解读。文本是解读诺曼·莱文"马恩对立论"思想的最根本的依据。通过对这些文本的解读，我们对诺曼·莱文"马恩对立论"思想可以获得较全面的了解和最基本的掌握。

值得注意的是，运用这一分析方法，并不能从根本上影响我们从原则性和科学性两方面的要求出发去把握马克思主义，同样也不能否认马克思主义是由马克思和恩格斯共同创立的科学理论体系，对此二者都做出了重大的理论贡献。因此只有在坚守原则性与科学性的基础上，加以总体性与历史性为视野的文本解读法，我们才能更加科学地去探究马克思与恩格斯学术思想之间的真实关系，以及这一理论的科学价值和当代价值。

互文本性语境中的比较式的解读法。这里所谓比较式的解读法，特指一种基于互文本性语境中的比较式解读。也就是将诺曼·莱文放置于当代国外马克思主义理论的大背景下，通过比对其理论与其他学者的相关观点的联系与区别，以揭示出诺曼·莱文理论体系的矛盾与超越，进而挖掘出其现实价值与理论局限。概言之，如果总体性、历史性为视野的文本解读法是把握诺曼·莱文关于马克思恩格斯关系定位之准确的保证，那么，比较式的解读法则是要结合诺曼·莱文所处的文化和理论背景，对其思想进行理论定位，把握其在整个国外马克思主义背景下的地位和作用，并反思其理论可能带给我们的启发和思考。

第四节 创新之处

一 实现了学术性与意识形态性的统一

众所周知，马克思主义本身是学术性和意识形态性的统一。一方面，马克思主义本身具有科学性、学术性，这源自它对社会现实的科学分析。马克思主义力求按照世界的本来面目如实地认识世界，并深刻地揭示自然、社会和人类思维发展的一般规律。马克思主义不能够被教条化、僵化，被常识化，进而被庸俗化，若如此便抹杀了马克思主义的科学性。另一方面，马克思主义本身又具有政治性、意识形态性。马克思主义是在工人运动中产生的，从诞生之日起，就公开表明自己的意识形态性质，它的全部理论都立足实现和维护最广大人民的根本利益，将人的自由全面发展与人类解放当作自己的目标。因此，我们对国外马克思主义进行研究，既要认识到它本身所具有的意识形态性，更要尊重它本身固有的学术性，从而实现两者的统一。

不得不承认，西方马克思学的大部分学者一直在力图基于纯粹的文本考据还原马克思主义的原貌，这里当然也包括笔者这本著作的主角——诺曼·莱文。他的思想虽然具有一定的局限性或是误读，但他在坚持一种思想史的方法论自觉的基础上，从理论发展逻辑与社会历史语境的互文中总体性地图绘马克思与恩格斯关系的历史原像。而这一点正是我国学者目前稍欠缺的地方。在中国学界，由于语言问题、材料收集的困难或是深深的意识形态印记等原因，导致了中国学者的关注点总是以一种坚决拒斥的态度对待马克思恩格斯之间的差异，甚至对西方学者的观点进行脸谱化、妖魔化，从而在一定程度上将学术与意识形态之间划出了深深的鸿沟。

本书从马克思与黑格尔的联系这一中介出发，重点考察诺曼·莱文视域中的马克思与恩格斯的学术思想关系，整合了诺曼·莱文各个时期著作的理论内容，客观地梳理了包括诺曼·莱文的马恩对立论、马克思与黑格尔的连续性、非连续性以及恩格斯对黑格尔的误读等在内的一个相对完整的理论体系，一定程度上改变了国内仅仅从意识形态角度来片面地认识诺曼·莱文思想的状况，实现了学术性与意识形态性的统一。

二 关注国内西方马克思学研究传统的最新发展

按照鲁克俭、王凤才、陈学明等教授的观点，"西方马克思学"是个十分宽泛的概念，"它既包括MEGA^{2}的编辑出版，又包括对马克思和恩格斯著作的文献考证、文本解读；既包括马克思、恩格斯思想研究，又包括两者思想差异的分析；既包括马克思所有后继者思想的考察，又包括各种马克思主义学派之间的差异的辨析"①。众所周知，冷战时期，西方马克思学所研究的内容随即被贴上了意识形态的标签。冷战结束后，西方马克思学或许能真正走出意识形态雾霾的笼罩，进行无政治指涉的纯粹文本研究。也因此，在近些年来，这一流派开始慢慢进入中国学者的视野中，得到应有的重视。不过，国内学者对西方马克思学的研究主要还是集中在MEGA^{2}的编辑出版研究、文本学研究，以及西方马克思学专题研究等方面。马克思与恩格斯的关系问题这一研究马克思主义不可绕开的"古老"话题似乎慢慢淡出了人们的视野。

早些年前，在国内学界，作为意识形态批判的靶点如M.吕贝尔、S.胡克、T.卡弗等西方马克思学理论家的思想观点广为人知，而同样作为西方马克思学的重要代表人物的诺曼·莱文的相关理论却在中国学界缺乏深入的认识和研究。他对于马克思、恩格斯的学术关系以及二者与黑格尔的思想关系问题的研究体现了西方马克思学研究传统的当代最新发展。当前，国内的西方马克思学研究已经有了相当的发展，但总体来说，还有很长的路需要我们继续探索。对于西方马克思学视域下的一些传统研究主题发展的再研究，或许可以给我们打开新的研究视角抑或让我们感悟到新观点的启发。"在当代的历史境遇中，那些能够延续下来

---

① 王凤才、陈学明：《国外马克思主义研究：四条路径及其评价》，《学术月刊》2011年第2期。

的研究传统往往会以某种方式修正和发展自身，甚至会创造出全新的脉络。"① 因此，为了更好地推动我国的马克思主义建设，西方马克思学的研究必须开拓这一传统的最新发展，跟踪新的领域和领头学者。

如果说卢卡奇、柯尔施将马克思恩格斯的差异概括为历史辩证法与自然辩证法的差异，引发了学界的关注；G.利希特海姆《马克思主义：历史和批判的研究》一书的出版作为"对立论"正式流行的标志；M.吕贝尔在对立论领域影响巨大；T.卡弗曾经在西方马克思学领域声名鹊起，那么诺曼·莱文则将马克思恩格斯关系问题的考察成功地延伸至MEAG² 的视角下，并对二者与黑格尔的关系进行了重新审视，为当代西方马克思学的发展做出了最新的也是奠基性贡献。本书重拾西方马克思学研究传统的这一最新发展，进一步拓展和深化了该思潮流派的最新人物研究。

---

① 张亮：《西方马克思研究的当代进展》，《山东社会科学》2015 年第 10 期。

第一章

诺曼·莱文"马恩对立论"理论溯源

诺曼·莱文"马恩对立论"的产生和形成，基于他的整体思想，基于他的独特生平。为了更好地理解诺曼·莱文的思想，也为了真正澄明和解蔽马克思和恩格斯的学术关系，我们将讨论诺曼·莱文的学术经历以及这种经历对他的思想可能产生的影响；同时，我们也将对其思想溯源做一系统梳理，并研究其思想的整体演变。

第一节　诺曼·莱文的学术思想演变

诺曼·莱文是当代美国著名的"马克思学"学者。"20 世纪 50 年代，他进入纽约大学，先后攻读英语语言文学、欧洲史、美国史和德国史。1965 年，他以一篇关于 19 世纪德国保守主义历史学家吉哈德·里特尔的史学思想的论文获得哲学博士学位。此后，他先后执教于德波夫大学、马里兰大学，并于 1975 年晋升为马里兰大学历史学教授。1988 年，他辞去马里兰大学的教职，以富布莱特高级研究人员的身份前往德国访问研究。1990 年 6 月起任美国国际管理研究院历史学教授，现任美国国际管理研究院国际政策研究所执行主任。"①

在 1965 年其获得博士学位并真正踏入社会之前，诺曼·莱文基本上是一个不关心政治的纯粹学术人。但在走上大学讲台之后，随着马克思主义理论在美国的传播，特别是受到越南战争这个历史事件的影响，这些因素相继成为诺曼·莱文思想转折的触发点。正是在这样的时代背景下，诺曼·莱文从一个不谙政治的历史学教授逐渐向新左派靠拢，正式以马克思主义者的身份进行学术研究和写作。诺曼·莱文十分反对美国干涉越南内政，而在思考美国为什么要干涉的时候，他得出了一个结论：美国的外交政策就是马克思早已论述过的体现了资本主义扩张本质的帝国主义政策。越南战争恰恰证明了马克思关于资本主义内在扩张趋势的判断是正确的。正如诺曼·莱文在《悲剧性的骗局：马克思反对恩格斯》中的开篇就陈述道，他之所以创作这部著作的最直接原因，就是因为受到"越南战争以及它对整个社会所产生的影响"②，因此，在反越战过程中诺曼·莱文成为一名新左派并转向"西方马克思主义"。为了研究"本真"的马克思主义，1965—1980 年，他曾多次前往荷兰阿姆斯特丹的国际社会史研究所研究马克思的人类学笔记，并逐渐形成了自己的思想体系。1975 年，他出版了《悲剧性的骗局：马克思反对恩格斯》，系统、全面地阐述了马克思主义与恩格斯主义全面对立的思想，在国际学术界引起了强烈反响和轩然大波。此后，他又开始通过探索马克思与黑格尔之间的连续性、恩格斯对黑格尔的误读以发掘马克思恩格斯学术思想对立论的根基。近年来，他这方面的初始研究成果《辩证法内部对话》《不同的路径：马克思主义与恩格斯主义中的黑格尔》、一

---

① ［美］诺曼·莱文、张亮：《从"西方马克思主义"到西方"马克思学"——诺曼·莱文教授访谈录》，《南京大学学报》2006 年第 6 期。

② Norman Levine, *The Tragic Deception*：*Marx Contra Engels*, Santa Barbara：Clio Press, 1975, p. ix.

卷本《马克思方法的黑格尔主义基础》以及二卷本《马克思与黑格尔的对话》陆续出版。在书中，他强调马克思在阐述和开拓自己的哲学理论过程中不是以隔离或悬置黑格尔哲学为前提的，相反，马克思正是将其哲学研究的理论基础直接与黑格尔的思想精髓相勾连并在核心层面上对其进行了变革与突破。因此，探讨马克思与黑格尔以及恩格斯与黑格尔的关系，应当成为还原马克思恩格斯关系真相的最根本的路径。在《马克思对列宁的反叛》以及《马克思对亚里士多德的复兴》两部新著中，诺曼·莱文将其研究重心置于近代启蒙思想传统的框架内探讨马克思思想来源。与此同时，也延续了他之前的思想观点：即通过"回到黑格尔"的理论路向揭示了马克思与恩格斯学术关系对立的根源。正是基于这一理论定向，诺曼·莱文一方面通过马克思主义的"黑格尔化"考察了马克思与黑格尔思想的连续性与非连续性，另一方面又通过马克思主义的"去黑格尔化"考证了恩格斯与西方马克思主义理论家对黑格尔及马克思和黑格尔关系的种种理解，进一步从基点上强化了"马克思反对恩格斯"的学术论断。

第二节　诺曼·莱文"马恩对立论"的思想来源

诺曼·莱文"马恩对立论"思想的形成，主要是受以下一些重要学术背景和思想来源的影响：

一　《1844 年经济学哲学手稿》的触发和对马克思人类学笔记的研究

马克思的《1844 年经济学哲学手稿》（以下简称《手稿》）写于1844 年 4 月到 6 月，马克思生前并未发表，直到 1932 年才第一次全文公之于世。1975 年前后，《手稿》的第 1 版在美国出版。诺曼·莱文第一次阅读了这部著作，并对其思想产生了巨大的影响。诺曼·莱文在《手稿》中发现了一种与恩格斯的著述截然不同的历史观，发现了一个全新的"人道主义"的马克思。在这部著作中，马克思的理论发生了一个重大的转折：即从对宗教、国家和法的批判进入了对"市民社会"的研究，也即开始了基于社会物质生活关系的批判。他在《手稿》中提出了异化劳动的理论，并具体阐明了资本主义社会中异化劳动的四个基本规定："一是劳动者同劳动产品相异化。二是劳动行为本身与劳动者相异化。三是人的类本质与人相异化。四是人与人之间的异化。"①

正是通过对异化劳动的剖析，马克思看到了在资本主义制度下，劳动和资本的尖锐对立以及工人和资本家激烈的矛盾冲突。他深入揭示了资本主义制度的历史暂时性，阐述了异化劳动与私有制之间的紧密联系，提出了扬弃异化的必由之路，并论述了共产主义的基本思想，即："共产主义是对私有财产即人的自我异化的积极扬弃，因而是通过人并且为了人而对人的本质的真正占有；因此，它是人向自身、也就是向社会的即合乎人性的人的复归，这种复归是完全的复归，是自觉实现并在以往发展的全部财富的范围内实现的复归。"②

从《手稿》中诺曼·莱文发现了一个完全不同于恩格斯的强调人道主义的马克思。因为在诺曼·莱文看来，恩格斯及其后来者们将共产主义定义为一个中央集权的社会、一个纪律严明的社会。将共产主义等同于生产力和技术的高速发展，有时也断言历史的发展规律使资本主义的发展成为必要。尤其是斯大林将恩格斯的传统发展到了极致，他将政治独裁与意识形态进行了统一，并将"传统马克思主义"的教条主义的独断论作为他政治要求的辅助器：即历史发展的必然性和社会的纪律

---

① 黄楠森：《马克思主义哲学史》，高等教育出版社 1998 年版，第 29—30 页。
② 《马克思恩格斯文集》第 1 卷，人民出版社 2009 年版，第 185 页。

约束。"苏维埃共产主义忽略了马克思的人道主义、主动性、创造性以及自发的方面。反而是有助于当代亟须解决的问题，比如技术非人道主义以及清教徒的贪婪：简单地说，自私的贪心。"① 因此，可以看到"传统马克思主义"的观点对于诺曼·莱文来说并不是本真的马克思主义，而是被遮蔽和掩盖了的马克思主义。正如诺曼·莱文在一次访谈中提到的："马克思的《1844年经济学哲学手稿》对我的著作发挥了决定性影响，因为它们揭示出了马克思的人道主义，一个反对苏联模式、不关注'无产阶级领导权'而关注市民社会中的人的和谐关系的马克思。在《1844年经济学哲学手稿》中，马克思对共产主义社会的描绘完全不同于苏联。这种共产主义景象赞颂的不是斯大林主义的国家，而是那种扬弃了私有财产，因此克服了人的自然交往和合作的人为威胁的社会。我信奉这种共产主义景象。"②

与此同时，第二次世界大战后，由于在欧洲、亚洲、拉丁美洲先后有一大批国家走上社会主义道路，形成了强大的社会主义阵营，由此两种社会制度的对峙格局逐渐形成。意识形态斗争以更加激烈和尖锐化的形式呈现出来。再加上，苏共二十大赫鲁晓夫所做的"秘密报告"严肃批判了个人崇拜并全盘否定了斯大林，这也从根本上动摇甚至摧毁了苏联马克思主义的正统地位以及话语霸权。在这一新的历史背景下，诺曼·莱文和大多数阅读过《1844年经济学哲学手稿》的西方学者一样，扛起了"回归本真的马克思主义"的大旗，他提出："在1920年，具有创造力的一代马克思主义学者们觉察到了马克思的自然主义与恩格斯的机械唯物论的矛盾。卢卡奇、柯尔施、葛兰西的著作揭示了恩格斯提

---

① Norman Levine, *The Tragic Deception*：*Marx Contra Engels*, Santa Barbara：Clio Press, 1975, p. 14.

② [美] 诺曼·莱文、张亮：《从"西方马克思主义"到西方"马克思学"——诺曼·莱文教授访谈录》，《南京大学学报》2006年第6期。

出的自然辩证法歪曲了马克思主义。他们都认识到辩证法是一种方法论，而不是自然的法则。历史是人类在社会情境下活动的记录，而不是实证主义规律的确证。这些具有创造性的马克思主义者在斯大林极权主义的压迫下沉寂了一段时间，直到 1960 年才复活。遗憾的是，这些学者并没有追寻着他们的看法到一个逻辑的结论，因此，他们在改变那个时代的人认为的马克思和恩格斯完全一致的声音上失败了。"① 也正因为如此，诺曼·莱文要求沿着前人未完成的计划，在新的历史阶段，再次用《手稿》中的人道主义的马克思来重新诠释马克思主义，以对抗斯大林时期对马克思主义的"政治化"和"歪曲化"，从而改变长期以来人们普遍认可的马克思恩格斯一体化的思想。

此外，20 世纪 70 年代早期，诺曼·莱文在美国学术基金会的资助下前往阿姆斯特丹的国际社会史研究所研究马克思的人类学笔记，尤其是他对原始社会和非西方社会的研究也给其思想的发展注入了新鲜血液。作为这一研究的成果，1977 年，他发表了一篇题为"亚西亚复兴的神话"的论文。通过对马克思人类学笔记的研究，诺曼·莱文得出了两个结论：（1）马克思不是辩证唯物主义者，从而确定了他对马克思主义和恩格斯主义的区分；（2）这一研究促使诺曼·莱文将注意力开始转向马克思的方法论尤其是其解释社会进化的方法论的关注。② 由此可见，在诺曼·莱文的马克思恩格斯对立论形成的过程中，《手稿》和人类学笔记的研究无疑是具有奠基性的。

二 西方马克思主义早期人物的启示

西方马克思主义的早期代表人物卢卡奇等人都是"黑格尔马克思主

---

① Norman Levine, *The Tragic Deception*：*Marx Contra Engels*, Santa Barbara：Clio Press, 1975, p. 14.

② ［美］诺曼·莱文、张亮：《从"西方马克思主义"到西方"马克思学"——诺曼·莱文教授访谈录》，《南京大学学报》2006 年第 6 期。

义者"。他们均把马克思主义的核心确定为哲学，并一致主张重建马克思的辩证法、强调其黑格尔根源。他们都十分重视马克思和黑格尔的一致，甚至倡导用黑格尔来理解马克思的倾向，这一理解马克思的路向，尤其是卢卡奇的思想大大影响了诺曼·莱文。

自卢卡奇在 1923 年出版了《历史与阶级意识》以来，对恩格斯的自然辩证法的诘难就成为西方马克思主义的理论基调：他们大部分都主张把马克思的辩证法理解为限定在历史领域的社会辩证法，恩格斯的自然辩证法则是一种离开人的主体性与社会活动去探讨自然界本身发展规律的辩证法，这种辩证法是对马克思主义辩证法的误解与遮蔽。

在《什么是正统的马克思主义？》一文中，卢卡奇强调，马克思的理论是一种社会理论，马克思主义的辩证法是一种能改变现实的"社会辩证法"、革命的辩证法。他指出，"而对辩证方法说来，中心问题乃是改变现实。如果理论的这一中心作用被忽视，那么构造'流动的'概念的优点就会全成问题，成为纯'科学的'事情"①。可恩格斯在《反杜林论》中却对辩证法做出了与马克思不一样的解释："（恩格斯）认为辩证法是由一个规定转变为另一个规定的连续不断的过程，是矛盾的不断扬弃，不断相互转换，因此片面的和僵化的因果关系必定为相互作用所取代。但是他对最根本的相互作用，即历史过程中的主体和客体之间的辩证关系连提都没有提到，更不要说把它置于与它相称的方法论的中心地位了。然而没有这一因素，辩证方法就不再是革命的方法。"② 究其原因，主要是"因为（恩格斯）错误地跟着黑格尔把这种方法也扩大到对自然界的认识上。然而辩证法的决定性因素，即主体和客体的相互作用、理论和实践的统一、在作为范畴基础的现实中的历史变化是思想中的变化的根本原因等等，并不存在于我们对自然

---

① ［匈］卢卡奇：《历史与阶级意识》，杜章智等译，商务印书馆 1992 年版，第 50 页。
② ［匈］卢卡奇：《历史与阶级意识》，杜章智等译，商务印书馆 1992 年版，第 50 页。

界的认识中"①。

与此同时，卢卡奇不仅否定了恩格斯的自然辩证法，他还从马克思主义是一种社会理论入手，用一种统一的方式对自然与社会的关系做了新的解释，也即是将自然直接看作一个社会范畴。这里包含有二层意思：一是不管在何种社会，在何种阶段，自然始终是受到与之相关的社会条件的制约，受到人与自然关系的制约；二是人们关于自然的知识也是一种社会现象，因而这方面的知识不应该属于自然辩证法，而应该归属于社会辩证法。可以看到，卢卡奇的历史辩证法是以同一的主体——客体作为其客观基础的。

如果说《历史与阶级意识》使诺曼·莱文认识到马克思与恩格斯之间辩证法存在的差异，并觉察到了卢卡奇的黑格尔主义的理论倾向——他反对那种过高地估计了费尔巴哈作为黑格尔与马克思之间的中介作用的观点，而以马克思直接衔接着黑格尔作为其研究视角；那么《青年黑格尔》一方面展示了《精神现象学》对马克思的巨大影响，另一方面也表现出在马克思和黑格尔那里辩证法的精髓并不体现在抽象的、人与自然的分离上，而是体现在人与自然互动过程中最基本的社会活动——劳动的基础之上。诺曼·莱文正是在此基础上开启了从研究黑格尔与马克思思想连续性入手来讨论马克思恩格斯对立的路径。

在《青年黑格尔》一书的导论中，卢卡奇开篇就指出了：在马克思主义哲学史中，德国古典哲学的起源和发展史是一个非常重要的但又尚未解决的难题。特别是黑格尔哲学，它与马克思主义学说的产生有着直接的联系。针对黑格尔逝世后，学界对他思想价值的泯灭，以及20世纪初对黑格尔学说研究的复兴却又导致了对其思想误解的趋势，卢卡奇把该书的主要焦点集中在对青年黑格尔及其辩证法思想的评价上。通

---

① ［匈］卢卡奇：《历史与阶级意识》，杜章智等译，商务印书馆1992年版，第51页（脚注）。

过对马克思的《1844 年经济学哲学手稿》以及黑格尔的《耶拿手稿》的文本解读，卢卡奇试图把黑格尔学说中最精华的一面揭示出来，即学者们所忽视的青年黑格尔的经济思想、所忽视的青年黑格尔经济思想与辩证法思想之间的内在联系，以沿着马克思在《1844 年经济学哲学手稿》中的思路，把整个德国古典哲学的研究提高到一个崭新的水平。

在《青年黑格尔》中对诺曼·莱文影响较大的有对以下几个问题的讨论：

一是卢卡奇对黑格尔"市民社会"的研究。卢卡奇指出青年黑格尔思想发展的第一阶段即伯尔尼阶段考察的中心问题是实证的宗教的问题。他所指引的"实证性"概念是指"主体的道德自律的中止"。也就是说，人作为主体丧失了自己的独立思考能力、意志自由和尊严，屈从于一种外在的强制的信仰。这一问题的提出表明了青年黑格尔思想中蕴含了主客体关系辩证法的萌芽。而到了法兰克福时期，青年黑格尔的思想发生了较大变化。"实证性"这个问题作为一个中心问题以另一种面貌出现了，它落实到实证性产生的社会生活背景中，落实到如何克服实证性的问题上。这些问题使得黑格尔去研究市民社会，并导致了黑格尔对人与社会的最基本关系——经济关系的研究。在这个阶段的研究中，黑格尔在对市民社会的探索中逐步意识到，人们的经济生活及他们相互间的经济关系是一种不可违抗的命运。主观上的情感力量并不能克服作为无生命的客观力量的实证性，必须在客观性中区分出实证的客观性和非实证的客观性，努力用后者来扬弃和克服前者。这一想法也使得黑格尔去探索社会历史运动中蕴含着的种种客观的矛盾和冲突，同时，也使得黑格尔开始与特别注重主观性的康德和费希物的哲学分道扬镳。另外，这一阶段的研究使得黑格尔获得了一个从总体上来理解、把握资本主义社会的制高点。

二是卢卡奇对黑格尔"劳动"问题的深思。卢卡奇指出，相对于谢林，虽然二者都把客观唯心主义视为哲学发展的最高形式，但黑格尔的思想更具有现实性，在耶拿第一时期中，他就深入探讨了 "劳动" 这一实践活动的基本形式和政治经济学中的核心问题。黑格尔认为：1. 劳动是人的自我创造活动。也即是人类只有通过劳动的方式才可能实现人的人性化和自然的社会化。2. 劳动是因果性和目的性的统一。卢卡奇指出，青年黑格尔的重要贡献之一就是把目的性的概念引入经济学中，特别是劳动问题中，从而得出了不同凡响的结论。黑格尔发现，人的劳动都是有目的的，这尤其表现在人对工具的使用中。因为任何工具的制造和运用都蕴含着人的特定的目的。但这种目的并不是随心所欲的，它是以自然界的法则——因果律为基础的。3. 劳动分工引发的社会问题。一方面，劳动分工大大提高了劳动效能并且也使人们之间建立了普遍的联系；另一方面，劳动从人的自我创造，变为一种对个人技能的极大限制，蜕变为自我否定。他还分析了贫富两极的分化，工人劳动的产物作为异己的对象与工人相对立，从而引出了他采用的新概念——异化。

　　三是卢卡奇对黑格尔 "异化" 学说的考察。卢卡奇认为，不能简单地理解黑格尔的辩证法，必须把它与他的经济思想结合起来理解，只有这样才能真正把握他的辩证法思想所包含的丰富社会历史内涵。不过，在《青年黑格尔》中，卢卡奇并没有严格地区分外化与异化的异同，而是认为它们都可以翻译为英语中的异化（alienation）。在卢卡奇看来，《精神现象学》中异化概念有三种含义：1. 它涉及与人的劳动和其他经济或社会活动有关联的复杂的主体—客体关系。也就是说黑格尔建立了主客体之间的辩证关系，从而超越了旧唯物主义离开主体性来谈论客体性的形而上学的视角。2. 它专指资本主义社会经济生活中出现的无限崇拜客观性、崇拜物的现象。卢卡奇认为，黑格尔在这个意义上使用的异化概念，与马克思《资本论》中提出的 "拜物教"（fetishism）

有类似的含义。3. 它被赋予广泛哲学上的含义，与"物性"（thing-hood）或"客体性"（objectivity）意思相近。在这个意义上，黑格尔把自然和社会都看作精神异化的产物。①

卢卡奇在写作《青年黑格尔》时，由于其20世纪30年代初在莫斯科马克思恩格斯研究院参与了马克思《1844年经济学哲学手稿》的整理，所以其认真研读了《手稿》，较之前的《历史与阶级意识》中表达的思想发生了重大变化，研究了青年黑格尔关于劳动和异化的思想。这种集中于对黑格尔的社会经济学说、人的劳动概念、异化和对象化观念的理解，被诺曼·莱文认定为卢卡奇是把黑格尔重新定位为一个社会现象学家。诺曼·莱文吸收了卢卡奇有关黑格尔社会现象学的观点，并与马克思主义相结合，从社会现象学角度对马克思主义做出了重新的思考：一是将辩证唯物主义从马克思主义中清除出去，使马克思主义从一切形式的社会决定论中解放出来；二是将马克思的社会解释方法重新聚集在人的活动、主体的目的性或主体的否定性上；三是重新审视了黑格尔的社会经济学说，改变了对黑格尔持保守的客观唯心主义者的看法，并从中找到了马克思政治经济学与黑格尔的勾连，尤其揭示了《精神现象学》中的劳动概念和异化概念的提出对《手稿》的直接影响，从而对马克思与黑格尔的关系进行了重新评价。这三个方面既是卢卡奇所持有的态度，也是诺曼·莱文思想形成的重要思想基础，是我们理解诺曼·莱文思想的重要路径。正如诺曼·莱文所说，《青年黑格尔》对他的影响非常重大："卢卡奇是马克思主义史上一个独特的历史时刻的受益者。他的《青年黑格尔》体现了这种无法预料的好运气：第一，黑格尔《耶拿手稿》发表后不久，卢卡奇正好在德国，他是最早了解《耶拿手稿》内容的欧洲学者之一。第二，希特勒上台之后，卢卡奇流

---

① 以上观点参见俞吾金、陈学明《国外马克思主义哲学流派新编（西方马克思主义卷·上册）》，复旦大学出版社2002年版，第25—31页。

亡莫斯科，在梁赞诺夫领导下的马克思恩格斯列宁研究院工作。因为了解卢卡奇过去的著作，所以梁赞诺夫让卢卡奇看了马克思《1844 年经济学哲学手稿》原稿，他恰好成为最早看到该文献的人之一。第三，梁赞诺夫让卢卡奇看了列宁对黑格尔大加赞赏，当时还没有公开出版的《哲学笔记》手稿。"[①] 事实上，如果，没有卢卡奇对上述三种常人难以触及的理论思想资源的研究，没有他对马克思主义做出的关于分析资本主义社会的经济结构的社会理论的定位，就不可能有诺曼·莱文基于社会现象学、人类学等多重视角而形成的对马克思恩格斯以及黑格尔之间关系思想的深刻阐发。

三　A.施密特的直接影响

如果说，卢卡奇开创了从人本主义和社会理论的角度来理解马克思主义的先河，那么，A.施密特作为诺曼·莱文的合作好友，则是直接影响了他的思想，甚至形成了诺曼·莱文的一些重要论题。据诺曼·莱文访谈录资料显示，他与德国学者 A.施密特相识于国际社会史研究所。A.施密特对其影响主要体现在三个方面：

一是他使诺曼·莱文从两个阶段着手考察马克思和黑格尔的关系："1839—1850 年的第一阶段，其间黑格尔对马克思影响最大的书是《精神现象学》；1850—1883 年的第二个阶段，其间影响最大的黑格尔著作是《逻辑学》。"[②] 在"黑格尔马克思主义"传统的背景下，A.施密特尤其强调马克思的政治经济学批判，强调马克思"第二次占有黑格尔"的方面。他认为马克思批判地吸取一些黑格尔主义的主题，决不局限于

---

① ［美］诺曼·莱文、张亮：《从"西方马克思主义"到西方"马克思学"——诺曼·莱文教授访谈录》，《南京大学学报》2006 年第 6 期。

② ［美］诺曼·莱文、张亮：《从"西方马兑思主义"到西方"马克思学"——诺曼·莱文教授访谈录》，《南京大学学报》2006 年第 6 期。

他的早期著作，反而恰恰在 1850 年之后在更为精确的阶段上再现。因此，他强调不能把马克思的理论（包括其自然理论）仅仅归结为他的早期著作的观点。"而在于弄清早期著作对于形成中期与成熟时期的马克思的明确论题关系。决不是因为马克思使用了哲学家们的传统的经院术语，所以才认为他的思想是最哲学的。考虑到这一点，本书与一般哲学对马克思进行的解释相比，更多地参照了中期与成熟时期的马克思的经济学著作，特别是参照了《资本论》的'草稿'，这部著作对于理解黑格尔与马克思的关系既是极为重要的，又能至今几乎未被人们利用的。"① 也就是说，A.施密特抛弃了过去人们在探讨马克思与黑格尔之间勾连的过程中仅关注他的早期著作的做法，而是强调应该更多地去考察和关注马克思后期成熟的经济学著作，并用后者的立场去理解和把握前者。他说，马克思的《巴黎手稿》等早期著作，由于缺乏精确的经济学知识，所以充满了"抽象的、幻想的人类学思想"。到《共产党宣言》时期，马克思已经抛弃并不再使用《手稿》中使用过的一些概念了。在《资本论》中，则以对物质的研究取代了对人的自我异化的抽象讨论。他认为，在这种情况下，必须对马克思的中、后期的经济学著作给予更多地考察。

二是 A.施密特十分关注黑格尔《逻辑学》对马克思尤其是《资本论》的重要影响，而这恰恰形成了诺曼·莱文关注马克思、黑格尔连续性的一个重要视角。A.施密特"在 1971 年出版的《历史和结构》一书中试图通过对阿尔都塞的结构主义的批判，重建马克思研究方法中结构主义与历史主义之间的张力"②。他指出：《资本论》方法"建构的"

---

① ［联邦德国］A.施密特：《马克思的自然概念》，欧力同等译，商务印书馆 1988 年版，第 4 页。
② 俞吾金：《论马克思的研究方法和叙述方法之间的关系》，《马克思主义与现实》2000年第 6 期。

方面能更充分地以对黑格尔的唯物主义解释为基础。他强调黑格尔对成年马克思的政治经济学批判的持久影响，并且将这种影响方式的分析定位在黑格尔《逻辑学》之上。A.施密特说，马克思在 1857 年的《〈政治经济学批判〉导言》中几乎是逐字逐句地引用黑格尔的理论。虽然A.施密特的一些观点明显不同于诸如卢卡奇、马尔库塞等人强调黑格尔的《精神现象学》以及异化、对象化等主题在马克思的《政治经济学批判大纲》（Grundrisse，亦称"1857—1858 年经济学手稿"）和《资本论》中的连续性和重要性，但他并没有对其采取拒斥的态度，而是把研究的重心放在了《逻辑学》与《资本论》的承接性上。总之，诺曼·莱文正是在 A.施密特的启发下通过探讨《资本论》中的诸多黑格尔遗产，再次延续了西方马克思主义"黑格尔马克思主义"的主题，有效地维护了马克思主义的黑格尔主义传统。

三是 A.施密特在《马克思的自然概念》中对马克思与恩格斯两种自然观的比较，继续强化了诺曼·莱文的马克思恩格斯对立的观点。在《马克思的自然概念》一书中，A.施密特专门就马克思的自然概念做出了深刻探讨，他从认定马克思的唯物主义是"非本体论的"，马克思的自然观是"社会历史性的"观点出发，断言恩格斯所理解的自然是费尔巴哈式的"纯粹自然"。他指出，"即使恩格斯背离了自己使自然科学辩证法化的主张，拒不使用自然哲学的概念，但是，由于他超出了马克思对自然和社会历史的关系的解释范围，就倒退成独断的形而上学"①。基于这个总体论调，A.施密特通过把恩格斯的自然辩证法与马克思的有关理论加以比较以示二者之间的区别：

1. 马克思的唯物主义不是基于本体论角度亦不是离开人的实践去看待自然，它是一种"非本体论"哲学，是"经济唯物主义"。与此相

---

① ［联邦德国］A.施密特：《马克思的自然概念》，欧力同等译，商务印书馆 1988 年版，第 44 页。

反，恩格斯则提出世界的统一性在于作为一种"抽象体"的物质的命题。因此，A.施密特提出唯物主义应该以"实践的具体性"作为自己的真正的对象和出发点，而不是作为"抽象体"的"物质"。

2. 在马克思那里，自然和历史相互交织在一起，自然是被社会所中介的自然，与人类的活动息息相关。与此同时，A.施密特还强调马克思并不否定自然界对于人类的优先地位。这也是马克思的自然观与其他各种自然观的区别，即自然的"社会历史特征"。"相反，恩格斯把二者看成是唯物辩证法的两个不同的'适用领域'，把辩证法的各个要素从具体的历史内容中分离出来，完全紧缩成首先来自《自然辩证法》的三个与实在相对立的被实体化了的'根本规律'。"① 辩证法由此演变成为一些抽象的规律和原则。

3. 马克思的"辩证唯物主义和一切唯物主义一样，也承认外界自然的诸规律和诸运动形式不依赖于意识而存在。但是，它自身只有在成为为我之物的时候，即在自然组合进人与社会的目的中去的时候，才成为重要的。恩格斯也想在纯粹客观的辩证法意义上，解释人类史前的和外在的自然领域，这种尝试正如某些批判家们所反复指出的，事实上不能不转而使辩证法和唯物主义互不相容"②。

不过，A.施密特的批判方式与卢卡奇等人对恩格斯自然辩证法的责难有所区别，例如他"把早期恩格斯与晚期恩格斯严格区别开来，只批评晚期恩格斯的理论……强调自然辩证法的提出是出于恩格斯的哲学发展的特殊性……认为马克思的理论本身就包含着自然辩证法，只不过指出了马克思自然辩证法与恩格斯的不同之处在于它是'实践的'、

---

① ［联邦德国］A.施密特：《马克思的自然概念》，欧力同等译，商务印书馆 1988 年版，第 52 页。
② ［联邦德国］A.施密特：《马克思的自然概念》，欧力同等译，商务印书馆 1988 年版，第 54—55 页。

'非本体论的'"①。自然不仅是社会的范畴，社会也是自然的范畴，自然和人、自然和历史是不可分离的，从而建构了一种社会与自然的双向中介关系论。无论这种异同有多大，可以肯定的是 A.施密特对诺曼·莱文的影响是直接的，不仅体现在重新帮助他理解马克思与黑格尔的关系，而且也强化了诺曼·莱文的马克思恩格斯关系对立的观点。

四　马尔库塞《理性与革命》的熏陶

众所周知，在 19 世纪末 20 世纪初，正统马克思主义者们都对黑格尔抱有一种拒斥的态度，因为黑格尔的唯心主义体系、马克思的唯物主义体系而把马克思与黑格尔硬生生地割裂开来。正如法国社会学家 L.戈德曼（Lucien Goldmann）所说，马克思主义者对黑格尔的态度直至第一次世界大战后才有所改观，在这之前，马克思主义被当作与自然科学一样的实证科学，而这不是偶然的。② 正是在这一背景下，自诩为"马克思主义的现代化者""马克思主义的忠实捍卫者"的马尔库塞为了揭示"马克思主义的秘密和发源地"，与卢卡奇、R.杜娜叶夫斯卡娅（Raya Dunayevskaya）等学者一起，旨在通过重述黑格尔与马克思之间的关系，用黑格尔的理性主义的革命性来重新论证和阐释马克思主义，以恢复马克思主义的革命性和激进性。他在《理性与革命》中就明确强调了创作此书的三大目的："一是澄清人们对黑格尔与法西斯之间暧昧理论关系的误解；二是探讨黑格尔哲学与马克思主义之间的关系；三是对实证主义的批判。"③ 因此，《理性与革命》对于诺曼·莱文思想的影响主要来自两个方面：一是马尔库塞对马克思与黑格尔关系的重新解

---

① 张立波：《质疑自然辩证法：从卢卡奇到莱文》，《中州学刊》2008 年第 5 期。

② Lucien Goldmann, *Cultural Creation in Modern Society*, trans. Bart Grahl, Oxford: Basil Blackwell, 1977, pp. 112 – 113.

③ ［美］凯文·安德森：《黑格尔与社会理论的兴起——对马尔库塞〈理性与革命〉的一种批判性阅读》，蒙木桂译，《马克思主义美学研究》2014 年第 1 期。

读；二是马尔库塞对恩格斯"自然辩证法"的批判。

1. 在重新解释黑格尔哲学与马克思主义的关系问题上，马尔库塞认为"正统的马克思主义者"存在着三个方面的错误："一是把黑格尔哲学视为马克思主义的理论来源之一，而不是视为最直接、主要的理论来源；二是以'批判地继承为借口'，突出两者之间的差别性，忽视两者之间的同一性；三是把两者之间的同一性仅仅理解为'马克思主义吸收了黑格尔辩证法思想的合理内核'，而把两者之间的差别性也只是说成'马克思主义剥掉了黑格尔哲学的唯心主义外壳'，可实际上，两者之间的'同一性'与'差别性'均不在这里。"①

马尔库塞认为，虽然从黑格尔到马克思是一个很大的转折，但这仅仅是"不同的真理序列的变化"，"黑格尔的社会范畴和经济范畴都是哲学概念，而马克思理论的所有哲学概念却都是社会范畴和经济范畴，甚至马克思的早期著作也是如此"②。也就是说，从黑格尔的理论到马克思的理论之间的转变是从哲学理论向社会理论的转变。

诺曼·莱文借鉴了马尔库塞的上述观点，沿着他的脚步，对马克思和黑格尔之间的连续性与中断性做出了更为详细的界定。他提出马克思与黑格尔的不同之处或者说马克思与黑格尔的中断性主要体现在黑格尔的唯心主义体系、黑格尔关于哲学与宗教的定义、黑格尔关于国家的定义以及他的一些具体政治观点上。在《黑格尔法哲学批判》中马克思把黑格尔的思想贬斥为"逻辑泛神论"，他与黑格尔的思辨唯心主义以及主客体同一等理论划清了界限。马克思也扬弃了黑格尔在《法哲学原理》中对国家的理解和看法。或者换句话说，诺曼·莱文认为马克思与

---

① 俞吾金、陈学明：《国外马克思主义哲学流派新编（西方马克思主义卷·上册）》，复旦大学出版社 2002 年版，第 297 页。

② Herbert Marcuse, *Reason and Revolution*：*Hegel and the Rise of Social Theory*, London：Routledge & Kegan Paul Ltd, 1955, p. 258.

黑格尔的中断其实是体系之间的中断。而二者之间的连续性却表现在更多我们忽视的领域如：历史性、市民社会、生产模式以及方法论等。可以看到，诺曼·莱文对马尔库塞关于黑格尔主义与马克思主义关系的重新解释进行了消化和吸收，并发展了自己的新观点、新看法。

马尔库塞还着重强调和论述了马克思的"异化劳动"理论与黑格尔哲学的关系。他指出，"马克思正是在批判费尔巴哈的有关理论以及继承黑格尔的劳动理论的过程中，提出人的本质在于'自由自觉的活动——劳动'，并以劳动是否已经成为人的本质的实现作为标准，衡量资本主义社会的现实，批判了这一社会中的'劳动的异化'、'人的本质的异化'"①。在这一点上，诺曼·莱文显然继续赞同了马尔库塞的核心观点。他在阐释马克思对黑格尔社会现象学继承的大段论述中，着力探讨了马克思的生产模式对黑格尔《精神现象学》思想的吸取。他认为，马克思在《1844 年经济学哲学手稿》中通过讨论、批判黑格尔的《精神现象学》获取了用于透视和剖析历史与社会发展的唯物主义的哲学范畴，即一种黑格尔式的作为劳动理论基础的生产模式理论。

2. 在对恩格斯的"自然辩证法"的批评上。这一批评贯穿马尔库塞论述黑格尔哲学与马克思主义的关系过程中。他对"自然辩证法"的批评与否定，较于卢卡奇来说，有了新的发展："一是反对把辩证法'本体论化'，反对把辩证法当作普遍的世界观。……辩证法不是一种世界观，它只能是一种方法。二是以突出人的主体地位为名，否认'自然辩证法'的存在。卢卡奇认为，辩证法主要是论述主体与客体相互作用的，由于纯粹的自然界只有客体而没有主体，所以辩证法不可能存在于自然界。马尔库塞则在卢卡奇论述的基础上，以突出人的主体地位为名，否认'自然辩证法'的客观实在性。……辩证法只能限制在社会

———————————

① 俞吾金、陈学明：《国外马克思主义哲学流派新编（西方马克思主义卷·上册）》，复旦大学出版社 2002 年版，第 298 页。

历史领域，因为如果不作这样的限制，认为辩证法既存在于人类社会又存在于自然界，势必导致承认类似绝对精神那样的绝对的'实体—主体'的存在，势必取消了真正的'实体—主体'——人的主体地位。三是进一步提出辩证法并不适用于所有社会形态，而只能在阶级社会中起作用。"① 可以看出，马尔库塞对"自然辩证法"的否定比卢卡奇更进一步，更为彻底，诺曼·莱文在对马克思与恩格斯思想关系的相关论述中正是沿着他的解释路径，走向更为极端的马恩对立论。

五 西方马克思学家的间接影响

作为西方马克思学的重要代表人物，诺曼·莱文还受到"西方马克思学"学者的间接影响。如果说，马克思恩格斯对立论的形成和流行是以 G. 利希特海姆的著作为开端的话，那么法国著名学者 M. 吕贝尔则在这一过程中发挥了承前启后的重要作用。"因为正是他改变了对立论的传统论证思路，以思想史研究的形式论证了马克思和恩格斯之间的对立"②，从而使对立论在诺曼·莱文手中被升级为一种极端而全面的对立。M. 吕贝尔提出："恩格斯为了使自己构想的'马克思主义'获得充分的合法性，他有意识地忽略了马克思的一些重要手稿和书信的出版，从而妨碍了当代读者对马克思的理解。"③ 不过，对于诺曼·莱文来说，M. 吕贝尔给予其最重要的启示还是在于将他的注意力转向对《资本论》结构的研究。1968 年，吕贝尔发表了《马克思〈经济学〉的历史》一文。作者在文章中概述了马克思一生研究政治经济学的情

---

① 俞吾金、陈学明：《国外马克思主义哲学流派新编（西方马克思主义卷·上册）》，复旦大学出版社 2002 年版，第 299—300 页。

② 张亮：《恩格斯：马克思主义哲学史研究的第一推动力》，《南京大学学报》（哲学·人文科学·社会科学版）2005 年第 1 期。

③ Maximilien Rubel, *Rubel on Karl Marx：Five Essays*, Cambridge：Cambridge University Press, 1981, p.24.

况。文章的第 3 部分《〈经济学〉的计划和意义》分析了马克思《经济学》"六册计划"和《资本论》"四册计划"之间的关系。1973 年，吕贝尔又发表了《马克思〈经济学〉的计划和方法》一文专门讨论马克思《资本论》结构计划形成的过程及其方法论原则。吕贝尔认为，马克思在《政治经济学批判〈导言〉》中，依据从抽象上升到具体的方法论原则，提出了最初的"五篇结构"，最后这一计划结构以严格的和确定的次序，混合成两组范畴，这就是"资本、土地所有制、雇佣劳动"和"国家、对外贸易、世界市场"，此后，马克思再也没有放弃《经济学》"六册结构计划"；《资本论》只是"六册计划"第 1 册"资本"的一部分。因此，《资本论》第 1 卷以及后来由恩格斯"随意"编辑出版的《资本论》第 2、3 卷不是马克思计划写作的《经济学》著作的全部内容，《资本论》是一本未完成的、不完整的经济学著作。[①] 很显然，诺曼·莱文在之后对《资本论》重建的相关探讨受到了 M. 吕贝尔的影响。

　　S. 胡克虽然对诺曼·莱文的著作没有产生直接影响，甚至在诺曼·莱文所有著作的论述或是参考文献中也没有提及过他，但诺曼·莱文对胡克的《从黑格尔到马克思》一书给予了较高的评价[②]：一是 S. 胡克敏锐且富有见地性地谈到了马克思同黑格尔之间思想的联系。S. 胡克在其书中对二者的体系和方法论联系进行了划定：马克思拒斥的是黑格尔思想体系中的唯心主义思辨方面，但却继承了黑格尔思想中的方法论层面如整体与部分、普遍与特殊、形式与内容、本质、矛盾、否定等，并将它们整合进政治经济学中去。二是 S. 胡克谈到了马克思、恩格斯对黑

---

① 顾海良：《西方学者对〈资本论〉结构形成的研究》，《国外社会科学》1986 年第 9 期。

② ［美］诺曼·莱文、张亮：《从"西方马克思主义"到西方"马克思学"——诺曼·莱文教授访谈录》，《南京大学学报》2006 年第 6 期。

格尔辩证法的不同理解。S. 胡克强调黑格尔将辩证法限制在思想、意识的对象化之中。在马克思那里,辩证法只存在于历史领域,它只限于考察人类活动的原因、本质和结果。恩格斯则完全违背了黑格尔的原则,认为自然本身的规律也是辩证法。可见,不管是 S. 胡克所谈及的马克思与黑格尔的联系,还是马克思、恩格斯对黑格尔辩证法的理解存在差异的观点,这些学术资源,都在诺曼·莱文思想中留下了印迹,对诺曼·莱文思想的形成产生了或多或少的影响。

进入 20 世纪后半叶,特别是 21 世纪以来,出现了马克思的重新黑格尔化的一条新路径:即英美学界的"新黑格尔主义的马克思主义"(或称"新辩证法学派""体系辩证法学派"),这一路径在探讨马克思黑格尔关系问题的领域开始焕发出勃勃生机。这一学派主要是对英美一些以黑格尔哲学为支点考察马克思主义理论的学者的总称,代表人物有 T. 史密斯(Tony Smith)、F. 摩斯利(Fred Moseley)、S. 塞耶斯(Sean Sayers)、G. 罗伊滕(Geert Reuten)、P. 默里(Patrick Murray)以及 C. J. 阿瑟(Christopher J. Arthur)等。学派前身可推测为 20 世纪 80 年代英国苏塞克斯大学的"激进哲学家黑格尔阅读小组",主要流行于英语世界。1993 年,C. J. 阿瑟在一篇评论中首次使用了"新辩证法"这一词语。他这里的"新"主要强调的是区别于辩证唯物主义这种所谓的"旧"的辩证法。后又被称为"体系辩证法学派""新黑格尔派的马克思主义"。这一学派实际上是一支非典型、组织松散的学术流派,其中也有不同的学派。有的主要是从本体论维度讨论马克思与黑格尔的勾连或者说借用,有的则是讨论马克思的《资本论》对于黑格尔逻辑学思想的发展。但无论有何区别,它们更多的是聚焦于马克思政治经济学维度,表达一种使学者们自由地聚集在一起的共同立场和旨趣,即是拒斥恩格斯及苏联教科书体系中的辩证唯物主义,采用完全来自体系逻辑的马克思的解释方式,放弃所有线性解释要求,旨在以体系辩证法对抗线性逻辑，并通过勾勒出黑格尔的《逻辑学》与马克思的《资本论》之间密切的相似性，以期论证两者辩证法范畴中的思想同构性。在《新辩证法与马克思的〈资本论〉》一书中，C. J. 阿瑟具体比较了《逻辑学》与《资本论》之间的相关性，并将"存在论"与"商品"、"本质论"与"货币"、"概念论"与"资本"进行了关联，通过在"逻辑"和"资本"之间建立起直接关联的方式赋予价值形式以新的内涵。他将《资本论》中的抽象劳动、剥削、价值决定论等概念进行哲学式重释，以期证明马克思把黑格尔的逻辑框架视为一种本体论意义上的引进。S. 塞耶斯承认马克思与黑格尔历史解释之间的差异，但更为关注马克思所继承的合理内核的关键部分，即辩证法。他还考察了马克思异化、创造性劳动等概念的黑格尔来源。T. 史密斯同样致力于说明黑格尔本质逻辑与马克思政治经济学批判之间的内在关联，认为马克思在方法论上继承了黑格尔，但在批判性与对待本质逻辑的态度上区别于黑格尔。F. 摩斯利则结合马克思政治经济学著作诞生的全过程，分析黑格尔逻辑学对其影响。可见，这一学派虽然学者们关注的问题有较大差异，但基本学术论域是一致的，即都是将黑格尔或者黑格尔主义置放于马克思主义的场域当中，并以此为基础去解析马克思主义哲学的精神实质。诺曼·莱文在一定意义上也将自己置于这一学派之中，他在论述马克思以《资本论》为核心的系统政治经济学研究中，一直是自觉套用并内化黑格尔《逻辑学》中的辩证法范畴，并将社会形态解释为一个有机体的总体性范式。也就是说，黑格尔的逻辑范式鲜明地呈现在《资本论》的叙述结构之中。

　　需要补充说明的是，尽管诺曼·莱文接受了多方面的影响，在接纳的学术资源方面也显得多样、庞杂，但是真正使之影响力如此大的，却并不是上述思想的叠加与糅合。在诺曼·莱文的创作过程中，他的大量时间都是在阿姆斯特丹的国际社会史研究所以及柏林的 MEGA^2 中心度过的，接触到了马克思恩格斯的大量未刊手稿；并且在这一过程中，他结识了一大批学者如国际社会史研究所马克思研究部的前任主任 J. 罗延（Jürgen Rojahn）、H. P. 哈斯迪克（Hans – Peter Harstick）、M. 卢维（Michael Lowy）、A. 施密特等，从而使他的研究得以不断地扩展。

第三节　诺曼·莱文"马恩对立论"的历史演变

正如前文指出的，在获得博士学位、走上社会之前，诺曼·莱文还只是一个专注于德国历史的学者，并不是一个马克思主义者。但在走上大学讲台之后，他很快就受到越南战争这个历史事件的影响，并在反越战过程中成为一名新左派，同时转向了"西方马克思主义"。1970 年，诺曼·莱文首次提出恩格斯是马克思主义的"第一个修正主义者"。1973 年，他撰写了《马克思和恩格斯思想中的人类学》一文，并指出马克思和恩格斯在人类学研究问题上的对立。同年，其在《行为科学历史学报》上又发表了论文《马克思主义与恩格斯主义：两种不同的历史观》。从此以后，诺曼·莱文围绕着马克思恩格斯关系这一主题展开了深入研究与系统论述，并逐步形成了自己的阐释体系。

1975 年，他出版了第一部以马克思恩格斯对立为主题的著作，即《悲剧性的骗局：马克思反对恩格斯》，随后该书在国际学界引起强烈反响。在书中，诺曼·莱文通过六个方面系统阐述了马克思主义与恩格斯主义的全面对立：一是以理性激进主义与道德激进主义为分歧的哲学素养的对立；二是以人为中心的左翼黑格尔主义者与以物质为中心的右翼黑格尔主义者为分歧的哲学基础的对立；三是以辩证的自然主义与以形而上学的唯物主义为分歧的哲学理论的对立；四是以人为价值主体，所有制是劳动条件，阶级是社会职能与把人之外的力量作为价值主体，所有制是占有形式，阶级意味着以财产权为分歧的经济理论的对立；五是以把共产主义作为自然的人道主义，其实现需要通过暴力夺取政权的途径与以把共产主义看作生产力充分发展、社会发展的历史必然为分歧的共产主义理论的对立；六是以主张社会发展多线论与主张社会发展单线论为分歧的社会发展理论的对立。"总之，马克思是自然主义的人道主义者、主张否定的实践；恩格斯则是以社会主义生产率名目出现的机械唯物主义、社会实证论、推崇工具理性和清教职业伦理。因此，恩格斯是马克思逝世后的'第一个修正主义者'。"①

此后，他将研究重心放在对辩证法问题的研究上，并于1984年出版《辩证法内部对话》一书。该书被公认为20世纪西方"马克思学"关于辩证法研究的一部力作。在此书中，虽然部分观点有所偏离，但却继承了《悲剧性的骗局：马克思反对恩格斯》的核心理念及其基本思路，进一步论述马克思恩格斯之间的对立，借用黄楠森先生对本书所做的序言中概括的内容，总结起来，主要有四个区别：（1）马克思将辩证法视为社会分析方法和人类行动指南；恩格斯则将辩证法与自然界融为一体，承认自然辩证法的存在。（2）在马克思那里，只有历史唯物主义；恩格斯则违背了马克思思想，创立了辩证唯物主义，从而将马克思主义歪曲为形而上学一元论，恩格斯本人也成为"马克思主义的第一个修正主义者"。（3）对黑格尔的理解不同：在马克思那里，黑格尔哲学是不可分割的东西，马克思继承了黑格尔的辩证法，即关于行动的方法和理论，但没有接受他的唯心主义，而恩格斯则继承了黑格尔的形而上学方面，虽然也抛弃了他的唯心主义。由此诺曼·莱文引申出了马克思与恩格斯的第四点原则分歧：（4）马克思的唯物主义主张人对生产

---

① 以上关于诺曼·莱文的马克思主义与恩格斯主义对立的六大观点的论述参引自：王凤才、袁芃《MEGA² 中的马克思恩格斯关系问题》，《探索与争鸣》2016年第2期。

方式的需要先于其他需要，即社会存在先于一切思维方式和经验活动；恩格斯的唯物主义则认为有形物体独立于人存在并为外在于人的规律所支配。① 当然相对于第一部著作，在《辩证法内部对话》中诺曼·莱文把关于辩证法的讨论或阐释延伸到了列宁和毛泽东，并且在重新评价列宁方面做出了一定的贡献。他把列宁的哲学思想划分为三个阶段，即否认马克思主义与黑格尔思想联系的阶段；重视费尔巴哈而轻视黑格尔的阶段；转向黑格尔的阶段。在前两个阶段中列宁根本不了解辩证法，而直到第三个阶段，"在黑格尔的深刻影响下，（列宁）终于在某些主要方面突破了恩格斯和普列汉诺夫的传统，成为一个真正的辩证法家，并为国际共产主义运动留下了'黑格尔化列宁主义'的重要遗产"②。《辩证法内部对话》中还专门探讨和分析了毛泽东的思想历史。诺曼·莱文认为作为马克思主义者的毛泽东，实际上再创了与20世纪中国历史、文化氛围以及环境等相符合的实践策略，他的辩证法是一种行动辩证法，是一种社会探究的辩证法，正是毛泽东使马克思主义的理论—实践、主体—客体范畴重新活跃起来。

2006 年，诺曼·莱文开始将全部力量放在了对马克思与黑格尔关系的研究上。先是出版了《不同的路径：马克思主义与恩格斯主义中的黑格尔》的一卷本《马克思方法的黑格尔主义基础》，在梳理和回顾20世纪"黑格尔—马克思学术关系的历史编纂学"的基础上，系统阐发了作者关于1839—1842年马克思与青年恩格斯趋向黑格尔的不同路径，不仅强化了他的"马恩对立论"的观点，同时这也是诺曼·莱文关于马克思与黑格尔关系系统研究的初步表达。然而，从更

---

① ［美］诺曼·莱文：《辩证法内部对话（序言）》，张翼星等译，云南人民出版社 1997 年版，第 2 页。王凤才、衰芃：《MEGA² 中的马克思恩格斯关系问题》，《探索与争鸣》2016 年第 2 期。

② 张翼星：《〈辩证法内部对话〉评析》，《马克思主义与现实》1999 年第 2 期。

本质的角度来看，以历史视角考察马克思主义的黑格尔起源，并在此基础上探究"本真"马克思主义的生成路径，在诺曼·莱文这里显然更为根本。事实确为如此，马克思主义的黑格尔起源问题，直接关系着马克思主义研究的基础，关系着马克思主义研究范式与路径的选择与创新。从这个意义上来说，诺曼·莱文的新近研究无疑具有建设性的学术价值。

《马克思与黑格尔的对话》是对《马克思方法的黑格尔主义基础》的延续。该书的主要目的本是研究从 1850—1883 年马克思与黑格尔的关系。不过由于时间关系，以及作者认为"为了对两人的学术联系做出令人满意的最深层次的探究，我有必要将研究的时间段跨度限定在 1836—1848 年"①。也正是因此，在《马克思方法的黑格尔主义基础》中他主要考察的是马克思 1841 年的博士论文《德谟克里特的自然哲学与伊壁鸠鲁的自然哲学的差别》；在《马克思与黑格尔的对话》中，诺曼·莱文试图进一步阐发马克思和黑格尔的关系。他考察了 1836 年到 1848 年这一时间段内，马克思能够看到的黑格尔的著作或不可能看到的黑格尔的著作，分析马克思的哪些解读是正确的，哪些是误解的；并在此基础上进一步区分了马克思主义和恩格斯主义。诺曼·莱文指出，在马克思与黑格尔的关系问题上，许多学者总是强调马克思对黑格尔的批判，但却不过多地关注马克思对黑格尔的接受。实际上，从黑格尔到马克思的演变，是在马克思与黑格尔之间的"连续性"与"非连续性"张力中完成的。也就是说，尽管马克思拒绝黑格尔的唯心主义，也不同意黑格尔的哲学观，但却继承改造了黑格尔的许多合理思想。诺曼·莱文说，诚然，恩格斯像马克思一样，都不是彻底的决定论或彻底的人道主义，而是将决定论与人道主义交织在一起；但是，马克思的人道主义

---

① Norman Levine, *Marx's Discourse With Hegel*, New York：Palgrave Macmillan, 2012, p. 3.

因素更多一些，恩格斯的决定论因素更多一些。① 由此可见，在这里诺曼·莱文的"对立论"倾向有所缓和。

同时，诺曼·莱文还于2015年出版了《马克思对列宁的反叛》一书，该部著作突破了苏联传统教科书关于马克思思想来源的视角，丰富和拓展了马克思的思想来源。著作的主体部分由"引言""海德堡作为马克思理论的诞生地""马克思和公民人文主义传统""列宁著作中马克思的缺失"四个章节构成，系统阐明了诺曼·莱文视域中的马克思思想来源，并延续了之前的基调，进一步以此论证马克思与恩格斯、列宁与马克思学术思想的不同。在探讨马克思思想来源时，他认为马克思在历史性视域中吸收了以亚当·A. 弗格森（Adam Ferguson）、亚当·A. 斯密（Adam Smith）、大卫·D. 休谟（David Hume）、詹姆斯·J. 斯图亚特（James Steuart）等苏格兰启蒙思想家们从经济、生产方式变迁解释社会构成的观点；马克思的历史主义方法论，主要汲取了以黑格尔为轴心、以海德堡大学为辐射中心的德国历史主义；马克思的共产主义思想，则主要秉承了以亚里士多德为起点、卢梭为过渡、启蒙左派为表征的公民人文主义的政治实践传统，从而形成了马克思独特的社会历史分析理论。与此同时，诺曼·莱文还从追溯马克思所继承的激进启蒙运动传统、探讨马克思与法国大革命的关系以此来展开马克思的国家理论问题研究。在诺曼·莱文看来，置于法国大革命背景之中来讨论马克思的国家理论的缘起是一条新的路径。马克思的《神圣家族》的主要内容有二：一是国家理论；二是自然主义与唯物主义的区别。他指出，马克思在这里勾勒了自18世纪以来唯物主义的两条完全不同的发展路径。诺曼·莱文关注的正是后一条路径即18世纪法国作家如马布利、摩莱里、德萨米等人开启的，因为"（正是）这条道路把人们引向了法国大

---

① 王凤才、袁芃：《MEGA² 中的马克思恩格斯关系问题》，《探索与争鸣》2016年第2期。

革命的路线，引向了马克思关于法国大革命的认识路线"①。不过在这本著作中，诺曼·莱文在阐释马克思思想来源以及国家理论的同时，还继续其之前的研究即彻底地批判辩证唯物主义——反对列宁所捍卫的源于"恩格斯主义"的辩证唯物主义传统。在"列宁著作中马克思的缺失"章节中，诺曼·莱文论证了列宁所继承的，除了不完整的马克思思想之外，还有一个恩格斯主义。他指出："本章认为列宁的思想受到两大哲学思想的影响。其中之一是马克思的社会解释方法，第二个是恩格斯主义……列宁的政治哲学是二元的，一元是马克思列宁主义，一元是恩格斯列宁主义。"②

与此同时，2021年诺曼·莱文继续出版著作《马克思对亚里士多德的复兴》。著作的主体部分由"引言""马克思中的希腊僭政""公民人文主义的复兴""劳动的动态力量学说""马克思的劳动力量论和他的社会解释方法""作为《资本论》共同作者的亚里士多德和黑格尔""共产主义的伦理基础"七个章节构成，重点论证了马克思思想中的自然主义与人文主义及其如何影响马克思的共产主义理论。如果说《马克思对列宁的反叛》主要体现了诺曼·莱文对马克思思想来源的整体性观点，那么《马克思对亚里士多德的复兴》则在前者基础上深入探讨了古典公民人文主义是如何构成马克思的共产主义思想来源的，重点围绕以亚里士多德为集大成者的古典人文主义对马克思的影响进行深入探讨。从内容和结构上看后者是对前者的深入和补充。可以看到，诺曼·莱文新著中聚焦的问题对经典马克思主义解释框架构成了一定的挑战，同时也为我们提供了研究马克思思想来源问题的新视角，特别是凸显了

---

① 赵玉兰：《马克思主义与黑格尔主义：对话诺曼·莱文》，《国外理论动态》2013年第6期。

② Norman Levine, *Marx's Rebellion Against Lenin*, New York：Palgrave Macmillan, 2015, p. 175.

苏格兰启蒙运动、卢梭思想、启蒙左派等因素在马克思思想来源中的地位。不过，究其新著的内蕴，诺曼·莱文依旧是沿着之前的理论路线：在马克思思想来源问题的研究中延续并贯穿了其一直以来持有的、将马克思思想认定为一种社会解释方法的观点的研究路向。

总体来看，诺曼·莱文的思想发展一直都是围绕一条主线而进行和展开的，那即是其马克思主义与恩格斯主义对立的观点。不过，在这之中，他也始终将黑格尔哲学作为中介，作为马克思主义与恩格斯主义对立的基础和重心贯穿其中。这不仅体现了他作为西方马克思学理论家的研究路向，也体现了他作为"新黑格尔主义的马克思主义"学者的理论定位。不过，不难发现，其著述其实伴有强烈的新左派政治取向。诺曼·莱文虽然专注马克思的文本研究和分析，目的却是"试图回到部分丢失的、确实被遮蔽了的马克思主义思想核心的表面以反思激进主义，并且用重构的哲学的和方法论的生存力来武装左派"①。很明显，这一点在政治立场上不同于 T. 卡弗等学院派的马克思学者。也许有的人会认为，诺曼·莱文所做的工作全都是在试图将马克思与马克思主义、马克思与恩格斯割裂，甚至对立起来。但笔者认为，他能立足最前沿的 MEGA²，看到并提出了一个当今马克思主义研究者们无法回避的问题，即：当我们苦心钻研并信仰这门学科的同时，能否保证，所言说的马克思主义理论符合马克思思想的精神实质？当今国内外学术界的一些最新探讨其实已经表明：我们原先所接受的一些传统马克思主义观点不仅具有浓厚的教条主义色彩，而且可能也并不符合马克思的本意，甚或是误释了马克思的思想。这正好可以解释，为什么近十几年来，无论国内外，有越来越多的学者纷纷要求回到马克思，通过对马克思文本的重新解读与重新诠释，以期重构马克思主义理论的当代形态？为什么关于马

---

① Norman Levine, *The Tragic Deception*: *Marx Contra Engels*, Santa Barbara: Clio Press, 1975, p. xiii.

克思与恩格斯或是黑格尔之间关系问题的讨论依旧火热？因此，诺曼·莱文观点的提出不过是对这些争议的某些方面的反应，我们不能谈其色变，或是干脆将之思想妖魔化和脸谱化，而更应该以一种平和、学术的心态在这场国际争议的大背景中去研究和评议诺曼·莱文，以期能更加真实地还原马克思主义的本来面目。

第二章

悲剧性的骗局：马克思主义与
恩格斯主义①

正如 T. 洛克曼（Tom Rockmore）所说："由于种种偶然的原因，马克思的思想跟马克思主义紧密联系在一起，在他的影响之下展开的一场政治运动过去一直宣称现在仍然宣称跟他的学说有着特殊的关系。以为马克思主义典型地体现了马克思的观点，马克思主义者、非马克思主义者乃至反马克思主义者一样，都未经仔细审视就广泛接受了这一点，但是我认为，马克思主义遮蔽、转换、扭曲了他的基本哲学洞见，使之变得难以接受。"② 的确，正如前文所述，关于马克思与恩格斯的关系问题，在西方马克思学界，主流观点已经不再是正统马克思主义所宣扬的马克思恩格斯"一体化""伙伴论"，而认为马克思的思想并不代表马克思主义，所谓马克思主义其实是恩格斯创立的。这体现为历史的、革命的人道主义与自然的、机械的实证主义的对立。《马克思主义：历史

---

① 本章中的译文部分参考了杜章智《马克思与恩格斯的比较——莱文的〈可悲的骗局：马克思反对恩格斯〉一书的主要观点摘编》，《马列著作编译资料》1981 年第 14 期；以及杜章智：《马克思与恩格斯的比较——介绍莱文〈可悲的骗局：马克思反对恩格斯〉一书的主要观点》，《科学社会主义参考资料》1981 年第 3 期。

② ［法］汤姆·洛克曼：《马克思主义之后的马克思》杨学功等译，东方出版社 2008 年版，第 7 页。

的与批判的研究》（G. 李希特海姆）、《马克思的社会政治思想》（S. 阿维内里）、《"马克思主义的传奇"，或恩格斯是马克思主义创始人》（M. 吕贝尔）等都持有与之类似的观点。在此大潮中，诺曼·莱文也围绕着马克思恩格斯关系问题展开了系统论述，并逐步形成了自己的阐释体系，在其第一本著作中就将马克思与恩格斯的对立发展为马克思主义与恩格斯主义之间的全面对立。

《悲剧性骗局：马克思反对恩格斯》是一部全面论述马克思和恩格斯在各个方面的差异甚至对立的专题著作。正如作者在文中指出："这本书要讨论的是在同类的文集出现时的两种分歧的决定、形式。马克思固有的形式今后被称为马克思主义；同时恩格斯所固有的形式今后会被称为恩格斯主义。"① 全书共分为十四章：1. 马克思的自然观；2. 对民主的超越；3. 走向哲学人类学；4. 作为雅各宾党人的马克思；5. 十九世纪革命的辩证法；6. 作为历史哲学的辩证自然主义；7. 青年恩格斯：1839—1842；8. 恩格斯的共产主义的起源；9. 恩格斯的形而上学的基础；10. 经济决定论的起源；11. 作为民族救世主义的科学社会主义；12. 作为德国民族中心主义的科学社会主义；13. 作为工业清教主义的共产主义；14. 尽职的徒弟和剥削的师傅。在这十四章中，前六章专门论述马克思在自然观、社会发展和政治领域的思想，后八章着重论述恩格斯思想的特点，并在此之中将它与马克思的思想进行了深入的比较。诺曼·莱文强调，他写这本书的目的，初衷是要说明马克思与恩格斯之间的不同点。实质是为了阐明在 19 世纪和 20 世纪中有关马克思主义命运的思考。"它坚持的是把马克思主义传统看作自然的人道主义、否定的实践，反对那些错误地将马克思主义描述为机械的唯物主义和社会实证主义。我打算重申马克思主义理论的创造性和适用性。这个策略很容

---

① Norman Levine, *The Tragic Deception*: *Marx Contra Engels*, Santa Barbara: Clio Press, 1975, pp. xiii – xiv.

易提出但是执行起来却很难。马克思主义传统的原理，很多错误地被归结于马克思，这些教条的、枯燥的，甚至歪曲的理论必须被解开并使其剥离开真正的马克思主义。本真的马克思必须从历史与朋友的过失中被夺回。"①

  正统马克思主义者历来都是把马克思恩格斯思想说成是完全一致的，诺曼·莱文并不否认他们之间存在着一致性，并承认这种一致性的领域是很广阔和丰富的："他们是终生的朋友和学术上的伙伴。马克思为人好辩，态度傲慢，但是恩格斯是马克思没有与之断绝个人关系的少数几个人之一；恩格斯总是承认马克思在智力上的优势，承认马克思的天才，并为这个天才牺牲了自己的事业，为全力支持马克思而在英国曼彻斯特他父亲的公司里工作了许多年；他们在结识后的最初几年中，合作著书，在通信中极少谈论生活琐事或者相互抱怨；在学术思想上，他们当然都信奉共产主义，都认为资本主义将会灭亡，而无产阶级是它的掘墓人；他们都认为历史的真正主体是人的社会生活和人们维持生存的方式，他们都嘲笑了所有以上帝、精神或其他形式的唯心主义为基础的哲学和历史学；他们都参加了 1848 年欧洲大陆革命，都把沙皇俄国视为欧洲的反动堡垒。马克思和恩格斯都支持德国、意大利、爱尔兰的民族主义；他们都反对欧洲国家在海外推行帝国主义政策，都认为当生产资料由国家联合体掌握时，社会劳动生产率和人口会大大提高；他们都不喜欢拿破仑三世，都认为德国在俾斯麦领导下实行统一是德国唯一可能的结局；他们在美国南北方内战中都支持北方，都强烈地反对巴枯宁的无政府主义。"② 然而，他们共同的地方多是在政治方面，在实际运

---

① Norman Levine, *The Tragic Deception*: *Marx Contra Engels*, Santa Barbara: Clio Press, 1975, p. xiii.

② Norman Levine, *The Tragic Deception*: *Marx Contra Engels*, Santa Barbara: Clio Press, 1975, pp. 107 – 108.

用和策略方面。可是，他们不一致的地方却更体现在根本性上。

这些根本性的重大思想差别，在诺曼·莱文看来正是由于马克思和恩格斯在相同知识体系的许多不同方面分配了不同的重量和密度。这些重量和密度的分配符合他们思想的先天倾向和先天的逻辑前提。也就是说，因为马克思恩格斯拥有各自固有的心理倾向和逻辑思路，按照各自的内在倾向对相同的外界事物做出独特的反应。所以才会对同一认识体系做出不同的解释。马克思给予这一认识体系以自己的焦点和重点，恩格斯给予它不同的焦点和重点，马克思主义的传统，被恩格斯变为机械的唯物主义、科学的实证主义、工具理性以及清教徒职业伦理道德等。于是二者的思想构成了两种不同的体系，即马克思主义与恩格斯主义的根本对立。具体来说主要体现在以下几个方面：

第一节 哲学素养与哲学基础的对立

一 哲学素养的对立：理性激进主义与道德激进主义

关于马克思与恩格斯在哲学素养方面的差距，应该是众所周知的。虽说二者都出生于德国的莱茵省，所置身的外部环境基本一致。但二者的学习经历、思想来源以及对问题的理解力或者说二者的受教育程度以及先天的心理倾向和逻辑思路使得马克思和恩格斯在哲学素养的养成上表现得完全不同。

从马克思的思想来源来看，总体来说，诺曼·莱文以海德堡大学为起点，将从启蒙运动到黑格尔派的思想链路及范围加以实物载体，将海德堡大学称为"马克思理论的诞生地"。18世纪末19世纪初，海德堡大学内伦理学、经济学、宗教学、政治哲学等学科探讨热烈，滋养了一批以历史主义为原则方法的、以黑格尔派为代表的学术力量，为社会科学发展奠定了一系列方法论、认识论基础。在这之中，苏格兰启蒙思想家们在历史阶段理论、市民社会理论、人的存在方式、政治伦理方面的思想果实产生了重要影响，构建并牢固了商业社会思想、经济决定论、市民社会与国家观念、情感道德观念等要素在历史讨论语境中的中心地位，为马克思提供了重要的思想资源。① 当然在这里，诺曼·莱文更加强调的是黑格尔思想的轴心作用，他阐述了以有机体理论为核心的德国历史主义传统对马克思思想的影响，从康德到费希特到赫尔德再到黑格尔，有机体范畴和方法贯穿其中。诺曼·莱文指出，马克思转入柏林大学主修哲学初期，曾沉浸于对康德和费希特哲学的研究，吸收了其思想养分并看到了他们的缺陷，从而使他转向了黑格尔主义。"1837 年，马克思从头到尾阅读了黑格尔的著作和他的弟子的大部分著作，并结识了青年黑格尔派的布·鲍威尔和弗·科本等人，参加了他们的'博士俱乐部'活动。19 世纪 30 年代中期在黑格尔学派分化过程中形成了青年黑格尔派，……在与青年黑格尔派的接触与交流中，促使了马克思更加深入地研究黑格尔哲学，特别是它的辩证法思想。……1839 到 1840 年，马克思致力于研究古希腊晚期的伊壁鸠鲁主义、斯多葛主义和怀疑论哲学，并于 1841 年 3 月写出了以《德谟克利特的自然哲学与伊壁鸠鲁的自然哲学的差别》为题的博士论文。"② 写博士论文时期的马克思，还是一个黑格尔式的唯心主义者，不过年轻的马克思以他的卓越才能和独到见解，很明显已经超越了青年黑格尔派，并在青年黑格尔分子中赢得了很高的威望。

　　而恩格斯则出生在一个纺织厂厂主和虔诚的基督教徒家庭。在母亲和外祖父的影响下，恩格斯深受文学艺术特别是古典文化的熏陶。

---

　　① 关于诺曼·莱文论述马克思思想来源的概括，笔者部分采用了课题组成员谭韵蓉的阐述，特此致谢！

　　② 黄楠森：《马克思主义哲学史》，高等教育出版社 1998 年版，第 16 页。

因此，少年恩格斯受到的家族教育具有虔诚主义和人文主义的两重性。在 17 岁时，恩格斯中学尚未毕业，屈从父命，先后到巴门和不来梅学习经商，不过他的业余时间都是用来学习和研究文学、历史甚至音乐等。在不来梅时期，恩格斯深为激进民主主义者伯尔尼、海涅和进步文学团体"青年德意志"的论著所吸引，并与"青年德意志"派反对封建专制制度和宗教神学的主张产生共鸣。这一主张也使得青年恩格斯接受了青年黑格尔派分子施特劳斯《耶稣传》的思想。施特劳斯同黑格尔的关系还促使恩格斯开始研究黑格尔的著作，并转向黑格尔主义。1841 年 3 月，恩格斯从不来梅回到巴门。同年 9 月到 1842 年 10 月，在柏林服兵役。不过在此期间，他常到柏林大学听课，并和"博士俱乐部"的鲍威尔兄弟、科本等人建立联系，参加了青年黑格尔派的活动。①

正是基于马克思恩格斯青年时的受教育情况、思想启迪的差异以及不同的成长经历，因此，诺曼·莱文指出：二者的哲学素养有着极大的不同。马克思受过大学教育，尤其是转入柏林大学后攻读哲学。承载和延续了苏格兰启蒙运动的思想成果，集散着德国历史主义学派思想，他的起点是哲学激进主义。他在博士论文中提出哲学的职能在于从理性上无情地批判、揭露现实，精神必须把阐述现实东西的不合理作为自己的任务，这种观点使他成为黑格尔左派的成员。

而青年恩格斯由于未能完成他的高中教育，未进过大学，因此这种高级学术训练的缺失，使他终生的学术事业有所欠缺，缺少准确描述理论体系的必要的哲学能力。虽然他也参加了青年黑格尔派的活动，但没有多少关于黑格尔的知识或一般意义上的哲学知识。虽然，恩格斯也是激进主义的代表，不过他这种政治上的激进主义并不是来自哲学激进主

---

① 黄楠森：《马克思主义哲学史》，高等教育出版社 1998 年版，第 17—18 页。

义，而是来自文学上的抗议、道德和艺术上的义愤。他的《乌培河谷来信》是按海涅和白尔尼的社会批判风格写出的。因此，恩格斯从最初的时候起就缺乏深刻的哲学知识和能力。[1] 诺曼·莱文在考察了恩格斯从神秘主义转向理性主义的人道主义的过程后，指出：这个过程仅仅持续了不到一年的时间，"一个人在不到一年当中改换三次重要的哲学立场，表明他对这些立场全都没有深入分析过。在恩格斯写给格雷培、描写他的思想发展过程的书信中，他在提及每个阶段时，总是反复使用'暂时''片刻''我现在''我仍然'这类词句。这些都是敏感的且业余的思想。恩格斯当时很敏感，能对新思想很快做出反应，但是对问题的思考远远不够系统……而且，当时恩格斯卷入了新闻工作，拿不出时间来进行严肃的研究……但是恩格斯从来没有下决心来精通某方面的知识，成为它的绝对权威。他的贡献在于思想的普及。他就是以这种方式参加 19 世纪的伟大社会运动"[2]。也就是说，相对于马克思来说，恩格斯的哲学基础相对薄弱，对相关问题和理论的研究总是浅尝辄止。再者，在诺曼·莱文看来恩格斯的才能在于叙述和描写，他非常善于普及化和通俗化相关理论，他的文章写得清新明确，能够把复杂的思想用简单易懂的语言表达出来。但是正是由于他的叙述和描写的才能，使他惯于混淆和曲解比较抽象的思想，只愿综合，不愿分解，提出不准确的规划、模糊的定义，缺乏对问题的准确分类。[3] 正是基于以上的理解，因此，诺曼·莱文得出了马克思与恩格斯的第一个对立即哲学素养方面的对立。

---

① Norman Levine, *The Tragic Deception*: *Marx Contra Engels*, Santa Barbara: Clio Press, 1975, p. 112.

② Norman Levine, *The Tragic Deception*: *Marx Contra Engels*, Santa Barbara: Clio Press, 1975, pp. 113 – 114.

③ Norman Levine, *The Tragic Deception*: *Marx Contra Engels*, Santa Barbara: Clio Press, 1975, p. 153.

二　哲学基础的对立：左翼黑格尔主义与右翼黑格尔主义

从哲学基础上说，诺曼·莱文认为马克思扬弃和修正了黑格尔的思想，而恩格斯则完全歪曲、误解了黑格尔：马克思是以人为中心的左翼黑格尔主义者，沿用黑格尔的主体性、实践、有意识有目的的活动等概念，他使人和劳动的普罗米修斯成为他的世界的中心，力图克服主体与客体之间的分离，认为辩证法与自然界无关，而是存在于人与自然界的相互关系中；恩格斯则是以物质为中心的右翼黑格尔主义者，没有给予黑格尔的主体性、实践、目的活动等概念以位置，认为物质和运动的自身量变是宇宙中起决定作用的东西，并使人成为物质的普遍运动的牺牲品，在主体与客体之间划出一条绝对界线，认为自然界本身是辩证的。① 具体地说：

1. 马克思不仅保留而且沿用了黑格尔的主观性、人的实践、有意识有目的的活动等概念。恩格斯把自然界变为主体，对宇宙中的一切活动和因果性都赋予外在性。恩格斯没有给意识留下任何地位，视意识为物质运动的产物；他没有给人的实践留有发挥作用的余地。

"实体即主体"之于黑格尔的意思并不是亚里士多德意义上的主体即是实体的寓所，而是克服了自亚里士多德以降通过静态、僵死的主—谓命题形式来进行形而上学思考的传统方法，赋予了主体另一层含义，即意识的能动性与自身的否定性。马克思恩格斯曾在合著《神圣家族》中指出，黑格尔的"绝对精神"不过是"形而上学地改了装的""现实的人和现实的人类"②。但这里诺曼·莱文强调的仅仅是马克思看到以及保留了黑格尔的主观性概念，只不过在黑格尔那里这个主体是精神，

---

① 王凤才、袁芃：《MEGA² 中的马克思恩格斯关系问题》，《探索与争鸣》2016 年第 2 期。

② 《马克思恩格斯文集》第 1 卷，人民出版社 2009 年版，第 342 页。

而对于马克思来说，这个动因是社会的人，正如诺曼·莱文在书中指出的："纵观马克思的一生，他始终坚持一个观点，那就是人的活动是社会经济生活的'推动原则'（energizing principle）。事实上，在马克思的一生的不同阶段中针对这个问题做了不同的阐述。他强调了不同的方面，但是关于人类实践的根本论点是保持不变的。"[①] 也就是说，正是社会的人改变自然环境来维持自己的生存。精神和社会的人都是主动的、有目的的和造成结果的动因。

可是，恩格斯却不同于马克思和黑格尔，他对黑格尔做出了右翼的解释，"他否认黑格尔把上帝和人类等同起来。在特殊和普遍之间没有绝对的统一，因此人类本身不能是神……。这样，恩格斯就强调黑格尔的客观方面。他强调普遍、一般、绝对理性的力量是与主观和个体对立的。'黑格尔关于上帝的观念'对恩格斯来说，就是在个体之外单独存在、不受时间影响的包罗万象的绝对精神。我们已经看到，恩格斯从未绝对抛弃上帝的观念，而只是为这种信念寻找更合理的替代物。在1840 年他发现了这种替代物就在黑格尔的客观精神的概念中"[②]，"到19 世纪80 年代，特别是《自然辩证法》和《反杜林论》中，恩格斯开始面临自然科学的问题。他在青年时代就已经发展起来的思想结构被应用于物质世界的问题。恩格斯作为一个形而上学者来研究物质宇宙……他把宇宙世界归结为一种自然力元素，即运动。恩格斯认为可以从运动法则引申出宇宙世界的其他一切成分。在这里，即在他的科学哲学中，恩格斯又在寻找事物的单一起源。在这里，他又认（假）定存在着宇宙的单一的决定性的原因。它存在于人之外，是永恒的和自己发生

---

① Norman Levine, *The Tragic Deception*：*Marx Contra Engels*, Santa Barbara：Clio Press, 1975，p. 5.

② Norman Levine, *The Tragic Deception*：*Marx Contra Engels*, Santa Barbara：Clio Press, 1975，p. 114.

的。……物质世界之所以是理性的，是因为它表现出必然的顺序……既然理性对恩格斯来说意味着必然的顺序，他对宇宙的解释就是决定论的。也就是说，宇宙的各种过程只能按照固定的阶段、绝对有限制的顺序，以机械决定论的模式展开。在恩格斯的一切思维活动中，都表现出这种思想的连续性和这种基本思想模式的反复出现。他关于理性的概念同他关于上帝的概念是一样的。正如理性已成为上帝的替代物一样，自然界必须成为理性的替代物"①。显然，这里诺曼·莱文所要表达的是，恩格斯将马克思强调主体能动性的历史唯物主义转变为没给主体能动性留下一点空间的辩证唯物主义的根源就在于对黑格尔理解的不同。他通过对恩格斯的行为做出的心理学上的解释，指出了一个从前的加尔文主义的恩格斯，他毕生的精力都在寻找一个全能上帝的替代者。他从虔诚主义发展到超自然主义，再发展到理性泛神论，最后又在自然决定律中找到了更好的替代者。他将纯粹的物质自然界看作主体，由于物质是不能自我决定的，也不能是自我依赖的和自为的，因此在诺曼·莱文看来这完全是对黑格尔主体意义的误解。恩格斯由于将主体定位于物质的自然界之上，这就与黑格尔关于个体性、自由、自我对象化和实践的概念失去一切联系。在黑格尔那里行动是主体、个体，而在恩格斯那里，只有物质的自然界是主体，因此只有自然界的行动。

同样，诺曼·莱文指出马克思也保留了黑格尔的实践概念：对于马克思与黑格尔来说，"人都是劳动的、经受变化和进行创造的存在物。人是历史的主体、造成结果的动因。对于马克思来说，人与自然界互相渗透，人从自然界的粗糙物质中制成人的生存所必需的物体。马克思的人使自然界人化，按照他自己的需要塑造和控制自然界。对黑格尔来说，人是产生观念的，从而改变他生活所在的概念世界的存

① Norman Levine, *The Tragic Deception*：*Murx Contra Engels*, Santa Barbara：Clio Press, 1975，p. 116.

在物"①。这也就是说，虽然黑格尔以精神的方式思考，而马克思以物质的方式去思考。不过很显然的是，二者都把人看作实践，看作有意识的、有目的的活动主体。可是恩格斯则忽视了黑格尔的这个方面，他看不到人的实践作用，他从来不理解人的活动与世界之间的相互渗透，而是把辩证的过程看作观念的独立运动；把辩证的过程归结为观念的必然性，归结为观念必然要在一系列事件末尾得到完成。他不理解辩证法或否定，因此也看不到运动、变化来自否定，看不到否定是人的"实践"的突出特征。辩证法并不是自生自存的，相反，辩证法是人类实践的否定与超越。②

2. 在认识论上，马克思与恩格斯也表现出了明显的对立。在诺曼·莱文看来，马克思像黑格尔克服了康德和洛克的意识与自在之物之间的完全分离那样，"避免了二元论的陷阱。一方面，他拒斥了所有的关于物质和意识谁是第一性的争论。马克思公开放弃了费希特和黑格尔的主观主义，或是存在是思想自我进化决定的观点。另一方面，他还拒绝了拉美特利和霍布斯的那种认为物质决定了存在的各个方面，思想只是外部世界的一个副产品的观点。这些观点都有同样的逻辑错误。他们是建立在精神与客体的绝对分离的立场上的"③。也就是说马克思在认识论的问题上致力于克服主体与客体之间的绝对分离，对马克思来说，"几乎没有涉及过原始认识论的问题，比如人是如何认识外部事物的。马克思涉及到的是意识，对世界的理解，对社会运行的结构和关系的理解"④。

---

① 杜章智：《马克思与恩格斯的比较——莱文的〈可悲的骗局：马克思反对恩格斯〉一书的主要观点摘编》，《马列著作编译资料》1981 年第 14 期。

② Norman Levine, *The Tragic Deception*：*Marx Contra Engels*, Santa Barbara：Clio Press, 1975，pp. 119 – 120.

③ Norman Levine, *The Tragic Deception*：*Marx Contra Engels*, Santa Barbara：Clio Press, 1975，p. 10.

④ Norman Levine, *The Tragic Deception*：*Marx Contra Engels*, Santa Barbara：Clio Press, 1975，p. 9.

"意识，按照马克思的理解，在'实践批判的活动'中具有能动作用。社会的改变从来不是轻易的。意识为其提供了一种格式，提供了计划……马克思的思想是活动（行动）和意识共存的关系。"① 或者换句话说，在马克思的视域中，认识是通过人的实践和批判活动而创造或达到的东西。类存在要在自身的环境之间处于经常交换的状态，它要与世界相互渗透，要改变它，与它融合在一起，使它人化。②

恩格斯却用实证科学取代了黑格尔哲学，取代了批判哲学。他在精神和物质之间划了一条绝对的界线。恩格斯在对待认识问题时，采取的是一种简单、机械的方式，将倡导物质第一性的人称作唯物主义者，将倡导精神第一性的人看作唯心主义者。在这个基础上，他创立了一个绝对两极分化的认识论世界，从而造成了意识和物质的绝对分隔与绝然对立。诺曼·莱文举例说，在《路德维希·费尔巴哈和德国古典哲学的终结》中，恩格斯把唯物主义定义为一种信条即物质不是精神，精神是物质的派生产物。因此，对恩格斯来说，认识就是一种"摹写论"。我们的思想只是对外界事物的复写，如果人和自然界是不同的，获得外部世界的观念的唯一途径，就是让外部世界把这些观念印刻在人的意识之上。③

第二节 哲学理论与经济理论的对立

一 哲学理论的对立：辩证的自然主义与形而上学的唯物主义

在诺曼·莱文看来，正是由于上述的哲学素养与哲学基础的不同，

---

① Norman Levine, *The Tragic Deception*: *Marx Contra Engels*, Santa Barbara: Clio Press, 1975, p. 10.

② Norman Levine, *The Tragic Deception*: *Marx Contra Engels*, Santa Barbara: Clio Press, 1975, p. 153.

③ Norman Levine, *The Tragic Deception*: *Marx Contra Engels*, Santa Barbara: Clio Press, 1975, pp. 152 – 153.

从而造就了马克思与恩格斯在哲学理论方面的对立。他把马克思定义为辩证的自然主义者，恩格斯则是形而上学的唯物主义者。"马克思把人看作是基本上实践的存在物，认为人通过自己的活动改变自然界，使之人化，也就是说，为人的目的利用这个世界，从而给它赋予人的特性。而恩格斯是一个形而上学的唯物主义者，他认为宇宙中的基本力量是物质和运动，自然界和人类历史都是从这两种力量中生发出来的。"① 具体来说，这主要表现在二者在以下方面的差异：

1. 自然观的不同。诺曼·莱文指出，黑格尔把自然界规定为绝对精神的外化，是"他在性形式的观念"。自然界是自然界的概念表现为其外部形式。自然界的特点就是外在性。自然界如果不作为外在性存在，就完全不能存在。同样黑格尔认为，自然界必须与精神重新结合在一起。自然界被异化的精神必须重新成为精神。它做到这点的办法是把自己作为矛盾加以扬弃，作为他在性予以超越。然而外在性并不行动，自然界本身并不重新与精神结合。相反，精神利用自然界成为绝对自由。精神是促动力量；自然界是被动的。② 这也就是说，在黑格尔视域中，自然界并不是变化发展的，相反，是精神使自然界具有不同的等级。③

诺曼·莱文把马克思的自然哲学称为"辩证的自然主义"。他认为，马克思的"辩证自然主义"恰恰是继承了黑格尔的主要观点。因

---

① Norman Levine, *The Tragic Deception*: *Marx Contra Engels*, Santa Barbara: Clio Press, 1975, p. 108.

② Norman Levine, *The Tragic Deception*: *Marx Contra Engels*, Santa Barbara: Clio Press, 1975, pp. 146 – 147.

③ 诺曼·莱文这里所说的等级是指黑格尔把自然界构想为一个包括三个阶段的体系：机械阶段、物理阶段和有机阶段，是有等级的。后一个阶段必然来自前一个阶段，但是这并不意味着一个阶段自然而然从另一个阶段中产生出来。外在性不会从自身中产生出另一种形式的外在性。变化只属于精神，也就是说，只有精神有产生发展或发生的力量。在这三个阶段中，真正的主观性属于有机阶段。有机的整体不管形式上的差异如何，本身具有统一性并且是自为的，因此它是主观性。

为，"对马克思来说，自然界是一个总体，包括两个部分，一个是有意识的、能动的、有感觉的和能改造的部分——人类，另一个是无意识的、无机的、无感觉的和非能动的部分——存在于人之外的自然。但这两部分是不能被分离的，他们是一个完满的整体与过程。当谈到人时，马克思总是强调生产实践，人对无感觉自然界的改变和影响。当他谈到无感觉的自然界时往往强调的是这一被动的物质是以何种方式被人的活动所改变和人化的，着重点放在人的能动性以及人类的实践活动，以及人类为了满足自身的需要而对环境的改变上。"① 可以看到，诺曼·莱文这里强调的是在马克思那里，并没有脱离人类活动的纯粹自然存在。他在人与外在自然界之间描绘了一个本质上的互为补充和互为依存的关系。事实上，这种关系就是马克思所提及的自然界的本质。

诺曼·莱文同时还提及了马克思从费尔巴哈那里吸收的类存在概念。类存在是由一组人类学上的特征所构成，这些特征包括感觉和意识，以及人为了延续自己的肉体存在，所需要的水、食物、住所等等，他们还拥有感情和激情。正是这些需要构成了社会存在的基础。为了实现这些需要，人们必须把他们的行动组织起来或者社会化；人们只有在社会中，他们的需求才能得到满足。需要是历史发展的动力。"人是能动的。人们必须为他们的继续存在而生产条件。人的活动，即他的生产劳动，不仅改变外在于他的自然界，而且也改变人本身，改变人的社会意识和行为。人类的活动意味着人类具有适应性，他们的社会文化存在方式是可以无限重建的。"②

---

① Norman Levine, *The Tragic Deception*: *Marx Contra Engels*, Santa Barbara: Clio Press, 1975, p. 1.

② Norman Levine, *The Tragic Deception*: *Marx Contra Engels*, Santa Barbara: Clio Press, 1975, p. 3.

也就是说，在诺曼·莱文那里，马克思的人和自然界并未分离，而是相互交融在一起的。不过，诺曼·莱文对于人与自然的关系问题上更强调的是人的活动的作用，因为正是人的活动推动了社会经济生活的发展。而自然界相对于人的活动来说，虽然为人类活动提供了条件和前提，但归根结底却是处于被动地接受改造的地位。这里可以看到，诺曼·莱文一方面，肯定了马克思对黑格尔的拒斥：即在黑格尔那里，自然是精神外化的结果，它存在于对意识的直接反叛，被当作否定的力量。而在马克思那里，人类和无感觉自然的关系不是分离，而是互换、互补。"无感觉的自然不是否定或反对的力量，而是人类确定自身存在的来源，是可感自然界与无感觉自然界和谐相处的支撑点……自然存在并不是意识与否定之间的悲剧性对抗，而是两种自然模式的互助性存在。"① 但另一方面他也肯定了马克思对黑格尔外在性概念的继承与发展，即与黑格尔的"外在性并不行动""精神利用自然界成为绝对自由"的思想不谋而合。对黑格尔来说，外部的东西并不发展变化，是被动的，精神才是其促进的力量；对马克思来说，外在性的克服来自人们在活动中改造自然界。诺曼·莱文在这里所希望表达的是，无论是马克思还是黑格尔，他们对外在性的解读从根本上来看是完全一致的：在外在性中不可能生发出主动的力量。

然而，恩格斯却对黑格尔的这一观点做出了与马克思截然不同的解释，从而形成了恩格斯的自然哲学。诺曼·莱文认为，恩格斯歪曲了黑格尔的《自然哲学》，以一种黑格尔本人明确不希望人们解释他的方式来解释黑格尔，即：自然界是没有单独的层次结构的，而是连续一贯的。从运动开始，运动的量变能够产生质变，从而整个自然界，从机械物体直到有意识的生命，都只是这个原始的、本体论物质

① Norman Levine, *The Tragic Deception*: *Marx Contra Engels*, Santa Barbara: Clio Press, 1975, p. 4.

的一系列延伸。① 也就是说，恩格斯将外在性本身看作一种主动的力量，他将物质看成主体，歪曲了黑格尔赋予主观性概念的意义，自然界成为一种可以脱离黑格尔意义上的精神或是马克思意义上人的能动性的纯粹的主动力量。

2. 对辩证法的不同理解。诺曼·莱文指出，对黑格尔来说，运动并不等同于辩证过程本身，而是辩证过程的结果。在黑格尔的辩证概念中充斥着否定性或对立的观念："对于黑格尔来说，存在的基本结构使主体（精神）与否定性（客观性或物质性）对立起来。为了使精神、个体性能够自由成为自我规定，它必须面对他在性。只有按照这种方式，主体才能超越他在性、外在性，获取更多的自我规定和自我关联。"② 也就是说在黑格尔那里始终存在着一种对立，即力求只按照自己愿望行动的主体与妨碍主体达到绝对自我关联的否定的东西的对立。主体和否定性"它是由确定的对立内在构成的二重性体系。它也要求活动。它要求主体有目的：自由。实践的概念对黑格尔辩证法来说是最重要的概念。主体必须希望进行战斗，必须希望取消否定，必须把绝对自我关联作为它的目的，不然这个体系就是静止的，就会没有意义"③。所以，要超越和解决这个问题，只有通过发展和变化的形式。

马克思头脚倒置地接受了黑格尔的辩证法，去除了黑格尔唯心主义成分但是保留了其基本结构，将黑格尔意义上的主动的和改变事物的动因"精神"置换为主动的、可以改变自然环境以维持自己生存的"人"。因此，在诺曼·莱文看来，马克思的辩证法与自然界本身无关，

---

① Norman Levine, *The Tragic Deception*：*Marx Contra Engels*, Santa Barbara：Clio Press, 1975, p. 147.

② Norman Levine, *The Tragic Deception*：*Marx Contra Engels*, Santa Barbara：Clio Press, 1975, p. 150.

③ Norman Levine, *The Tragic Deception*：*Marx Contra Engels*, Santa Barbara：Clio Press, 1975, p. 150.

而是存在于人和自然界的相互关系中，是形式与内容的运动，类存在是内容，自然界是形式。

相较于马克思，恩格斯的自然哲学，诺曼·莱文把它赋予为"形而上学的唯物主义"。与马克思不同，恩格斯承认自然界的纯粹、独立存在。并且把马克思仅限定在人类历史领域的辩证法扩展到了自然界，他完全抹去了主观成分，把自然界的规律本身说成是具有辩证的性质的。并且这一辩证过程是第一位的，其他一切辩证运动都源于它。恩格斯认为宇宙万物都离不开三条辩证规律：（1）量变质变规律；（2）对立而互相渗透的规律；（3）否定之否定规律。诺曼·莱文指出，"正像黑格尔相信宇宙'终极原因'是客观精神一样，恩格斯把宇宙的'终极原因'改造为运动，认为物质没有运动是不可想象的。恩格斯相信物质不灭，能量不灭，认为一切运动形式，从机械、化学、生命到思维，都服从于上述三条辩证规律，而否定之否定规律是'构成整个体系的基本规律'，相当于亚里士多德所说的第一推动力。恩格斯的唯物主义构成一个全面的形而上学体系，他把宇宙看成一部庞大的机器，直接由于物质和运动的量变而运转。一切都按规律进行，因果性来源于物质世界，支配着物质世界的同样规律也支配着社会（人类社会只不过是宇宙的一个组成部分）。人很少能影响历史和自然界的发展过程。人与其说是历史的主体，还不如说是外部力量的消极客体"①。也就是说，在诺曼·莱文看来，恩格斯误解了黑格尔的辩证法的含义，他把辩证法当成了过程、变化的同义词。

可以看到，无论是哲学基础的对立，还是哲学理论的对立，诺曼·莱文采取的比较方式都是将黑格尔的哲学理论作为中介，通过阐释马克思对黑格尔的继承和改造，以及恩格斯对黑格尔的继承和歪曲，不仅看

---

① 杜章智：《马克思与恩格斯的比较——莱文的〈可悲的骗局：马克思反对恩格斯〉一书的主要观点摘编》，《马列著作编译资料》1981 年第 14 期。

到他们各自关于黑格尔的见解，看到他们各自从黑格尔那里取得了一些什么，从而揭示出他们各自不同的基本思想倾向。

二 经济理论不同："异化经济学"与"古典经济学"

在诺曼·莱文看来，马克思的经济思想同恩格斯的经济思想相比，也延续了其哲学理论的对立，具有根本性的差别。概括地说，马克思崇尚的是一种注入异化因素的"异化经济学"，他推翻了古典政治经济学，推出了人的价值主体地位，将财产看作劳动条件，阶级是社会职能；恩格斯并没有否认和拒绝古典政治经济学，而是通过借用的方式，延续了其中的多种概念。不同于马克思，恩格斯将价值主体直接看作人之外的某些力量，他将财产解释为一种占有形式，阶级则意味着财产权。具体来看，这种对立主要表现在以下几个方面：

1. 对价值主体的理解不同。诺曼·莱文指出如同马克思的哲学理论强调了人的主体地位，从未将自然界理解为一种外在于人的纯粹自然一样，马克思的经济理论同样崇尚人的价值与意义。马克思推翻了英国古典政治经济学，因为他拒绝到人之外的地方去寻找价值的决定因素。他希望建立一种新的经济学，这种经济学以人为经济价值的主体，人是一切价值的创造者。他要表明的是："资本主义是允许自己的创造性实践被异化的人的悲剧。资本主义是生活在用自己被剥夺的劳动所建构的外部世界里的人的悲剧，资本主义是人造成的，但不是按人的形象造成的。"[1] 因此，由于马克思把人看作变化的原动力，社会创造的源泉，他把异化的主题应用于经济学中，他的经济学是企图完全从人的活动中得出社会价值的，他认为劳动是一种异化的力量，价值则是由被异化了的劳动所构成的。而恩格斯则追随英国古典政治经济学，他公开借用他

---

[1] Norman Levine, *The Tragic Deception: Marx Contra Engels*, Santa Barbara: Clio Press, 1975, p. 135.

们的经济范畴以及他们的经济定义。诺曼·莱文指出，"工业、财产、竞争和生产成本共享有一个（但不止一个）共同特性。它们都是存在于人之外的力量（即使承认人的劳动这个例外也属于生产成本）。实质上，他（恩格斯）与英国经济学家们共同的地方，是他和他们一样相信资本主义能够用这些存在于人之外的力量、规律来解释。总之，价值的决定因素存在于人之外。对恩格斯来说，资本主义制度下的人的悲剧就像一个旅行者发现自己深陷于一种环境中，这种环境为了自身的利益而控制他，利用他"①。也就是说，与马克思相反，恩格斯遵循的是其哲学上形而上学的思路。在他的经济学中依然是不考虑人的主体地位，依然是从人活动之外的因素来得出社会价值的。诺曼·莱文专门讨论了恩格斯社会经济思想的一些重要范畴：财产、竞争、工业、价值、劳动等，并指出恩格斯在对社会经济思想的重要范畴问题的分析中，有非常明显的经济决定论倾向，即认为一切社会的变化、阶级关系的改变以及财产关系的改变都是由技术进步而造成的。例如，恩格斯把财产看作是工业（技术）的产物。认为正是财产使劳动本身一分为二，进而分裂生产，使人们相互孤立，并发生冲突；竞争在恩格斯那里被理解为"每个人必然要尽量设法贱买贵卖"的规律，是关乎经济上的自身利益，由此而产生了无产阶级和资本家；工业（技术）是所有社会结构和社会关系的基础，是任何社会的革新力量；价值也被看作是一种存在于人之外的力量来决定的，他认为价值就是一种派生物。更进一步说，其实质就是认为价值是生产成本和效用所造成的，或者说是竞争造成的。在恩格斯那里，不是人，而是一个物品的使用、经济扩张的欲望决定了价值。在诺曼·莱文看来，正是因为恩格斯缺乏对异化思想的理解，因为他没有人类学中心的思想。因此，他完全得不出马克思所理解的那种剩

---

① Norman Levine, *The Tragic Deception*: *Marx Contra Engels*, Santa Barbara: Clio Press, 1975, p. 135.

余价值和劳动的概念，无法企及马克思的新的经济学——劳动价值理论和剩余价值理论，而只能追随英国经济学家相信价值是由存在于人之外的力量决定的。

2. 对财产的解释不同。马克思的财产指的是劳动条件，即人们能够借以进行劳动、能够使自己对象化的土地、工具和材料。"马克思集中讨论的财产问题，并不是围绕着私人占有，而是围绕着劳动条件的可达性。劳动是人类的本性。如果人类要继续他的生存，繁衍，就必须劳动，改变他周围的世界。可由自己支配的生产方式以及劳动的条件是自身再生产的必要条件。劳动的条件由于是维护其继续生存的必要条件，所以必须适应人类不断改变的行为。劳动条件必须成为普遍化的财产；也就是说生产方式必须能够免费提供给人类的活动。对马克思来说，财产必须成为共同的私有财产，它必须普遍地面向全人类并且属于全人类。"① 因此，在马克思看来，私有财产就是把劳动条件同所有的人隔离开，使他们不能自由得到劳动条件。换句话说，在私有制下，所有的人都不能自由地使自己对象化，因为劳动条件不能为他们所得到。而要克服私有制的弊端，就是要使财产成为全人类的财产，而不是去消灭财产。

而恩格斯却把财产理解为占有的形式。在恩格斯那里，私有财产被看作是工业（技术）的产物。正是财产使劳动本身一分为二，劳动同时既是活动又是工资，工资与拥有自由活动的劳动者相对立。私有财产把劳动与其报酬一分为二。进而分裂生产，使工人与资本家、资本家与地主、工人与工人相互对立，并发生冲突②；"私有财产的消灭意味着

---

① Norman Levine, *The Tragic Deception*：*Marx Contra Engels*, Santa Barbara：Clio Press, 1975, p. 25.

② Norman Levine, *The Tragic Deception*：*Marx Contra Engel*, Santa Barbara：Clio Press, 1975, p. 129.

生产分裂和劳动分裂的消失；意味着人和人的异化状态的终结；意味着利润的废除和竞争的结束；意味着阶级的消灭。随着财产的消灭，将达到生产的自然方面和生产的人的方面的统一，人的劳动将真正成为自我报偿的活动。因此，财产是人们分裂的基本原因，是使一切人反对一切人的战争的原因。"① 所以，在恩格斯这里，要克服私有制的弊端，就必须消灭财产，必须消灭这种不平等的占有方式。

3. 对阶级概括的不同。马克思认为阶级指的是一种职能，不同的阶级是由它们所完成的不同社会职能决定的；恩格斯则认为阶级意味着占有财产。一个阶级处于何种地位，完全是由它所占有的财产多少所决定的。他在 1842 年获得了对贫富之间斗争的了解后，就看到了英国是一个阶级社会。各个政党、一切政治都只是社会阶级的表现。因此，是否占有财产是使人或是处于中等阶级或是处于贫穷阶级的标志。恩格斯当时描写的英国社会由三大阶级构成：托利党拥有土地，辉格党拥有工业和商业，而无产阶级没有任何财产，因此前两者构成了英国的中产阶级。

在对马克思与恩格斯经济思想的对立进行阐释后，诺曼·莱文又强调了虽然恩格斯的社会经济思想在后来受到了马克思的很大影响，但是他总是保持着重视技术因素、经济因素等看得见摸得着的物质因素倾向。因此，与马克思谈经济学时总是谈异化、形式和内容、矛盾和关系所不同的是，恩格斯谈经济学时总是谈贫穷、经济平均主义、资产阶级，而且他始终没有把价值、剩余价值、生产等解释为类活动的表现。也就是说，恩格斯并没有放弃英国古典政治经济学的竞争、地租、交换等范畴。②

---

① Norman Levine, *The Tragic Deception*: *Marx Contra Engels*, Santa Barbara: Clio Press, 1975, p. 130.

② Norman Levine, *The Tragic Deception*: *Marx Contra Engels*, Santa Barbara: Clio Press, 1975, pp. 136 – 137.

第三节　社会发展理论与共产主义理论的对立

一　社会发展理论不同：多线论与单线论

在诺曼·莱文看来，马克思和恩格斯在社会发展理论方面也存在着巨大的差异。而这种差异同样是根源于二者哲学理论与哲学基础方面的对立：马克思的历史观是建立在他的自然人道主义的基础之上的，他注意到每个社会发展的独特个性，强调的是社会发展的多线化路线。恩格斯的历史哲学则是他的形而上学的唯物主义在历史领域的应用，他主张社会发展的单线化路线，完全是经济决定论。

1. 历史发展模式的不同。诺曼·莱文指出，马克思不是仅从单方面角度来思索历史的学者，而是综合、整体地看待问题。马克思并不认为"所有的社会必须遵循同样的关系模式。事实上，马克思在世界历史上曾区分过四种主要类型的关系方式：亚细亚的（暴虐的）、希腊罗马的（城邦共同体的）、日耳曼的（地域性共同体的）和资本主义的（私有制的）。而在这四个类型的关系方式内部，又有许许多多的层次和细分。例如，日耳曼的村社和斯拉夫的村社不一样，它们二者又与印度古代的村社不一样"①。因此，马克思认为必须注意到每个社会的个性和独特性。

因此，在诺曼·莱文看来，马克思可以被解读为一个结构历史主义学家。他的社会发展理论并不专注于机械因果关系的连续更替，而总是去描述历史时间中产生的社会经济的多样性结构。虽然在《资本论》"所谓原始积累"一章中，马克思探讨了早期西方资本主义社会，谈到

---

① Norman Levine, *The Tragic Deception*: *Marx Contra Engels*, Santa Barbara: Clio Press, 1975, p. 85.

了资本主义发展的客观趋势，一个历史时代将接着另一个历史时代，但这并不意味着这个过程是必然的和宏观的。不同社会的内在结构要与其不同的时代力量相对应。诺曼·莱文举例说，马克思在比较早期的意大利和英国的资本主义发展时，就展现出了其多线历史发展论：社会的发展变化取决于既定社会经济总体的内在结构。① 而他在论述亚细亚以及俄国社会时，更是表现出了他的多线发展历史观："马克思认为不仅仅过去东方社会走了一条与西欧完全不同的道路，俄国社会在未来也将走向一条不同于西方的道路。"② 诺曼·莱文的这一阐述也类似于国内外学界在佐证马克思的多线论历史主义经常依据的文本——《给〈祖国纪事〉杂志编辑部的信》中的观点。马克思写道："他一定要把我关于西欧资本主义起源的历史概述彻底变成一般发展道路的历史哲学理论，一切民族，不管它们所处的历史环境如何，都注定要走这条道路，——以便最后都达到在保证社会劳动生产力极高度发展的同时又保证每个生产者个人最全面的发展的这样一种经济形态。但是我要请他原谅。（他这样做，会给我过多的荣誉，同时也会给我过多的侮辱）。"③ 也就是说，在马克思那里社会发展的步骤不会只按照一种关系模式展开，亚细亚和俄国社会将会走出一条既与对方不同，也与西方截然不同的发展道路。可见，马克思的发展理论不是把重点放在时间的先后顺序上或者历史的必然性上，而是放在社会结构内部的变化上。

对于社会历史的发展道路，诺曼·莱文指出恩格斯做出了与马克思不同的阐释：他认为社会历史运动是具有一般规律和普遍性的，任何社会历史的发展都必然沿着同一种关系模式，实现五种社会形态的更替。

---

① Norman Levine, *The Tragic Deception*: *Marx Contra Engels*, Santa Barbara: Clio Press, 1975, pp. 85 – 86.

② Norman Levine, *The Tragic Deception*: *Marx Contra Engels*, Santa Barbara: Clio Press, 1975, p. 90.

③ 《马克思恩格斯文集》第 3 卷，人民出版社 2009 年版，第 466 页。

诺曼·莱文列举了马克思和恩格斯对俄国农村公社的态度来说明他们各自的历史观。俄国革命家查苏里奇写信给马克思，问他对俄国农村公社的看法，马克思在 1881 年 3 月 8 日的回信中明确表示了这样两点："①《资本论》中所阐述的规律只是根据西欧社会的情况得出的，对存在不同条件的其他地方并不存在'历史必然性'，所以，《资本论》并不一定适用于俄国；②俄国社会能够按一种完全不同于西方的方式发展。俄国农村公社是一种能够促使俄国社会向自己独特的共产主义方向发展的社会单位，也就是说，俄国并不是不可能跳过资本主义阶段。"①

"可是恩格斯在分析俄国的发展道路时，则认为俄国必须照抄西方的发展模式。当俄国民粹派认为，农村公社可以作为直接向共产主义过渡的基础、俄国没有必要从封建制到资本主义再到共产主义时，恩格斯指责他们不是马克思主义者，不懂得辩证唯物主义，因为俄国实际上必定经过封建主义、资本主义才能到达共产主义。通过共产主义的道路在恩格斯看来只能是一条单一的发展路线。"②

2. 历史哲学的基础性差异。诺曼·莱文在简单描述了二者的历史发展模式的不同之后，进一步阐释了形成这种差异之根源：即是在哲学理论与哲学基础背后的对立。一个总是遵循其辩证的自然主义（以人类实践为基础，人被看作主动的力量，为了改变，为了建设而和现实相互作用）着重关注变化和过程；另一个则是注重经济决定论，将其形而上学的唯物主义运用于历史领域。

诺曼·莱文强调，社会系统在马克思的视域中是一个整体，这个整体由一些相关的结构构成：不仅有生产资料这种物质性的因素，人的实

---

① 杜章智：《马克思与恩格斯的比较——莱文的〈可悲的骗局：马克思反对恩格斯〉一书的主要观点摘编》，《马列著作编译资料》1981 年第 14 期。

② 杜章智：《马克思与恩格斯的比较——莱文的〈可悲的骗局：马克思反对恩格斯〉一书的主要观点摘编》，《马列著作编译资料》1981 年第 14 期。

践、社会风尚、人们相互关系的复杂组合同样有助于构成每个社会的结构。也就是说,马克思虽然认为社会发展的主要原因是生产方式的发展,但这并不意味着马克思是在承认社会的发展模式仅仅是由生产方式的原因所决定的单线化路线。他同时遵循哲学上的辩证的自然主义,看到了人类的实践作用,看到了人的主动的力量,从而认为其他那些在人之中或人与人关系之中的结构元素都会对社会发展起到一定的作用和影响。每个社会都有自己独特的行为规则和运行方式,并且它运行的模式应该符合该社会的核心关系结构。因此,不同社会的发展模式是不同的。

而恩格斯的重点却放在了经济决定论上,这与他的形而上学的唯物主义是紧密相连的。因此在历史的发展模式的原因分析上,他忽视了人、忽视了人的实践和人们之间的相互关系,只看到了物质性的决定力量。诺曼·莱文举例在《家庭、私有制和国家的起源》一书中,恩格斯证明社会的各种发展形式都是由经济决定的。例如,"婚姻的三种主要形式"完全符合"人类发展的三个主要阶段":蒙昧时期过部落游牧生活,实行群婚;野蛮时期从事畜牧业和农业,实行氏族制;文明时期发展了工艺技术,开始实行一夫一妻制。可见,人类社会关系中最核心的家庭形式是与人类生产能力的发展水平相适应的。国家也是由于经济发展到一定阶段,产生了私有制,产生了阶级,然后必然产生出来的。①

诺曼·莱文进一步指出,恩格斯所说的经济发展,其实常常指的是技术发展。"恩格斯把机器、社会生产能力当成一切社会中最重要的力量。当工具和社会的生产结构发生变化时,家庭形式必然随之变化。当技术和经济生产率经历不同的发展阶段时,社会形式和风俗习惯也必然

---

① Norman Levine, *The Tragic Deception*: *Marx Contra Engels*, Santa Barbara: Clio Press, 1975, pp. 158 – 159.

随之经历相应的单线发展阶段。"① 为了佐证恩格斯对技术之于历史发展重要性的强调，诺曼·莱文将恩格斯在《反杜林论》中所阐述的历史发展观，归纳为六点："（1）经济和社会发展必要的动因是技术变革；（2）技术变革按决定论的和必然的方式进行；（3）经济和社会变革平行于、适应于和决定于技术变革；（4）因为技术变革是决定论的和必然的，社会变革也一定是决定论的和必然的；（5）所有社会必须符合普遍、单线发展路线；（6）这些历史发展规律是物质世界的自然规律。"② 诺曼·莱文从这里总结出了恩格斯的经济、技术决定论思想。并且认为，恩格斯这样注重技术在历史中的作用，是他奉行实证主义的典型特征。

事实上，诺曼·莱文在这里主要是依托晚年马克思对社会发展观问题的论述与所谓的恩格斯的"经济决定论"进行对比，这也是目前国内外学界关于马克思恩格斯关系争论中的一个学术焦点。学者们所依据的首要"文本依据"，一是晚年马克思的《摩尔根〈古代社会〉一书摘要》；二是恩格斯的《家庭、私有制和国家的起源》。但是通过对《摩尔根〈古代社会〉一书摘要》与《古代社会》的文本研究可以看到诺曼·莱文的相关看法还是失之偏颇的。晚年马克思虽然强调不同的民族会有不同的发展道路，马克思的发展理论也确实是把重点放在了社会结构内部的变化上："马克思是一位辩证主义者。马克思主义所关注的是一种社会有机体特有的内部结构和存在于那个有机体中的反抗力量。"③ 但实际上，马克思一直坚信人类社会发展及人类社会形态更替是具有一

① Norman Levine, *The Tragic Deception：Marx Contra Engels*, Santa Barbara：Clio Press, 1975, p. 159.

② Norman Levine, *The Tragic Deception：Marx Contra Engels*, Santa Barbara：Clio Press, 1975, p. 159.

③ Norman Levine, "Anthropology in the thought of Marx and Engels", *Studies in Comparative Communism*, Vol. 6, No. 1 – 2, 1973, pp. 7 – 26.

定的客观趋势的。《摩尔根〈古代社会〉一书摘要》直接摘录了《古代社会》的原始社会史分期法，充分认可摩尔根以决定论为特征的人类史观及其关于人类社会发展客观规律的看法。① 所以，这里的关键是如何看待规律和具体道路之间的关系。不过诺曼·莱文在这里的解读主要是应对第二国际庸俗唯物主义的经济决定论。这种决定论并不是马克思、恩格斯指认的"经济必然性"，而是对所谓的经济因素做完全抽象的理解。这种庸俗唯物主义的经济决定论往往孤立地从历史发展的总体性运动中抽离出经济或某种物质的因素，并与人与人关系之中的其他结构元素，特别是主观因素抽象地对立起来。也就是说，庸俗的经济决定论不能辩证地理解经济因素与其他因素的关系。对此，恩格斯在 1890 年致约瑟夫.布洛赫的信中曾明确指出："根据唯物史观，历史过程中的决定性因素归根到底是现实生活的生产和再生产。无论马克思或我都从来没有肯定过比这更多的东西。如果有人在这里加以歪曲，说经济因素是唯一决定的因素，那么他就是把这个命题变成毫无内容的、抽象的、荒诞无稽的空话。"② 对此，我们看到，诺曼·莱文在解读的过程中，对恩格斯的评价直接等同于第二国际的庸俗唯物主义，有点言过其实。

因此，基于这种理论定向，在诺曼·莱文看来，人的实践、人的主动性对马克思来说不仅仅是其哲学的基础，同样也是其历史观的核心：人作为历史的主体，与现实相互影响以改变和重建现实社会生活。而对恩格斯来说，历史的主体是自然界或技术力量，或存在于人之外的某种更大的力量。产生行动的，做出决定的，总是存在于人之外的某种抽象的经济或自然力量。恩格斯的自然观和他的历史观极其相似：物质和运动这种完全超出人的控制的力量在自然界居统治地位；技术和经济这种

---

① 林锋：《〈摩尔根〈古代社会〉一书摘要〉社会发展观辨析——对诺曼·莱文相关观点的质疑》，《马克思主义与现实》2022 年第 6 期。
② 《马克思恩格斯文集》第 10 卷，人民出版社 2009 年版，第 591 页。

同样是超出人的控制的力量在社会中拥有绝对的决定权。在两种情况下，人首先是客体，首先是被告。所以诺曼·莱文强调，"恩格斯既不懂得黑格尔左派，也不懂得费尔巴哈哲学的自然主义基础。由于缺乏黑格尔把思想看作能动、批判的概念，缺乏费尔巴哈的世界是从异化的人类本质创造出来的概念，恩格斯就永远不能发展实践的思想。没有实践的概念，恩格斯就把历史看作是按照存在于人之外的规律展开的，而马克思把历史看作是按照人类劳动中固有的能力展开的。马克思主张内在性，而恩格斯主张流溢说"①。这也正好从反面再次论证了马克思的哲学人类学与恩格斯经济决定论之间的明显对立。

3. 对历史因果性概念的不同解释。通过上面的分析可以看到，诺曼·莱文透过马克思恩格斯对历史发展模式的不同解释再次领悟到了二者的哲学理论在历史领域中的差异性应用。不过，他不仅仅满足于用史料性的证据来强调马克思恩格斯历史观差异的根源。诺曼·莱文继续通过阐释二者对因果性概念的解析来深挖马克思和恩格斯在历史观上的对立。他指出，"恩格斯由于集中注意力于外在的东西，在人之外发生的力量，所以他只是按照物质的东西来判断构成原因的因素。在恩格斯看来，像亲属关系、社会风俗这种社会关系从来不是生产力，并不决定历史。生产力总是具体的物质的东西，如机器、货币、牲口、人口等。恩格斯总是把原因归结为物质的东西、具体的东西，从来不把它归结为人类相互关系的复杂组合。与他的实证主义相关联的是，他认为只有客体才有现实性。他对历史因果性的看法完全符合 19 世纪对因果性的实证主义解释。"② "对他来说，因果性是指必然的相继联系。这种观点是单

---

① Norman Levine, *The Tragic Deception*：*Marx Contra Engels*, Santa Barbara：Clio Press, 1975, p. 174.

② Norman Levinc, *The Tragic Deception*：*Marx Contra Engels*, Santa Barbara：Clio Press, 1975, p. 174.

线性和计算式的。因果性对恩格斯来说就是加法式的有顺序的关联。恩格斯采取单线的历史发展观是不足为奇的。如果解释意味着必然的相继关联，那么解释历史的方法就是通过必然的相继关联。恩格斯把历史看作是计算的加法式的、累积的顺序，资本主义紧接着封建主义，共产主义又紧接着资本主义。"①

不过，马克思对历史因果性概念的理解完全不同：因果性不是指单线发展的积累，而是同社会总体的内部结构有关的运动，大多数社会的发展道路会因为它们的内部结构不同而不同。或者换句话说，在诺曼·莱文看来，马克思视域下所谓的因果性指的是一种有特殊构造的社会结构所具有的运动、增长，一种黑格尔意义上的"关系"。而且这种关系指的是人与人之间的关系，或者是人与生产方式之间的关系。某种特殊的人类内部关系能够成为生产力，即能够改变和形成社会的结构。因此，诺曼·莱文在论述中不断强调："马克思认为，因果关系可以源于一种社会力量或特定形式的社会关系。关系类型、关系模式——即社会力量——可以给社会留下深刻印象，迫使社会朝着特定的方向发展。"②由于马克思总是按照一定社会的内在结构来考虑问题。每一个社会都是一个独特的整体，每一个社会机体都是由不同的内容构成的。因此，每一个社会总体会根据它本身的内在结构来进行活动。可见，马克思不是探索先后顺序，而是探索变化。他探索社会有机体的固有结构，这个结构中形式与内容的冲突以及这个总体由于其内在问题而发生的分裂。③

所以，由于马克思恩格斯对因果性概念的解释不同，也使得二者在

---

① Norman Levine, *The Tragic Deception: Marx Contra Engels*, Santa Barbara: Clio Press, 1975, p. 175.

② Norman Levine, "Anthropology in the thought of Marx and Engels", *Studies in Comparative Communism*, Vol. 6, No. 1 - 2, 1973, pp. 7 - 26.

③ Norman Levine, *The Tragic Deception: Marx Contra Engels*, Santa Barbara: Clio Press, 1975, pp. 175 - 176.

阐释历史发展道路模式时发生了分裂：一个是把社会力量和人类内部关系看作具有生产性的力量，也即是把人的相互关系、人的实践以及他所创造的社会形式、他生活在其中的社会风尚，看作生产性的重要力量。这种历史观是把注意力不仅集中在个人的实践上，而且集中在社会的实践上。而恩格斯则把历史变化看作经济发展的附带现象。他主要关心的是外在于人类劳动的因果因素，把历史看作由决定论的物质力量支配的，从而使他的唯物主义本质上变为一种唯心主义，同时也滑向了教条主义的陷阱。他用对经济学和技术的研究代替历史学，在恩格斯眼里，历史学不再是对独特的事物、多样性事物的研究，而是对经济资料的编辑。历史不是关于人类活动的传述，而是关于技术发明的描述。① 同时，诺曼·莱文还指出，恩格斯把技术发展看作历史中基本的决定因素，这并不意味着他不知道思想的因素或不知道社会的因素。而是他考虑了这些因素，并且估量了它们的分量。把重点放在物质的东西和工业发展上，是他经过考虑得出的结论。② 这也就是"恩格斯主义"的基本特征。

二 共产主义理论的对立：哲学人类学与工业清教主义

诺曼·莱文认为，马克思和恩格斯思想的分歧，最明显地表现在他们对共产主义的不同理解上。马克思所指认的共产主义社会不是物质力量高度发展的产物，而是个人力量的发展，是人向自身和社会的复归，因此是一种自然人道主义社会，它体现了哲学人类学的思想。恩格斯所指认的共产主义社会只考虑生产力的充分发展。这种社会的主要道德成

---

① Norman Levine, *The Tragic Deception*: *Marx Contra Engels*, Santa Barbara: Clio Press, 1975, p. 176.

② Norman Levine, *The Tragic Deception*: *Marx Contra Engels*, Santa Barbara: Clio Press, 1975, p. 177.

分是劳动伦理学，是披着工业生产力外衣的清教主义，二者的差异具体表现在：

1. 对人类学本质的不同理解。诺曼·莱文看到了马克思和恩格斯都从费尔巴哈那里吸收了思想，但吸收的层面却大不相同。马克思虽然批判费尔巴哈，却受到他的人类学人道主义的极大影响。他以人的本质为视角，将其作为判断任何社会经济形态的最终标准。因此，马克思的共产主义的定义是符合他的社会的人类中心的观点。那就是，在共产主义社会，"不存在任何不依赖于人而存在的东西"。马克思认为，共产主义是"交往形式本身的生产"。共产主义首先需要的不是技术、生产能力或系统分析，而是创造出人们能直接接近自己劳动条件的社会交往形式。共产主义意味着人能自由地使自己对象化，重新占有自己的活动，使自己的能力重新被确证，从而实现"个人本身力量的发展"。也就是"通过人并且为了人而对人的本质的真正占有"①；这是一个完全以人为中心的社会，在那里人能自由地接近自然界的和人的环境，因此能不断地确证自己的本质。② 诺曼·莱文还举例从巴黎手稿到经济学手稿，证明了马克思对共产主义的定义在本质上始终如一。对于成熟时期的马克思，虽然更少强调人的本质，但是依然保留了人能力发挥的核心，依然保留了社会必须适应和支持人类生活的内容，强调人类不是一个截肢了的存在，而是一个完整的存在。

显然，诺曼·莱文在这里对马克思的共产主义思想的论述完全是依据《手稿》中的观点来阐释的，即马克思所说的："这种共产主义，作为完成了的自然主义，等于人道主义，而作为完成了的人道主义，等于自然主义，它是人和自然之间、人和人之间的矛盾的真正解决，是存在

---

① 《马克思恩格斯文集》第 1 卷，人民出版社 2009 年版，第 185 页。

② Norman Levine, *The Tragic Deception*: *Marx Contra Engels*, Santa Barbara: Clio Press, 1975, pp. 35 - 36.

和本质、对象化和自我确证、自由和必然、个体和类之间的斗争的真正解决"①。

在诺曼·莱文看来，恩格斯与马克思正好相反，他完全忽视了费尔巴哈的类存在概念，总是从外部寻找一种物质的力量来解释人的发展。比如恩格斯对劳动的定义就不像马克思那样理解为一种人的实践活动，而是理解为"适应"（adaptation）自然环境。这一定义强调的是环境的主动性与选择性，暗示了对物种所有权的保护是自然或社会环境的重要功能，而这恰恰就弱化了人的主体地位。恩格斯走向的是达尔文主义，他把人仅仅看作生物进化的产物，并把达尔文主义嫁接到其社会主义理论之中。当他给共产主义下定义时，他没有涉及人类学的人道主义，而是从对劳动和生产率的考察出发，认为共产主义的实现完全取决于生产力的发展水平。只有当生产力已经成熟到足以满足全体社会成员的基本需要时，才有可能建立共产主义社会。因为只有当一切个人的基本需要得到满足时，他们才会克服固有的自私性，同意对工业进行合作管理。② 由于在共产主义阶段，生产力达到充分发展，每个人都能满足自己的需要，那里就不需要阶级，不需要为占有而进行斗争。③ 并且劳动分工被取消，人们不会被迫从事一种职业，而是每个人能从事多种职业。可以看到，这正是诺曼·莱文所谓马克思的"文化哲学"与恩格斯的"生产哲学"的对立。

2. 对共产主义组织结构的看法不同。诺曼·莱文通过讨论国家与社会的不同，进而指出，恩格斯并没有把国家看作一种异化的形式，他没有区分国家与社会，他把共产主义社会看成有严格组织的社会。那时

---

① 《马克思恩格斯文集》第 1 卷，人民出版社 2009 年版，第 185 页。

② Norman Levine, *The Tragic Deception*：*Marx Contra Engels*, Santa Barbara：Clio Press, 1975, p. 134.

③ Norman Levine, *The Tragic Deception*：*Marx Contra Engels*, Santa Barbara：Clio Press, 1975, pp. 219 – 220.

国家的政治职能将结束，但是社会调节、"对物的管理"，"对生产过程的指导"将继续存在。但是，恩格斯忽视了"对物的管理""对生产过程的指导"会像国家一样起支配作用，会具有压迫性和异化作用。① 而对马克思来说，国家代表了人类存在的异化，社会则代表了人类存在的自然主义中心，因此共产主义意味着社会的胜利。在共产主义社会中，政治生活附属于人类的社会生活或类存在。"马克思不要国家作为'一种具有自己的精神的、道德的、自由基础的独立本质'来行动，而要其'由一个站在社会之上的机关变成完全服从这个社会的机关'。这就是说，对马克思来说，共产主义意味着类生活和人类学生活成为政治生活，即自然人和政治人的一致与和谐。"②

3. 对共产主义生产分配原则看法的不同。在诺曼·莱文看来，恩格斯坚持的是庸俗化了的"平等主义"，这种共产主义理论是综合了圣西门的技术思想、巴贝夫的经济平均主义、赫斯的穷人掌握生产方式的信念。③ 在恩格斯的共产主义社会中，实行的是集中生产计划。因为生产由一个中心来组织时，生产率会大大提高，并且，生产和分配都是按合理的、精确的数字计算，按比例进行的，每个人必须按平等的劳动时间量劳动。中央生产计划表达可利用的劳动和必要劳动之间的比率。产品的分配可以根据同样的比率进行。科学的进步将使共产主义下的经济平等主义成为实现的可能。通过确定劳动，就能平等地分配生产劳动时间，平等地分配成为产品的劳动。恩格斯的绝对标准不是价值，而是劳动。经济的微分学能够在平等主义的基础上分配成为产

---

① Norman Levine, *The Tragic Deception*: *Marx Contra Engels*, Santa Barbara: Clio Press, 1975, p. 219.

② Norman Levine, *The Tragic Deception*: *Marx Contra Engels*, Santa Barbara: Clio Press, 1975, p. 220.

③ Norman Levine, *The Tragic Deception*: *Marx Contra Engels*, Santa Barbara: Clio Press, 1975, p. 126.

品的劳动总量，这可以防止对具体的个人或社会集团不均衡地分配成为产品的劳动。①

马克思对共产主义下的生产和分配的设想是："各尽所能，按需分配。"诺曼·莱文在《马克思对列宁的反叛》中对马克思的共产主义思想来源进行了更丰富、更详尽的梳理。并指认马克思的共产主义思想来源于"德国左派"和"雅各宾左派"的结合，是"启蒙左派"发展的高点，是"启蒙左派"在德国发展的产物。作为德国启蒙左派的一部分，马克思与他之前的启蒙左派有所不同，他发展完善了启蒙左派：就共产主义理论的分配原则而言，马克思的共产主义社会不代表平均主义；生产原则强调的是人的需求和能力的交互作用，而分配正义作为共产主义的本质原则，意味着生产力和产出都应按比例、相称地制定。②也就是说，马克思为生产和分配所确立的标准不是劳动的定量，而是与才能、天赋和需要有关。按照马克思的观点，一个人生产的东西符合他的才能，而他消费的东西符合他的需要。判断的标准是人的类存在。马克思认为，共产主义社会是根据人的自然需要和才能进行生产和分配的社会。马克思的经济学是以人为中心的，即人的自然主义本质决定生产和分配的过程和平衡。按照恩格斯的观点，共产主义下的生产和分配是按数字公式进行的。判断的标准不是人的类存在，而是保持代数式平衡的需要。恩格斯的经济学不是以人为中心，而是以数字为中心。③

4. 对自由和必然的看法不同。对于恩格斯来说，必然指的是不受人类意识控制的自然规律，例如资本主义仍然是必然王国，在那里自然

① Norman Levine, *The Tragic Deception*：*Marx Contra Engels*, Santa Barbara：Clio Press, 1975, pp. 223－224.

② Norman Levine, *Marx's Rebellion Against Lenin*, New York：Palgrave Macmillan, 2015, p. 159.

③ Norman Levine, *The Tragic Deception*：*Marx Contra Engels*, Santa Barbara：Clio Press, 1975, p. 224.

的和经济的规律不受人类意识的指导。在共产主义社会里，自然的和经济的规律仍然起作用，但是受人类的有意识控制，因此共产主义是人类的自由王国。恩格斯把自由理解为不受外部力量控制和主宰；自由是控制外部力量，不自由是被外部力量控制。马克思对自由的看法与其完全不同，他不是从外部来考察自由，而是从内部把自由看作人类按其本性规律活动的能力。①

因此，诺曼·莱文看来，在谈论共产主义理论的主题时，马克思依然是以其哲学人类学为中心，探讨的是个人和社会的和谐以及人类的幸福；恩格斯继续沿着其工业清教主义路径，谈论的是人对自然的控制以及技术进步带来的产量增长。这也是二者哲学思想差异在社会理论中最鲜明的表达。

不过诺曼·莱文进一步指出了造成这种差异的具体原因，即是在恩格斯的思想中没有对象化、异化、重新占有和自我确证这类构成马克思文化哲学的四大"黑格尔主义"概念。因此，诺曼·莱文通过考察马克思与恩格斯对这四大概念的运用或缺失，以揭示出二者之间在共产主义理论上有所区别的根源所在。

（1）对象化。诺曼·莱文指出，"对马克思来说，人们被迫使自己对象化。因此，他们是能动的。劳动是他们活动的一种方式。劳动是人的对象性自然本质和由人创造的对象性外部对象之间的一种中介形式。人所创造的对象符合人的类存在。人使自然人化，因为人本身的某种东西被注入到自然界提供给他的无知觉的物质中去了"。

"恩格斯没有类存在的概念，因此他得不出对象化的概念。既然恩格斯不承认人类学的人类本质，他也看不到由人改造的外部对象必须符合人的内部对象性的本质。对恩格斯来说，劳动不是能动的人类自然界

---

① Norman Levine, *The Tragic Deception*: *Marx Contra Engels*, Santa Barbara: Clio Press, 1975, p. 225.

与非能动的外部自然界之间的中介。恩格斯认为劳动是对物质的操纵。是为了控制物质，为了使物质为人类利益服务而了解物质的规律。马克思和恩格斯之间的差别在于，一个强调人与自然之间的相互渗透，而另一个强调人对自然的控制。马克思谈的是内在性，恩格斯谈的是科学上早熟的工厂经理。"[①]

（2）异化。"对马克思来说，异化意味着被创造的对象与人的对象性本质之间的分离，就是说，对象一旦被创造出来，它就回不到它的创造者那里去，就不被用来确证或补充人类学的本质。被创造出来的对象与人被迫分开，被一种异己的力量从人那里剥夺走。对马克思来说，共产主义意味着异化的结束，意味着人的对象化将回归到人那里，从而证实人的对象性力量。共产主义社会将是类存在的社会学意义上的肯定。"

"恩格斯没有异化的理论，因为他没有类存在的理论。因此，恩格斯简单地认为，在共产主义社会里，将要取代国家的经济管理将是自由的基础。只有国家带有压迫性，经济管理将会带来解放。恩格斯看不到产品管理本身会导致人的异化。因为恩格斯没有看到，国家以及每一件社会产品都是人类本质的对象化。他也没有看到，对经济生活的管理也会像资本主义社会产生异化一样产生剥削。例如，通过大大延长工作日来管理经济生活，无论是在恩格斯的共产主义社会中还是在资本主义制度下，都同样带有剥削性。恩格斯没有认识到，经济决定必须根据人类学的幸福主义标准才可以做出。"[②]

（3）重新占有。诺曼·莱文看到了重新占有概念在马克思的共产主义定义中的重要作用。"在共产主义社会中，人将重新占有他自己的

---

① Norman Levine, *The Tragic Deception*：*Marx Contra Engels*, Santa Barbara：Clio Press, 1975，p. 216.

② Norman Levine, *The Tragic Deception*：*Marx Contra Engels*, Santa Barbara：Clio Press, 1975，pp. 216 – 217.

对象化。重新占有在这个意义上意味着直接返回，或中介的完全缺失，复归到人的将不是物质的东西，将不仅是被创造对象的形式方面，而是内容。就是说，外部对象化中包含着人的天赋、才能、气质和欲望的那部分将立即展现在人的面前，让人去体验。在人的外部对象化中对人的内部客观内容的这种精神上和感觉上的体验，使得人肯定了自己；就是说，共产主义社会是一个自我肯定的社会。"

"恩格斯没有重新占有的概念。当恩格斯说到复归时，他只是指物质的东西。在恩格斯的共产主义社会中，复归到人的只是体现为物质对象的等量劳动。人的天赋、才能、气质、欲望不复归，只是一种东西，一种所有物复归。恩格斯把共产主义与物质的东西等同起来；马克思则把共产主义与人的本质等同起来。"①

其实这也就是暗指了恩格斯共产主义的重点在于物质的获得，且意味着共产主义仅仅是个增加的过程。生产力的不断增加将意味着必要劳动时间的相应减少，社会必要劳动时间的减少将意味着闲暇时间的增加，这样人将有更多的时间来做他喜欢做的事情。

（4）自我确证。诺曼·莱文继续谈到了自我确证概念在马克思的共产主义理论中的重要地位。他指出，"外部对象化对内部对象性本质的肯定确证了人的自身。这个自我的天赋、才能和欲望由这些天赋、才能和欲望在外部对象中的出现和力量所肯定。把自我作为表现，作为力量，作为一种生产力来体验，就是体验对自我的满足。共产主义社会由于使重新占有得以实现，也使自我确证得以实现，马克思关心的是内在的人，共产主义是和幸福主义联系在一起的"。

"恩格斯却没有自我确证的概念，他并不将自我完整性的寻找置于社会中，而是关心和致力于工业生产率。他所关心的不是一个因为能把

---

① Norman Levine, *The Tragic Deception*: *Marx Contra Engels*, Santa Barbara: Clio Press, 1975, p. 217.

自己表现出来而对自己表示满意的人，而是一个为了在浮士德式的统治自然的主题中生产丰富财富而勤劳、勇于负责的人。马克思的观点来自关于有机的、和谐的社会的古典理想。作为马克思背景的是希腊的城市国家的理想。作为恩格斯背景的是文艺复兴时期的炼丹魔术师的主题。"①

　　诺曼·莱文正是以上述四个概念作为中介，探索出了马克思与恩格斯共产主义理论中的区别。他认为马克思建构的才是一种真正的新型社会，是以人本质的复归为中心的社会；恩格斯谈到的共产主义却依然保留了资产阶级的因素，因为恩格斯总是谈到控制自然，谈到社会控制和理性的社会经济中心计划。所以，在诺曼·莱文看来恩格斯眼中的共产主义其实充斥着资产阶级的理想、价值观和伦理，而这将使资本主义得以继续存在。

第四节　革命理论策略的对立：
暴力革命与进化过渡

　　诺曼·莱文认为，马克思和恩格斯在哲学思想方面的差别比较明显，然而在实践方面，在党的工作和策略方面，他们的差别比较隐蔽，并且给人以观点一致的印象。诺曼·莱文在考察这个问题时，把策略划分为应用策略和理论策略两个方面。"应用策略指包含日常问题根据现实政治情况的决策，理论策略则指应用策略的完满完成，包含无产阶级运动的目标和最终结果。"② 诺曼·莱文指出马克思和恩格斯在应用策

---

① Norman Levine, *The Tragic Deception*: *Marx Contra Engels*, Santa Barbara: Clio Press, 1975, pp. 217–218.

② Norman Levine, *The Tragic Deception*: *Marx Contra Engels*, Santa Barbara: Clio Press, 1975, p. 180.

略的问题上有不少意见一致的地方，但在理论策略方面则很不一致。这里的不一致正好符合他们在哲学上、社会发展理论上的分歧：恩格斯的理论策略是他的单线历史发展观的补充，是受他的决定论的影响；马克思的理论策略则是对他的多线历史发展观的补充，是受他的辩证自然主义和实践理论的影响。因此，马克思认为共产主义社会的到来不是社会历史过程的自发结果，而是需要人的主动行动，需要通过暴力来夺取政权；恩格斯则认为共产主义是社会发展的必然趋势，资本主义生产方式的固有矛盾必然会造成工人的贫困化，造成不可调和的阶级斗争和经济危机，因此共产主义革命会自己到来，不需要由有觉悟的人们去进行。具体地来说，这种对立主要体现为二者对无产阶级运动形式的不同看法。

诺曼·莱文指出，马克思的哲学人类学必然会导致其在政治上的激进主义。虽然马克思拒斥了私有财产思想、拒斥了天赋人权与平等的哲学概念，批判了罗伯斯庇尔以及巴贝夫，通过创建一个完整的新的社会哲学以适应他的发展的共产主义理论，从而实现了对民主的超越。但在关于无产阶级的运动形式上、革命策略上，马克思遵循的依然是1789年的法国革命模式。诺曼·莱文认为，马克思把自己看成罗伯斯庇尔和巴贝夫的继承人。对马克思来说，革命意味着产生不同的文明，意味着深刻改变社会的结构。而要实现社会结构的彻底变革以及人类的彻底解放，这就需要使用暴力夺取政权，没有人的高度政治积极性是不可能的。"他从来没有指责过罗伯斯庇尔的恐怖政策，也从来没有指责过巴贝夫企图发动起义的行为。虽然马克思不同意罗伯斯庇尔的革命目标，但他认为罗伯斯庇尔为达到他的革命目标所采取的一切手段都是必要的和正确的。"① 也就是说，虽然雅各宾主义指向的并不是马克思所期望

① Norman Levine, *The Tragic Deception*: *Marx Contra Engels*, Santa Barbara: Clio Press, 1975, p. 45.

的共产主义，虽然罗伯斯庇尔并没有向左派走很远，但他无疑以一种激进的革命方式实现了它，而这正是使用暴力夺取政权的结果。马克思在策略思想上的雅各宾主义，不仅在其理论方面有所展现：从 1844 年的早期手稿到 1871 年的巴黎公社运动，马克思都表现出了其激进的社会变革的思想，他认为如果不使用政治上的暴力革命，是无法实现社会结构的变革和社会关系的总体转变的；而且在他对待当时许多政治事件的态度中也表现出来了：德国 1848—1849 年革命他积极参加了，法国 1848 年的六月起义他支持了，1871 年的巴黎公社起义他歌颂了。虽然马克思承认革命来自生产资料和生产方式的辩证对立，这是辩证的自然主义不可避免的原则，但归根到底这是由历史条件决定的，但是他反对历史决定论的机械观点，认为社会的历史不是抽象地、在人之外进行的。"共产主义社会的到来不会从历史过程中自行产生，作为主体的人不应该静止地等待社会力量本身产生出共产主义。"[①] 而且应该利用有利条件，发挥出自身的主观能动性，必须行动。"只有通过权力和武力的工具性才有可能促使和引发所期望的社会变革。因此，马克思认为夺取政权在任何革命中都十分必要，没有夺取政权，资产阶级不能取代贵族，工业主义不能取代土地平均主义，因为缺少对旧统治阶级的强迫，旧的生产方式不会让自身被取代。"[②]

诺曼·莱文在这里看到了马克思的革命行动策略依然是与其人道主义一脉相承的。因为，在马克思那里人的潜能是可以被实现的，并且这种潜能的释放在现有社会的彻底转变过程中可以引发社会条件的变革。而这恰恰表明了马克思的人道主义具有内在的革命性。实践在马克思的

---

① 杜章智：《马克思与恩格斯的比较——莱文的〈可悲的骗局：马克思反对恩格斯〉一书的主要观点摘编》．《马列著作编译资料》1981 年第 14 期。

② Norman Levine, *The Tragic Deception*：*Marx Contra Engels*, Santa Barbara：Clio Press, 1975, p. 45.

哲学中始终处于核心地位，而他的社会革命和政治暴力理论就是对其哲学人类学的实践学说的补充和扩展。

对恩格斯来说，有关无产阶级运动的形式，在诺曼·莱文看来却刚好相反：共产主义革命会自己产生，而不必由有觉悟的人们去进行。由于在民族、全球性维度中，资本主义的生产模式是无计划、无组织和无政府主义的，所以必然会引起生产过剩，引发经济危机。而且恩格斯又总是富于浪漫地来看待穷人，认为共产主义革命就是穷人的革命，无产阶级就是穷人。所以，在这种经济萧条和大变动的情境下，由于劳动人民不断地贫困化，痛苦和不幸将激发出他们的反叛，社会主义革命会自动生发出来。①

诺曼·莱文指出，虽然恩格斯根据当时的社会经济状况，以及富人不愿意自动放弃他们的特权即生产资料所有权来判断，共产主义革命必然是暴力的。而且恩格斯在理论上也一直坚持革命斗争。然而，从1871年之后恩格斯实际做的事情来看，他是放弃了暴力革命的主张。因此，诺曼·莱文认为恩格斯应该对第二国际的修正主义负主要的责任，他为渐进主义和非革命政策提供了支持和鼓励。在1848年和1871年的革命中，无产阶级运动受到了很大的挫折，当19世纪80年代社会主义运动重新开始蓬勃发展的时候，恩格斯变得特别小心。他首先关心的是要避免任何能危害无产阶级运动不断发展的行动。恩格斯对1871年以后的革命形势有这样几点估计："（1）武装起义过时了；（2）应该避免战争；（3）资产阶级共和国是革命能够向左发展的最好政治环境；（4）独立的无产阶级政党必须建立；（5）民族国家的领土结构是爆发无产阶级革命的必要因素；（6）必须考虑到俄国的革命潜力和反动潜力。"② 恩

① Norman Levine, *The Tragic Deception*: *Marx Contra Engels*, Santa Barbara: Clio Press, 1975, p. 182.

② Norman Levine, *The Tragic Deception*: *Marx Contra Engels*, Santa Barbara: Clio Press, 1975, p. 183.

格斯还提出，无产阶级斗争的新方法是通过议会选举。总之，恩格斯认为的过去无产阶级运动使用过的两种革命工具，城市武装起义和革命战争，对19世纪末期的情况来说都不再适用了。选举权的传播开启了无产阶级斗争的新形式。① 无产阶级政党要发展，必须采取议会主义政策，争取群众，争取选票。诺曼·莱文通过对共产主义运动史的考察，得出了其结论："即不管恩格斯在哲学上和理论上怎么论述，他在这样做的时候，实际上是放弃了无产阶级革命的思想，采取了不革命的进化主义和渐进主义的政策……所以应该把恩格斯称作'第一个修正主义者'。"②

正如马克思在革命策略上的态度是与其哲学人类学以及历史发展理论相联系的。诺曼·莱文也指出，恩格斯在策略上的渐进主义同样也是和他哲学思想上的经济决定论和单线历史发展论一致的。恩格斯确信，社会发展的规律像物质世界的规律一样坚定不移、一样必然，社会的发展与经济的发展是始终同步的。随着技术的进步，社会必将按照历史发展的单一路线从原始社会到封建社会，再到资本主义社会，最后进入共产主义社会。这样一来无产阶级方面的主动行动就显得多余了。因此，诺曼·莱文认为，庸俗的马克思主义就取代了有生命力的、有创造性的马克思主义，社会决定论取代了觉悟。③

综上所述，诺曼·莱文通过深入梳理马克思、恩格斯在哲学素养、哲学基础、哲学理论、经济理论、社会发展理论、共产主义理论以及革命理论策略这七个方面的差异或对立，得出了结论："马克思是自然主

---

① Norman Levine, *The Tragic Deception*：*Marx Contra Engels*, Santa Barbara：Clio Press, 1975, p. 184.

② 杜章智：《马克思与恩格斯的比较——莱文的〈可悲的骗局：马克思反对恩格斯〉一书的主要观点摘编》，《马列著作编译资料》1981年第14期。

③ Norman Levine, *The Tragic Deception*：*Marx Contra Engels*, Santa Barbara：Clio Press, 1975, p. 209.

义的人道主义者，主张否定的实践；恩格斯则是主张以社会主义生产率名目出现的机械唯物主义、社会实证论，推崇工具理性和清教职业伦理。"① 因此，马克思与恩格斯的思想是一种全面的对立，恩格斯是马克思逝世后的"第一个修正主义者"。尽管这些看法存在不少误解，很多地方也具有值得商榷之处，但同时也提出了许多需要进一步思考和解答的问题。

① 王凤才、袁芃：《MEGA² 中的马克思恩格斯关系问题》，《探索与争鸣》2016 年第 2 期。

第三章

辩证法的困惑：自然还是人？①

　　中国学界长期以来对诺曼·莱文的认识，主要还是集中在他一贯强调的"马克思恩格斯对立论"上。然而，马克思与黑格尔的关系问题不仅仅是以卢卡奇为代表的西方马克思主义哲学家开出的理论传统，也一直是西方马克思学研究的关键问题之一，无论是单纯地谈论马克思与黑格尔之间的连续性、马克思对黑格尔的"误读"或是讨论"两个马克思"问题，抑或探讨马克思恩格斯关系问题都不可回避马克思与黑格尔的关系问题。诺曼·莱文作为今天被学术界称为"新黑格尔主义马克思主义学派"②的重要代表，作为一名深受卢卡奇、马尔库塞以及西方马克思学家重要影响的学者，继续了他们遗留下来的研究传统：主张"回到黑格尔"的原则，实现对马克思哲学的重新解释，对马克思和黑格尔以及恩格斯与黑格尔的哲学关系做出了深入细致的考察，并由此而

---

　　①　本章中的译文部分参考了［美］诺曼·莱文《辩证法内部对话》，张翼星等译，云南人民出版社1997年版的内容。

　　②　所谓新黑格尔主义的马克思主义，是对英美一些以黑格尔哲学为支点来考察马克思主义哲学理论的学者的总体称谓，主要代表人物包括美国的诺曼·莱文（Norman Levine）、托尼·史密斯（Tony Smith）以及英国的克里斯多弗·亚瑟（Christopher Arthur）、肖恩·塞耶斯（Sean Sayers）等。他们的思想以及关注的问题虽然有所差异，但在基本的学术方向上却是完全一致的，都是将黑格尔或黑格尔主义放置于马克思主义的场域当中，都是以承接西方马克思主义的传统为起点，进而以此为基础去研究马克思主义哲学的实质、内涵以及特征等等。

形成了一条新的马克思哲学的阐释路径，并且这一路径也加深和强化了其"马克思恩格斯对立论"。诺曼·莱文的这一路向主要集中在他的以下几本著作：《辩证法内部对话》《马克思方法的黑格尔主义基础》以及《马克思与黑格尔的对话》。这些著作不仅涉及恩格斯以及第二、第三国际对马克思思想的误读，而且"涉及到如何看待马克思思想的黑格尔起源以及如何评价德国古典哲学特别是黑格尔哲学的思想遗产问题，更深层地看，则又涉及到如何理解马克思思想的实质以及如何发展马克思主义的问题。"① 所以，对诺曼·莱文这几部著作的学术观点进行辨析和梳理，对我们当今的马克思主义研究无疑具有基础性的学术意义。接下来的两章内容，笔者将按诺曼·莱文著作对其思想进行梳理与剖析。本章主要是对其《辩证法内部对话》的相关内容进行解读。

《辩证法内部对话》作为诺曼·莱文探讨马克思恩格斯关系的第二本重要著作，它不仅沿袭了《悲剧性的骗局：马克思反对恩格斯》中区分马克思主义的思维模式与恩格斯主义思维模式的路径，又不同于那本书的观点。在此书中，诺曼·莱文可谓完全以辩证法为其思想引入的切入口，将马克思辩证法与黑格尔辩证法的勾连以及恩格斯辩证法对黑格尔辩证法的歪曲作为其研究的重心，更深层次也更为具体地探讨了马克思与恩格斯之间的本质区分：他把马克思的辩证法界定为"作为社会分析的方法和作为人类行动指南"②，认为它是"马克思整个体系中最重要的方面"③，马克思创立的是历史唯物主义；恩格斯则将历史唯物主义以及马克思的立场转化为一种可用于同时解释社会和自然的辩证唯

---

① 李佃来：《马克思与黑格尔思想因缘的再考证——诺曼·莱文解读马克思哲学的理论定向》，《武汉大学学报》（人文社会科学版）2010年第2期。

② Norman Levine, *Dialogue Within the Dialectic*, London：George Allen&Unwin, 1984, p. 1.

③ Norman Levine, *Dialogue Within the Dialectic*, London：George Allen&Unwin, 1984, p. 1.

物主义。除此之外，该书还着重分析了这种差异和分歧的由来、方法论基础，并力图通过描绘马克思辩证法与黑格尔哲学的真实关系，描绘历史唯物主义与辩证唯物主义两种辩证法的不同阐释在 20 世纪历史中的命运①，再次论证以往的一个重要论断即："马克思反对恩格斯"。

诺曼·莱文认为马克思和恩格斯在创立和系统化马克思主义哲学时，就出现了重大分歧。这些分歧一直持续到恩格斯逝世后，延续到列宁主义和毛泽东思想的发展过程之中。因此，应该恢复马克思主义哲学的本来面目。由于本书主要是围绕诺曼·莱文视域中的马克思与恩格斯的关系研究，因此其对列宁、毛泽东的辩证法发展的考察，本书将不做赘述，而是从马克思的历史唯物主义与恩格斯的辩证唯物主义的对立入手围绕以下几个问题展开：

第一节　辩证法的实质

正如前文所述，卢卡奇在《历史与阶级意识》中曾经探讨过"什么是正统马克思主义"的问题，而这一"正统"指的就是其方法：辩证法。辩证法的实质在于改变现实。马尔库塞更是以突出人的主体地位为名，把辩证法限制在了社会历史领域。诺曼·莱文显然延续了他们的思路以阐释其对辩证法问题的思考。

诺曼·莱文在《辩证法内部对话·前言》中就开宗明义地讲出了此书的主题是以黑格尔为主线来探讨从马克思到毛泽东的辩证法思想的历史、试图找出辩证法在马克思那里的本来意义，而且描述别人是如何歪曲他的基本思想的。并强调指出辩证法是理解整个马克思主义的轴

---

① 张翼星：《〈辩证法内部对话〉翻译、出版的缘由》，《北京大学学报》（哲学社会科学版）1997 年第 4 期。

心，是马克思整个体系中最重要的方面。①

诺曼·莱文不是从马克思和恩格斯的理论分工，而是从二者对相关概念上的理解差异来考察这个问题的。而概念上的差异，最明显的就表现在二者对辩证法的理解不同。在诺曼·莱文看来，马克思的辩证法是社会分析的方法和人类行动的指南，这样辩证法就只存在于社会历史领域并与人类的实践活动紧密相连。可以看到，诺曼·莱文对马克思辩证法的解读，很显然是借鉴了马尔库塞解析辩证法的观点：辩证法不能既存在于人类社会又存在于自然界。如果辩证法可以存在于一切领域，那么就会导致承认类似绝对精神那样的绝对"实体—主体"的存在，势必会取消真正的"实体—主体"——人的主体地位。这也与诺曼·莱文所指认的马克思的哲学人类学背景是相通的。恩格斯则把辩证法与自然界融为一体，认为辩证法是在物质世界中产生的，这样，恩格斯所创立的辩证唯物主义便不仅是一个本体论的体系，而且是一个"还原"体系。这种体系在创立初期，就遇到反对的浪潮："第一次出现在1897—1914年，在这次浪潮中有三个主要的反对学派：新康德主义、生机论派和黑格尔派。"② "第二次反对浪潮跨越两次世界大战，其中1923—1939年的主要学派是黑格尔派（卢卡奇、柯尔施、葛兰西）。"③ 这些学派虽然有着巨大的差异，但他们在两个关键的问题上却是一致的："一是他们都否认辩证唯物主义是马克思的本质观点，都肯定历史唯物主义是马克思主义的核心；二是他们都拒绝承认唯物主义和物理学之间的联系，而重申并强调思维的活动和力量。"④ 也就是说，他们都

---

① Norman Levine, *Dialogue Within the Dialectic*, London: George Allen&Unwin, 1984, p. 1.

② Norman Levine, *Dialogue Within the Dialectic*, London: George Allen&Unwin, 1984, p. 26.

③ Norman Levine, *Dialogue Within the Dialectic*, London: George Allen&Unwin, 1984, p. 27.

④ Norman Levine. *Dialogue Within the Dialectic*, London: George Allen&Unwin, 1984, p. 27.

指出了恩格斯在创立辩证唯物主义时，偏离了马克思的意图和精神。

诺曼·莱文在解读马克思与恩格斯辩证法分歧的原因时，发挥了其"新黑格尔主义马克思主义学派"的优势，采取了"以黑释马"的方式。他认为正是由于马克思、恩格斯对黑格尔的辩证法采取了不同的改变方式从而导致了二者的巨大差异。黑格尔的辩证法众所周知是建立在唯心主义基础上的。"在哲学史上，哲学家们总是试图从其他科学去寻找方法。斯宾诺莎、笛卡尔、莱布尼兹、沃尔夫等人都曾从数学中去寻找建立哲学体系的方法。黑格尔认为这是找错了路子，因为哲学所研究的正是数学中不证自明的前提。因此，黑格尔提出，哲学的方法应当是自己的方法……这种方法不是外在于绝对理念的附加物，而是绝对理念自身所具有的规定性，即思维自己构成自己的方法。"① 也就是绝对理念自我发展的绝对方法，是思维自己运动、自己展开、自己发展的过程。因此，他把一切现实的事物本质归结为概念，然后用概念的联系说明事物的联系。这也就是马克思在《手稿》中批判黑格尔的辩证法时所强调的"以纯粹的思辨的思想开始，而以绝对知识，以自我意识的、理解自身的哲学的或绝对的即超人的抽象精神结束，所以整整一部《哲学全书》不过是哲学精神的展开本质，是哲学精神的自我对象化；而哲学精神不过是在它的自我异化内部通过思维方式即通过抽象方式来理解自身的、异化的世界精神"②。

马克思对黑格尔的这种完全在精神领域展开的概念辩证法进行了批判和改造，但这种改造不是用抽象的物质客体去代替思想客体，而是以活生生的人的实践活动置换了黑格尔的精神劳动，无论是"现实事物"，还是"物质的东西"，不应该是抽象的自然或物质，而是作为对象性的东西纳入人的实践活动中的，尤其是生产劳动中的。可以看到，

① 孙正聿：《辩证法研究（上）》，吉林人民出版社 2007 年版，第 136 页。
② 《马克思恩格斯文集》第 1 卷，人民出版社 2009 年版，第 202 页。

正如诺曼·莱文指出的，马克思虽然丢弃了黑格尔的唯心主义，但依然继承了其辩证法本质，把辩证法看作历史性观点，把黑格尔意义上的否定看作一种能动的创造活动和自我实现的活动。因此，辩证法不是用来界定自然本身的辩证特性的，而是通过这种方法了解依附于思想的力量和独立于思想的力量之间的交互作用，它是用来分析和解释人生活在其中的社会的经济构成。诺曼·莱文把它誉为："作为社会分析的方法和作为人类行动的指南。"作为社会分析的方法，辩证法把特定的社会经济构成的功能解释为其整体结构与单个不协调性领域之间的矛盾。马克思把总体性与特殊性之间的冲突转化为生产方式与生产资料之间的冲突；作为人类行动指南的辩证法，马克思主义得以和作为自然的辩证法的马克思主义区分开来。诺曼·莱文强调，"马克思也使辩证法物质化，但他运用的是与自然的哲学非常不同的方式（笔者注：黑格尔曾经区分过'自然哲学'The philosophy of nature 和'自然的哲学'natural philosophy：自然哲学主要涉及自然的逻辑观念，而自然的哲学则是以物理学或物质客体的量化为基础的，黑格尔寻求的正是物理学与自然哲学的分离）……对马克思来说，占统治地位的科学不是数学、不是物理学，而是 18 世纪的比较社会学和环境主义，或者是对不同社会结构以及这些社会结构如何产生社会先验或社会范畴的研究，通过这些范畴，我们对自然和历史的考察才得以过滤"①。也就是说马克思的辩证法是从社会关系和人类实践活动出发，"按照这一视角，马克思既改变了又继续了黑格尔的传统。他改变了黑格尔辩证法的唯心主义基础，但保留了黑格尔对作为结构和关系的辩证法的理解。黑格尔的结构是逻辑的结构，而马克思的结构是社会的结构"②。

---

① Norman Levine, *Dialogue Within the Dialectic*, London：George Allen&Unwin, 1984, pp. 105 – 106.

② Norman Levine, *Dialogue Within the Dialectic*, London：George Allen&Unwin, 1984, p. 106.

　　恩格斯则站在以全面误读黑格尔以及马克思与黑格尔的关系的基础上，将辩证法运用到了另一条路径，即关于"自然的哲学"上，也就是说，基于一种以物理学或物质客体的量化为基础的自然本体论原则，把辩证法归源于自然界。具体来说，诺曼·莱文认为，黑格尔对恩格斯的影响，可分为三个主要方面："一是恩格斯吸取了黑格尔辩证法的三个规律即量转化为质的规律，对立面相互渗透的规律，以及否定之否定的规律；二是恩格斯也吸收了黑格尔的《自然哲学》的层次结构，即把自然界分为机械性、物理性（化学）和有机性三个领域；三是恩格斯求助于黑格尔的《逻辑学》作为他抨击机械唯物论和还原的经验主义的确证。"① 然而，恩格斯却将自然科学与黑格尔的辩证法进行了综合，对三大规律进行了错误的解读与运用，把黑格尔的辩证方法转化为一种自然的哲学，进而又以自然的哲学方式将辩证法具体界定为客观事物的关系、规律与法则。一是对否定之否定规律的解读。诺曼·莱文指出，对于黑格尔来说，否定的概念至少有两种不同的方式：①限制（limitation）或排斥（exclusion）。在这一种方式上，斯宾诺莎是黑格尔思考的来源。黑格尔关心的是质的存在：为了存在，一个事物就必须是它自身而不是别的东西。因此，否定是一个事物由以建立其质的方法。②扬弃（Aufhebung）或超越（transcendence）。诺曼·莱文在这里说明的是，恩格斯误解了黑格尔。因为，在这层意义上，黑格尔的否定原本指向思维和存在分离与重新统一的辩证法。然而，恩格斯将否定概念模糊地定义为两个客观事物之间差异、对立或冲突，这样的差异、对立或冲突，是不依赖主体意志产生的，也不会依赖主体的意志而消灭。二是对对立面的相互渗透的解读。诺曼·莱文通过引用恩格斯在《反杜林论》中的相关论述说明恩格斯在讲对立面的相互渗透规律时主要是取自

---

① Norman Levine, *Dialogue Within the Dialectic*, London：George Allen&Unwin, 1984, p. 81.

物理学的例证。而黑格尔的对立和矛盾的思想主要是在两个层次上运用的：反思的层次（客观逻辑）以及概念的层次。在前者的层次上，对立和矛盾作为现象的根据起作用。而在后者的层次上，对立和矛盾则涉及由主观性用来在现象中做出区分的逻辑工具。在客观逻辑中，为了产生现象而要求对立和矛盾，在主观逻辑中，为了意识能把差别引入外部世界，也需要对立和矛盾。本质论主要研究的是同一性的建构而不是像恩格斯解释的那样是对同一性的否定。三是对量转化为质的解读。诺曼·莱文强调恩格斯把量转化为质的规律，定义为物质和运动的量的增加或减少引起质的变化的过程。而在黑格尔那里，只有在极为有限的范围内有度的关系的情况下，才发生量向质的转化。在生物学领域、力学领域、空间领域以及时间领域都不发生量到质的变化。而恩格斯把从量到质的转化弄成了一个普遍的规律，适用于自然和社会的每个单一的领域。

所以，恩格斯对黑格尔辩证法的解读完全是歪曲和毁灭性的。诺曼·莱文由此区分了两个"黑格尔"："恩格斯的黑格尔"和"自为的黑格尔"。在"恩格斯的黑格尔"那里辩证法最初是在自然和社会中起作用的，并且形成了恩格斯关于自然的哲学、科学哲学、认识论以及他的唯物主义的核心。而在"自为的黑格尔"那里，辩证法是出现于普遍与特殊、主词与谓词之间的矛盾，"辩证法是一个引向自我规定的过程，当意识反思它自身的活动，当它认识到使个别完全符合普遍的不断失败时，它便逐渐意识到概念的重要性，从而意识到它自身规定世界的力量"①。而恩格斯则在很大程度上是按照过程和流动来理解辩证法的。他修改了黑格尔的辩证法，基本上"认为辩证法是一个必然的过程。由于他把辩证法理解为既是历史又是自然的基本规律，他便认为，用一种

① Norman Levine, *Dialogue Within the Dialectic*, London：George Allen&Unwin, 1984, p. 83.

决定论和必然论模式的观点去说明自然和历史的过程，乃是恰当的"①。

因此，诺曼·莱文指出"恩格斯的黑格尔"与"自为的黑格尔"是格格不入的：一是"黑格尔虽然完善了辩证法哲学，但绝没有断言自然遵循辩证法的原则运行"②。辩证法在黑格尔那里只在三个领域中起作用：即客观性层次、主观性层次以及主观活动的层次，"他从来都没有将否定、矛盾和质量互变规律应用到自然界"③。二是"虽然黑格尔《哲学全书》的第二卷是《自然哲学》，但黑格尔对宇宙的大量研究绝没有断言自然的运行是遵循这三条法则的"④。诺曼·莱文分析道，黑格尔在《自然哲学》中对自然的划分是模仿一种三段论的形式。自然的整个三段论的运动，可以按亚里士多德的意思描述为从潜在性到现实性的运动。精神是潜在的自我意识，为了变成现实的自我意识，它需要一个中介的客体：自然。所以说，黑格尔的辩证的自然观其实是根植于一种概念的基础。"对于黑格尔来说，自然是辩证的，不是因为辩证法处于自然中，而是因为自然处于辩证法中。自然是辩证的，因为它必须适合于宇宙的先在的逻辑结构。"⑤ 或者套用黑格尔的话，"自然界是自我异化的精神"⑥，理念为了实现自己就必然要扬弃自身的抽象性而异化为自己的对立面——自然界。因此，自然界在黑格尔那里，只是其概念辩证法运动过程中的一个必要环节，是理念的派生物，它为隐藏于其

---

① Norman Levine, *Dialogue Within the Dialectic*, London：George Allen&Unwin, 1984, p. 83.

② ［美］诺曼·莱文：《论恩格斯、列宁和斯大林对马克思思想的解读——以"辩证唯物主义为例"》，李紫娟、刘娟译，《江海学刊》2013 年第 4 期。

③ ［美］诺曼·莱文：《论恩格斯、列宁和斯大林对马克思思想的解读——以"辩证唯物主义为例"》，李紫娟、刘娟译，《江海学刊》2013 年第 4 期。

④ ［美］诺曼·莱文：《论恩格斯、列宁和斯大林对马克思思想的解读——以"辩证唯物主义为例"》，李紫娟、刘娟译，《江海学刊》2013 年第 4 期。

⑤ Norman Levine, *Dialogue Within the Dialectic*, London：George Allen&Unwin, 1984, p. 104.

⑥ ［德］黑格尔：《自然哲学》，梁志学等译，商务印书馆 1980 年版，第 21 页。

中的理念所主宰。接下来，诺曼·莱文便明确地指出了恩格斯对黑格尔思想的歪曲："恩格斯的谬误根源于恩格斯把辩证法内在化。黑格尔理解为精神的目的论发展的东西，恩格斯把它转化为发生在物质客体内部的度量的变化。黑格尔关心逻辑结构，关心通过总体内部关系达到的意义，恩格斯则关心度量，关心通过量的规定达到的意义。而且，恩格斯的谬误是去掉了黑格尔的辩证法的主观因素。因为黑格尔那里的辩证法离不开概念，为了使概念外在化，需要某种主观的力量。然而，在恩格斯的颠倒中，由于变化是按度量来说明的，主观的力量就不需要了。"[①] 也就是说，在诺曼·莱文看来，恩格斯实际上误读了黑格尔的思想，在某种程度上，他甚至于分化且扭曲了黑格尔的思想。他忽视了黑格尔对"自然哲学"与"自然的哲学"的区分，把物理学作为他的辩证法的实体，正是他的物质化形式使辩证法以可量化的变化形式深入到物质内部，这种颠倒的形式导致了自然的哲学。[②] 而这一颠倒和扭曲的逻辑后果，便是对马克思思想的曲解。如果说马克思是将自己的哲学置于黑格尔开创的哲学传统中，那么恩格斯无疑是曲解并偏离了这一哲学传统。

诺曼·莱文在这里看到，虽然马克思恩格斯在对待物质世界上都持一种实在论的观点，即自然界不依靠心灵而存在，都对黑格尔的辩证法进行了解读与改造。但是，问题在于，恩格斯把他的实在论贯彻为一种关于自然的哲学。在这里，精神或主观的能动性是以控制的形式游离于客体之外的，而不是以渗透的方式介入外部世界。马克思则正确地继承了黑格尔辩证法的实质。但这并不是说，马克思对自然界没有辩证法的思想，而是像黑格尔一样，马克思不认为自然规律本身是辩证的，而是

[①] Norman Levine, *Dialogue Within the Dialectic*, London：George Allen&Unwin, 1984, p. 104.

[②] Norman Levine, *Dialogue Within the Dialectic*, London：George Allen&Unwin, 1984, p. 105.

认为应该用辩证法的观点看待自然界的发展变化。马克思将辩证法始终看作一个过程，在这个过程中概念的框架吸收物质性，也即是说马克思的辩证法并不单纯考虑无人参与的纯粹自然客体世界，他认为历史或社会中的一切自然、实体都会被加以人化。因此，辩证法只能运用于解释人类社会的性质。而恩格斯则将目光集中于自然的形而上学方面，他认为辩证法是可以单纯地置于无人参与的纯粹自然客体领域，认为自然辩证法之所以存在，是因为其独立于思想之外的领域本身按照辩证法规律运转。通过对辩证法实质的探讨，诺曼·莱文又一次强化了他所谓"马克思主义区分于恩格斯主义"的观点。正如他在《辩证法内部对话·前言》中说的："把作为行动的辩证法的马克思主义和作为自然辩证法的马克思主义区分开来的做法，不可避免地引出了把马克思和恩格斯分开的问题。"①

可以看出，这种从辩证法角度来解读马克思恩格斯之间的差异是西方马克思主义的共同倾向。他们主要针对的是在当代国际社会主义实践中，由于过分强调辩证法规律的普适性，有导致辩证法运用上的简单化、庸俗化倾向；由于过分强调辩证法理论的完整性和程式化，有导致辩证法内容贫乏和格局停滞的倾向。② 因此，诺曼·莱文以及西方马克思主义者关于辩证法性质、功能的阐释，是值得我们参考和借鉴的。

但问题的关键是，诺曼·莱文对恩格斯辩证法的文本解读是否忽视了当时的现实和政治背景？众所周知，恩格斯作为国际工人运动的领袖，在其《自然辩证法》《反杜林论》以及《路德维希·费尔巴哈和德国古典哲学的终结》中均对辩证法做了大量的深刻的阐述。但这三部著

---

① Norman Levine, *Dialogue Within the Dialectic*, London: George Allen&Unwin, 1984, p. 2.

② 张翼星：《〈辩证法内部对话〉评析》，《马克思主义与现实》1999 年第 2 期。

作的撰写并不单纯只是理论的需要，也是出于现实的革命斗争的需要。马克思恩格斯在创立和传播他们的"新世界观"，给国际工人运动提供理论指导的过程中，招致了形形色色的冒牌社会主义理论的干扰和攻击。特别是进入 19 世纪 70 年代以来，各种主义纷纷向资产阶级妥协，走向资本主义社会的改良之路。在这一背景下，恩格斯扛起了捍卫马克思主义学说的大旗，不仅积极同各种错误思潮进行论战，而且面对资本主义发展的新变化，还需进一步阐释和发展马克思主义理论体系。正如恩格斯在由《反杜林论》摘取而编写成的《社会主义从空想到科学的发展》的 1882 年德文版序言中专门指出："为什么在社会主义发展史的简述中提到康德—拉普拉斯的天体演化学，提到现代自然科学和达尔文，提到德国的古典哲学和黑格尔。但是，科学社会主义本质上就是德国的产物，而且也只能产生在古典哲学还生气勃勃地保存着自觉的辩证法传统的国家，即在德国。唯物主义历史观及其在现代的无产阶级和资产阶级之间的阶级斗争上的特别应用，只有借助辩证法才有可能。德国资产阶级的学究们已经把关于德国伟大的哲学家及其创立的辩证法的记忆淹没在一种无聊的折中主义的泥沼里，这甚至使我们不得不援引现代自然科学来证明辩证法在现实中已得到证实，而我们德国社会主义者却以我们不仅继承了圣西门、傅立叶和欧文，而且继承了康德、费希特和黑格尔而感到骄傲。"①

土耳其青年学者 K. 康加恩（Kaan Kangal）基于 MEGA^2 的研究写作了《恩格斯与〈自然辩证法〉一书》，特别是还用较大篇幅分析了恩格斯撰写《自然辩证法》的政治哲学意图：一是为了回应政治行动者们（工人和知识分子）以及社会和自然科学家们对未被承认的哲学理论的依赖。为了这个目的，恩格斯提出自发接受一种（哲学）理论，

---

① 《马克思恩格斯选集》第 3 卷，人民出版社 2012 年版，第 746—747 页。

其任务是首先阐明其自身的起源、构成要素和应用条件。把工人阶级从一个从属于经济剥削和意识形态政治统治的纯粹理论接受者，转变成一个积极的政治主体，以期争取一切（潜在的）进步力量；二是为了反击当时在自然科学家中流行的反哲学倾向，由此揭示辩证法是当今自然科学中最重要的思维形式，它提供了自然界中发生的进化过程、一般的相互联系以及从一个研究领域到另一个研究领域的过渡的类比，从而提供了科学的解释方法；也就是说，恩格斯试图提供一个合理的解释，辩证法应是描述、解释和预测发展形式的客观和主观条件，在这些条件下，自然科学的社会和历史功能发生了不断地变化；三是为了彻底批判长期占据主导地位的形而上学思维方式，科学阐明马克思的唯物主义观点，这就要求对黑格尔的辩证法进行改造和调整，并引导人们增加对科学知识特别是自然科学的兴趣；四是为了证明黑格尔的辩证法未能经受住自然科学的检验，他不承认自然进化是科学事实，既肯定了自然界的发展，也否认了自然界的发展。因此，迈向马克思主义哲学的重要步骤就是要对黑格尔的辩证法采取批判地采纳和修正，也即是扬弃。① 因此，从这些阐述中，我们应该可以看到，如果说诺曼·莱文对于马克思恩格斯在辩证法方面的对立所批判的文本主要依托的是《自然辩证法》《反杜林论》以及《路德维希·费尔巴哈和德国古典哲学的终结》，那么，我们在进行文本比较、阐释或解读的过程中，也需要考虑这些著作的写作背景或现实的需要，应该将其放到整个国际共产主义运动和马克思主义整个理论体系之中来加以评价，才能使我们的学术观点更加地客观、科学。

---

① Kaan Kangal, *Friedrich Engels and the Dialectics of Nature*, London and New York：Palgrave Macmillan，2020，pp. 111 – 114. 参照孙海洋《近年来国外恩格斯研究聚焦的几个问题》，《国外理论动态》2020 年第 4 期。

第二节　认识论与唯物主义的分离

诺曼·莱文认为由于马克思与恩格斯对黑格尔辩证法的解读不同，形成了恩格斯的"自然辩证法"与马克思的"科学哲学"。他们二者对自然界、辩证法的不同观点，当运用到社会历史以及思维领域时也导致了他们在认识论与唯物主义上的差异。

一　在认识论方面的区别

为了充分鉴别马克思和恩格斯认识论之间的巨大差异，诺曼·莱文区分了三个重要的概念：感觉（sensation）、存在与思维（Being-thought）、概念与实存（concept and existence）。感觉是指感觉器官呈现于大脑的现象；存在与思维的关系涉及观念和感觉谁在先的问题；概念和实存关系是指观念形成之后，概念与外部存在之间的相互作用。

诺曼·莱文指出恩格斯接受了英国和法国在 18 世纪的唯物主义观点，认为感觉是先于观念的，而且恩格斯还把存在的概念归为感觉的概念，强调存在先于思维，并把存在看作外部自然的存在，而没有仔细区分概念—实存以及存在—思维之间的差别，认为既然存在先于思维，那么理所当然地实存必然先于概念。马克思也接受了 18 世纪唯物主义感觉先于观念的重要前提。不过马克思所理解的存在不同于恩格斯，他并没有将存在归于感觉，而是认为存在具有两个方面：第一，存在是感觉；第二，存在是社会先验：是社会强加给个人的社会学预示。也就是说，依据马克思的存在概念，感觉和社会先验都是思维的起源。不过，诺曼·莱文又从马克思的"实践"观念入手，指出在马克思那里概念是先于实存的。在诺曼·莱文看来，马克思的"实践"观念具有两重含义：当概念产生出一种认识或理论时；或是当理论在现实中得到实现。也就是说概念或社会先验能够干预和变更实存。由于马克思始终强调实践，因此就可以区分概念—实存以及存在—思维之间的差别：既肯定思维来源于存在（感觉和社会先验），又肯定外部世界由概念构成，这二者并不矛盾。或者通俗点说，马克思和恩格斯都认为认识是一个过程，在这个过程中心灵起主动的作用，然而这一主动在二者看来有着不同的表述，恩格斯遵循的是实用主义表述，认为心灵的主动反映在于验证的过程。马克思则采取的是实践的表述，认为心灵的主动反映是个创造的过程。实践在马克思思想中居于核心地位，它指的是在人类需要和社会先验的指导下，概念构成外部世界的过程。恩格斯的认识论正是他关于自然的哲学的基础。因为恩格斯的唯物主义形式是把辩证法置于外部世界之中，他认为辩证法是在物质世界中产生的，而且一切世界，包括心灵及其思想，都可以还原为物质。而马克思的唯物主义却不是还原的，因为它并不把一切现象都还原为物质的活动。社会先验是不能用原子学说来进行解释的。①

因此，诺曼·莱文看到，由于马克思和恩格斯对认识论中的三大概念的理解不同，也造成了二者对认识的起源、本质和过程的阐释大不相同。马克思不相信真理符合论，不相信认识可以反映独立于思想的领域。在马克思的视域中，人永远是处在社会环境中的，因此，认识永远属于社会的范畴，认识总会反映群体先前的概念范式。诺曼·莱文指出，马克思在这里并不是打算放弃尽可能地接近客体，而是因为在他看来符合一致的认识是不可能实现的，社会先验在规定认识的方面总是起着决定的作用。这和转化因素的构成性质有关，而且马克思的认识论是建立在主观和历史的交互作用的基础上的。基于马克思对自然观的看

---

① Norman Levine, *Dialogue Within the Dialectic*, London：George Allen&Unwin, 1984, pp. 11 – 12.

法，诺曼·莱文提出了马克思在认识论上实质是一种"科学哲学"："对独立于思想的东西的认识总是反映社会先验的。知识是一种社会建构。由于人是通过社会劳动创造这些社会范式的，因此，人关于独立于思想的领域的知识是一种社会对象，因为它是由社会劳动创造的社会范式所产生的……对马克思来说认识是一个辩证过程，因为它说明了主体（社会先验的生产能力）如何决定客体（知识），随后客体（知识）又如何反过来影响和改变主体（社会以及由该社会产生的社会范式）。"①

与此相反，诺曼·莱文指出：恩格斯的认识论则是与古典经济主义的传统相符的。恩格斯是一位实用主义者，他强调的是知觉，依然保持着 18 世纪法国唯物主义和经验主义的传统，即传统的"符合论"。虽然他也不相信真理的复写论，但是他坚持真理符合论，虽然自在之物永远不可能被认识，但却可以达到极为接近的近似，这种近似可以说是和自在之物相符合的。

恩格斯在《路德维希·费尔巴哈和德国古典哲学的终结》中写道："我们重新唯物地把我们头脑中的概念看作现实事物的反映，而不是把现实事物看作绝对概念的某一阶段的反映。"② 在《自然辩证法》中他依然延续了此观点。对恩格斯来说，反映并不指完全的复制，而只是相似，像休谟那样，恩格斯认为观念比"自在之物"更微弱，更模糊。而这必然会导致一种实用主义的检验。诺曼·莱文认为，"比起放弃经验主义的传统，恩格斯是想维护它；它不是用可能性的限制条件去削弱它，而是去加强它。他对合理的确定性的探索引导他信奉绝对实在论。恩格斯追随笛卡尔的唯物主义，坚持这样的思想，即物质和它的运动是宇宙的最后建筑材料，二者都能确定地被认识"③。

---

① Norman Levine, *Dialogue Within the Dialectic*, London：George Allen&Unwin, 1984, p. 68.

② 《马克思恩格斯文集》第 4 卷，人民出版社 2009 年版，第 298 页。

③ Norman Levine, *Dialogue Within the Dialectic*, London：George Allen&Unwin, 1984, p. 97.

　　诺曼·莱文指出恩格斯的认识论过程是按下面的方式展开的："感觉印象是在先的，并且产生了观念。我们获得的观念反映了外部世界的事件：我们头脑中的辩证法是自然和社会的辩证法的一种反映。因为断定了感觉印象的先行，恩格斯也就肯定了存在先于思维。虽然思维在存在中，在感觉材料中有其来源。但是，在恩格斯头脑中主要所指的存在不是社会先验，而是作为外部自然的存在。恩格斯所指的事物是非转化的。由于恩格斯主要涉及的是外部客体的知觉问题，所以他把存在主要定义为物质客体，这种客体作用于我们的感觉器官，然后产生感觉材料。存在是根据非转化的东西来定义的。"① 也就是说，在恩格斯那里，一个认识是否正确，要通过对认识与外部客体的联系予以确定。如果检验表明认识是正确的，那么就能设想这个认识与外部实际相符合。因此，诺曼·莱文断言恩格斯与 18 世纪的经验主义都把科学探索的目的看作达到与外部实际相符的真理。这与黑格尔对认识的看法是截然不同的。在黑格尔那里，认识要求直接适合于概念。一个陈述是否正确，不是因为它反映了外界的物质，而是因为在那个陈述中具体的东西适合于它的概念。所以说，黑格尔关于认识的定义遵循的是占用—对象化—再占用的模式。也即是概念占用直接性，产生一个对象，即具体的事物，于是再通过确定内容与概念相互关联的程度而再去占用那个具体的东西。由于恩格斯把精神确定为知性②，看不到知性与意识之间的区别（黑格尔认为知性是感性知觉的领域，而意识具有一种自我反思的能

---

① Norman Levine, *Dialogue Within the Dialectic*, London：George Allen&Unwin, 1984, p. 97.

② 注：诺曼·莱文在这里把知性界定为用来把握自然规律的一个范畴，即因果性概念。他指出，恩格斯的因果性概念是基于 17 和 18 世纪的物理学，又试图把它置于黑格尔的形式之内，并企图利用假定自然和社会二者的进化模式的观点代替所批判的形而上学的观点。更重要的是，恩格斯把这种混合物作为他的重大理论工程，不仅歪曲了黑格尔的辩证法，而且也歪曲了马克思主义内部的辩证法。他思考因果性时，按照先后顺序思考，按连续的运动，一种原因和结果前后相继的路径来思考。

力），他便看不到意识能成为它自身概念的自我意识（他就不能看到辩证法能够是一种概念辩证法），而辩证法就存在于意识与它的概念之间。虽然恩格斯看到了知性的能动作用，然而，诺曼·莱文认为实用主义意义上的能动的与概念——实存意义上的能动的精神之间，是有区别的。实用主义说的精神是能动的，因为它以外界事物作为参照，而在概念实存范式中，说精神是能动的，是因为概念干预和改变了外界事物。诺曼·莱文认为由于恩格斯没有做出知性与意识之间的区别，他注定看不到意识的干预性质，因为他只是想到知性能够反映实在，而没有想到意识观察它自身关于实在的概念，并运用那些概念去改变实在。

从诺曼·莱文对马克思恩格斯认识论重大差异的相关论述中，我们看到他肯定了认识从感觉开始，思维来源于存在，并提出了"存在—思维"以及"概念—实存"的区别。更重要的是，诺曼·莱文把马克思的存在概念分为两个方面：感觉和社会先验，也就是强调认识必须经过社会条件、社会结构的过滤。强调的是认识的社会性，为的是突出马克思思想中的实践的观点。这与其所阐释的马克思辩证法是一脉相承的。不过，可以明显看出，诺曼·莱文对马克思恩格斯的解读不仅延续了黑格尔的思路，而且还采取了一种类似康德的观点。他指认的存在包含的两层含义类似于康德对知识的两大来源的解读：即"一个是感官提供的后天的感觉经验，它是零散的东西；一个是头脑先天地固有的具有普遍性、必然性的认识能力。一个科学知识是由这两方面的因素构成的，两者缺一不可。在康德看来，人的认识活动就是用先天的认识能力（形式）去整理后天的感觉经验（质料），形成具有普遍性和必然性的科学认识"①。他的这种先天综合判断的学说是对唯理论和经验论的综合。只不过诺曼·莱文将它移植过来，并将康德先天的直观形式置换为一种

---

① 冒从虎等：《欧洲哲学通史（下）》，南开大学出版社1985年版，第136—137页。

"社会先验"（即诺曼·莱文所认为的群体先前的概念范式），为的是强调社会先验在决定认识的性质方面所起的决定性作用，从而突出马克思认识论中人的主动性与创造性。但是，诺曼·莱文对于实践的理解，虽然一定程度上依然是对"西方马克思主义"相关观点的延续，但从其阐述来看或多或少带有一些主观的色彩，因为，坚持概念对于实存的优先性，就等于剥离了实践对象的客观性。

二　对历史唯物主义界定的差别

为了更好地说明马克思与恩格斯的唯物主义在社会历史中的运用，诺曼·莱文解释了社会历史学上的两大概念即"非转化的（intransitive）物质客体"和"转化（transitive）的概念结构"。他认为社会历史正是由这两种成分构成。比如，一个社会的技术和地理因素是非转化的，它们是独立于思想之外的物质客体。而政治思想意识、科学范式等等则属于转化的力量。一方面独立于思想之外遵循自己规律的物质客体，帮助决定社会；另一方面，社会也由依附性的思想因素所决定。① 诺曼·莱文认为马克思与恩格斯都承认转化与非转化力量对社会的决定作用，但在谁处于更为优先的力量方面，二者存在极其重要的差别。

马克思基于人类实践的观念创立了历史唯物主义，"他把唯物主义定义为，社会为了提供它的生存条件所必须生产的物质客体"②。诺曼·莱文要表达的意思是，在马克思的唯物主义视域中，虽然也谈到物质客体，但他并不是抽象地谈论物质本体论，而是肯定了人活动的必要

---

① Norman Levine, *Dialogue Within the Dialectic*, London：George Allen&Unwin, 1984, pp. 8 – 9.

② Norman Levine, *Dialogue Within the Dialectic*, London：George Allen&Unwin, 1984, p. 117.

性。因此，马克思的历史唯物主义只考察社会，把社会看成整体结构，在这个结构中，个体的各方面都反映整体。它是建立在社会冲突模式上的。历史唯物主义认为每一种社会结构都是由生产方式和生产资料的矛盾构成的。马克思还把社会经济构成看作人类劳动的结果，看作从事社会生产的人共同劳动的结果。诺曼·莱文在这里指出，马克思其实是将黑格尔的过程概念融入其社会历史观中。"黑格尔和马克思都坚持主观性思想，但形式不同。黑格尔认为主观的力量永远是精神，但精神必须特殊化自身，因此个体最终成了对象化的基础。马克思则认为主观的力量的基础永远是社会群体。"① 在马克思那里，实践的概念意味着能动的原则必须由人类社会群体的力量，而不是某一个体的力量来代表。实践通过两种方式表现自己："或者是经济的活动，人通过经济活动生产他们的物质生活条件；或者是意识的活动，人通过意识活动生产他们的知识的历史。经济活动和意识活动是相互联系的实践的表现方式。"②总而言之，历史唯物主义关心的主要是各种社会不同的社会经济结构，包括这些结构对于人们的生活和思想的影响，以及这些由社会所决定的思维模式对于自然和社会本身的反作用。或者更清楚地说，马克思不仅认识到，独立于思想的物质客体作用于历史的发展，对社会进化具有决定性作用。但是他更加重视的是独立于思想之外和依附于思想的多种因素的结合，而且在马克思这里，转化的力量在社会发展中是更具有优先性的决定性因素。因此，"历史是人类将自然和一切实体加以人化的过程"③。可以看到，在诺曼·莱文眼中，马克思的历史唯物主义完全是

---

① Norman Levine, *Dialogue Within the Dialectic*, London：George Allen&Unwin, 1984, pp. 68 –69.

② Norman Levine, *Dialogue Within the Dialectic*, London：George Allen&Unwin, 1984, p. 69.

③ Norman Levine, *Dialogue Within the Dialectic*, London：George Allen&Unwin, 1984, p. 9.

以人为中心的，突出表明了世界能动的原则是人的活动。虽然都是对"转化力量"的强调，但较之于《悲剧性的骗局：马克思反对恩格斯》的相关论述，诺曼·莱文在这里显然更加深入与具体化了。

对于恩格斯来说，唯物主义是一种物质的本体论。他对历史唯物主义的界定是基于他的"自然辩证法"。他认为，非转化和转化的因素都是社会中的决定力量。但是在何者更为优先的地位上，恩格斯始终坚持把决定因果关系的重点放在非转化的力量上。因为在诺曼·莱文看来，"虽然恩格斯承认存在先于思维，但他没有意识到概念先于实存……一旦人获得了与自在的自然规律相一致的图像时，他就能利用这些规律去控制自然。但他的主张是实用主义，而不是实践。这种主张没有说明概念构成的力量。它不承认概念或社会先验能够干预和变更实存。实践认为概念按其自身的内在本性是生产性的。实用主义则认为客观的、外部的东西是主要的，而控制自然的方式是通过认识自然借以发生作用的规律。实用主义把外在的规律应用于外部世界；而实践则包含概念对外部世界的渗透"[1]。诺曼·莱文在这里指出，正是因为恩格斯没有领会"实践"的意义，没有把握概念相对于实存的优先性，因此，他也不可能承认转化的力量相对于非转化力量的首要性，而是把技术因素看作是主要的因果力量，恩格斯的历史唯物主义是他的辩证唯物主义放到社会领域中所归纳出来的。

第三节　马克思方法的黑格尔基础

诺曼·莱文在《辩证法内部对话》中不论对辩证法实质的阐释或

---

① Norman Levine, *Dialogue Within the Dialectic*, London：George Allen&Unwin, 1984, p. 120.

是对马克思恩格斯在认识论、唯物主义上的区分，都是围绕二者以何种方式解读黑格尔而进行的，并得出了结论：由于恩格斯对黑格尔理论的滥用，因而造成了毁灭辩证法内核的结果。如果说前面的部分与《悲剧性的骗局：马克思反对恩格斯》都是在梳理马克思恩格斯在各个具体领域的差异，那么之后为了更加详细地说明马克思与恩格斯的区别，并研究马克思与恩格斯迥异地套用黑格尔的方式方法，诺曼·莱文在这里不仅继续依据前面已经考察过的问题，还专辟领域探讨马克思在方法论层次上对黑格尔的扬弃，勾画出马克思方法的黑格尔基础。

按照阿尔都塞的理解，马克思在创建历史唯物主义之后，明确地与黑格尔划清了界限。也即是阿尔都塞曾提出的马克思著作中存在的"认识论断裂"。依据阿尔都塞的划分，以异化和人本主义为主题的马克思青年时期的著作《1844年经济学哲学手稿》属于断裂前阶段，因而是不成熟的、前科学的。而《政治经济学批判大纲》《资本论》则代表马克思成熟时期的著作，意味着马克思与德国哲学意识形态的完全分离，是断裂后的科学阶段。这里就直接涉及如何看待马克思与人本主义之间的关系问题。阿尔都塞写道："就理论的严格意义而言，人们可以和应该公开地提出关于马克思的理论反人道主义的问题；而且人们可以和应该在其中找到认识人类世界（积极的）及其实践变革的绝对可能性条件（消极的）。必须把人的哲学神话打得粉碎；在此绝对条件下，才能对人类世界有所认识。援引马克思的话来复辟人本学或人道主义的理论，任何这种企图在理论上始终是徒劳的。而在实践中，它只能建立起马克思以前的意识形态大厦，阻碍真实历史的发展，并可能把历史引向绝路。"① 从这段论述中可以清楚地看到，阿尔都塞主张马克思在1845年后与人本主义思潮实现了决裂，他认为人本主义只是马克思主义在新

---

① ［法］路易·阿尔都塞：《保卫马克思》，顾良译，商务印书馆2010年版，第225—226页。

的历史条件下采取的一种政策，它本身并不是科学理论。也就是说，在阿尔都塞看来马克思在历史唯物主义诞生之际就与黑格尔在思想上彻底分道。

诺曼·莱文对这一观点并不认同，他强调的是马克思与黑格尔的连续性，并且还特别强调必须接受重新黑格尔化。诺曼·莱文指出，"马克思与黑格尔的人本主义之间并不存在断裂，而毋宁说只有调整，早期马克思的人本主义也就贯穿了他的一生"①。为了驳斥阿尔都塞的马克思黑格尔的"认识论断裂"，诺曼·莱文将黑格尔对马克思的影响分为两个时期即："人本主义的影响时期和认识论的影响时期。"② 人本主义的影响时期是在《手稿》中，这一时期对马克思影响最大的著作是《精神现象学》。在这部著作中马克思大量运用了"对象化""异化""外化""实践""内在"等黑格尔命题，并将之采取了物质化的形式。第二个时期是马克思探索生产方式的时期。马克思在写作《政治经济学批判大纲》时，就把社会看作是在总体内同时既统一又矛盾的各种经济形态的会合。总体是部分的中介，而且由于这统一体内部各要素间的矛盾和否定性，这种会合又是一个永恒的过程。为了表述这种看法，马克思需要一种设定统一、矛盾和过程的逻辑，需要一种能够借以建立自己的社会科学方法论的逻辑。而这一需要恰恰是黑格尔的《逻辑学》能够提供的，因此马克思转向了黑格尔的《逻辑学》。诺曼·莱文把此段时间概括为马克思借用黑格尔的认识论时期。诺曼·莱文认为，黑格尔全部著作讲的就是一个关于绝对精神如何达到自我认识的问题，而且都是从直接性的东西开始，上升到自我规定或自由。《精神现象学》从感

---

① Norman Levine, *Dialogue Within the Dialectic*, London: George Allen&Unwin, 1984, p. 144.

② Norman Levine, *Dialogue Within the Dialectic*, London: George Allen&Unwin, 1984, p. 144.

性确定性或直接性开始，以哲学理念结束；《自然哲学》从纯粹的机械性或物质的外在性开始，上升到有机生命阶段；《逻辑学》也是从直接性、从存在开始，以概念和实实在在自由中的结合的理念告终。基于这种观点，他重点论述了《精神现象学》和《逻辑学》在认识论上的一致性。所以，在诺曼·莱文看来，马克思的认识论时期与人本主义时期之间并不存在所谓的断裂，而只是发生了重点的转移，因为随着马克思开始专心于社会构成的分析，他把重点转向了黑格尔的认识论，因此，马克思从未脱离过黑格尔。

一 马克思对黑格尔辩证法的继承和扬弃

为了更好地对马克思套用黑格尔的方法进行分析。诺曼·莱文采取了比较的方法从"辩证法的范畴""辩证法的形式"以及"辩证法的原则"三个方面对二者进行比对，以期证明马克思是如何将所有这些辩证法的工具融合成《资本论》的解释基础，并以此确认两点：马克思究竟套用了黑格尔的哪些东西以及他以什么方式修改了这些套用的东西。

诺曼·莱文指出，黑格尔"辩证法的范畴"指涉概念在自我实现过程中所采取的划分，包括"存在""本质"和"概念"；"辩证法的形式"出现于"辩证法的范畴"的内部并涉及一系列活动，主要包括本质—现象、形式—内容、全体—部分、普遍—特殊；"辩证法的原则"是活动和运动的原则，是黑格尔逻辑计划的内在动力也是范畴和形式内部运动的源泉，具体化为：矛盾、否定、中介和规定。诺曼·莱文认为，马克思扬弃了黑格尔的"辩证法的范畴"，而代之以生产、消费、分配和交换的经济职能。而对于"辩证法的形式"及"原则"则是马克思对黑格尔的直接借用，只不过赋予不同的意义而已。

黑格尔的逻辑学是和自亚里士多德以来的传统的形式逻辑不同的哲学体系，它是一个哲学范畴推演的系统。"逻辑学中的所有范畴都被组织在正反合的形式之中，构成了大大小小的辩证环节，这些环节环环相扣，层层上升，形成了正反合的大大小小的圆圈。逻辑学的三个大圆圈包括存在论（质、量、度）、本质论（本质、现象、现实）以及概念论（主观性、客观性、理念），每一个又分由三个较小的圆圈构成，每一个较小的圆圈再由更小的圆圈构成，如此层层相依，构成数量不等的几个层次。"① 这些范畴被黑格尔称为"纯概念"，意即不沾染任何感性的、物质成分的纯粹思维形式。黑格尔把这些"纯概念"结合在一起，"构成了一个不断向前推演的生动活泼的有机统一的体系"②。其中存在—本质—概念是黑格尔"辩证法的范畴"的重要元素。"存在论由直接性的概念组成，概念之间是一个向另一个过渡的推演关系；本质论由反思性的概念组成。反思的概念总是一对对出现，其中一方反映另一方，并相互否定，结果双方都被扬弃。本质论的概念由于扬弃的作用而从一个转化为另一个；概念是存在与本质的合题。概念是思辨着的存在，从一个概念到另一个概念是思辨的发展，不断地丰富和深化存在和本质。"③ 在这里，黑格尔继承和发展了康德的"三一式"和费希特的"正反合"思想，并显露出了他逻辑体系的基本规律，即否定之否定规律。诺曼·莱文通过考察黑格尔的《逻辑学》指出，在黑格尔那里，范畴正是概念在其自身演化过程中必然采取的形式。这种形式必须在三段论的形式内展开。"在三段式发展之初也有概念，但它还不知道自身的自由，而为了成为有意识的，概念必须首先把自己对象化为不确定的中介，或'存在论'。不确定的存在构成三段论的普遍性一极；不确定的存在尚未将自己特殊化，因而仍然是无差别的。《逻辑学》中的'本质论'代表三段论之特殊性的一极。作为存在的否定和生成，'本质

---

① 赵敦华：《西方哲学简史》，北京大学出版社 2011 年版，第 305—306 页。

② 冒从虎等：《欧洲哲学通史（下）》，南开大学出版社 1985 年版，第 241 页。

③ 赵敦华：《西方哲学简史》，北京大学出版社 2011 年版，第 306—308 页。

论'描述的概念采取特殊性的形式。为了认识自己是自由的，概念必须在确定的形式中意识到自己：本质是概念表现为一种特殊性的过程。于是，存在和本质便是两个'辩证法的范畴'，它们建立了现象的逻辑结构……概念实现了自身的自由，并进而重新占用实在，通过理念（概念和实在的结合）征服实在。概念的发展代表三段论的第三极，即把普遍性和特殊性融合为独特的个体性。"① 也就是说从没有任何规定的纯有开始，到绝对理念为止，黑格尔画了一个大圆圈。起点和终点是有生命的，因为二者都是作为存在的存在。它在辩证运动中完成了自身，实现了自身。

当然诺曼·莱文的目的并不是对黑格尔的"辩证法的范畴"做出详尽的描述，而在于通过这种描述从而可以更加清楚地与马克思的"范畴"做对比。诺曼·莱文指出，马克思在借用了黑格尔的主客体的辩证模式后，克服了黑格尔在逻辑或意识层面上去理解主客体的统一，而把这种统一改造为在社会和自然之间的展开，把生产和消费看作人类经济活动的普遍方式，从而提出了四种基本的经济职能，也即是马克思的"辩证法的范畴"：生产、消费、交换和分配。马克思认为，一个范畴是通过发现一组特例所普遍具有的一种特征得到的。马克思在他对比较经济人类学的研究中获得了生产、消费、分配和交换四种经济职能，这四种经济职能是他所考察过的一切社会中普遍执行的。因此，在诺曼·莱文看来，马克思在这里是剥去了黑格尔的唯心主义的外衣，从黑格尔那里的把范畴作为"概念在其自身演化过程中必然采取的形式"，转换为"一切社会为了再生产自身所必然经过的经济过程"②。也就是说，

① Norman Levine, *Dialogue Within the Dialectic*, London: George Allen&Unwin, 1984, p. 130.

② Norman Levine, *Dialogue Within the Dialectic*, London: George Allen&Unwin, 1984, p. 147.

马克思并没有取消范畴在黑格尔那里的本来意义，只不过移动了这些"辩证法的范畴"的位置，将它们搬出了唯心主义的环境，然后置于社会学的基地。或者简单地说，他是以一种变形的方式继承了黑格尔的遗产。

诺曼·莱文详细考察了四个经济范畴，其中马克思的生产概念是最为基本的。因为一个社会就是一群人选择在其中生产的一种形态。为了种的保持，必须生产出物以满足人的需要。虽然任何社会都要生产，但它们都以不同的方式进行。如资本主义社会劳动表现为交换价值的生产；在封建社会中，生产不是为了交换价值而生产，而是为了使用价值。对于第二个"辩证法的范畴"——交换，涉及的是经济物品由一个群体到另一个群体的转换。但这一过程有两个社会前提：一是劳动的社会分工；二是两种群体的划分。分配涉及的则是生产资料或由生产资料获得的总收入的分割配给，依据的是某种政治或社会的权威的干预而进行的配给。生产、消费、交换和分配在一个社会的经济生活中都是各自独立的，不过它们都依赖该社会整体。诺曼·莱文从马克思解读生产、消费、分配和交换的四个经济范畴的关系中，也看到了黑格尔的三段论法则。他引用了马克思的一段话："生产、分配、交换和消费因此形成一个正规的三段论法：生产是一般，分配和交换是特殊，消费是个别，全体由此结合在一起。"[①] 也就是说，在诺曼·莱文看来，马克思的"生产、分配、交换、消费"四大辩证法范畴也是依据黑格尔的"存在论—本质论—概念论"这个"三一模式"排列起来的，范畴的推演不是靠什么外在的力量，而是根源于范畴的内在否定进行的。

诺曼·莱文认为整个马克思的历史唯物主义的逻辑公式就处于三段论之中。马克思曾在《政治经济学批判》序言中，把历史的运动描述

---

① 《马克思恩格斯文集》第8卷，人民出版社2009年版，第13页。

为生产方式与生产资料之间的冲突。这种冲突，在诺曼·莱文看来基本上属于普遍与特殊的相互矛盾，而这正是三段论的核心。"生产方式是普遍的，它是生产得以在既定社会中进行的一般形态；生产资料是特殊的，它是新的技术形式以及形成于同一社会内部的与之共存的社会阶级。"① 除此之外，诺曼·莱文还通过分析马克思的"流通"概念（诺曼·莱文认为马克思把流通看作是交换的派生物）得出了流通是整体与特殊的同一。每次流通都由整体作为中介，因为每次流通都是利润实现中的一个环节；然而，每次流通又是流通的普遍运动内的特殊，而且这些特殊的环节内部资本以不同的表现被规定。在这里，诺曼·莱文看到了马克思是如何将生产、流通这些"辩证法的范畴"与形式—内容、现象—本质、全体—部分以及普遍—特殊这些"辩证法形式"交结在一起的。马克思是在证明社会总体如何对它的各个部分起中介作用时使用这些"辩证法形式"的。但是，这些形式又是交互作用的：它们不仅构成被规定的东西，而且由于总体是由部分组成的，所以它们也决定着总体。

通过上述的具体分析，诺曼·莱文证明了马克思是如何将黑格尔的"范畴""形式"和"原则"融入他的经济学中的。诺曼·莱文指出："生产、消费、交换和分配是'辩证法的范畴'，是每个要繁衍自身的社会必然从事的经济活动，虽然每个社会都是以不同的方式从事这些基本活动。另外，马克思还运用'全体—部分'、'现象—本质'、'形式—内容'、'普遍—特殊'的'辩证法的形式'去说明'辩证法的范畴'如何由其自身所处的经济环境而定型。马克思在论述劳动和流通时，他不想描述超历史的过程，而是致力于由它们自身所处的环境赋予不同特征的过程。马克思把'辩证法的形式'当作社会的决定性和特

---

① Norman Levine, *Dialogue Within the Dialectic*, London: George Allen&Unwin, 1984, p. 151.

殊化作用的重心。他把'辩证法的形式'当作社会的中介性和反映性作用的根源。最后，'矛盾'、'否定'、'中介'和'规定'这些'辩证法的原则'则是'辩证法的形式'本身的内在规程。马克思运用'矛盾'、'否定、'中介'和'规定'去说明'辩证法的形式'的决定力量和特殊化力量是如何起作用的。"① 诺曼·莱文在这里是指马克思从黑格尔那里借用了辩证法的"范畴""形式"和"原则"，从而造成了二者之间的连续性。但是，承认黑格尔和马克思之间的连续性，并不意味着二者之间的同一。马克思扬弃和继承了黑格尔的辩证法的方法论原则，但同时也将其唯心主义成分加以抛弃，代之进入社会经济学的土壤。这种将黑格尔的逻辑形式融进历史认识论的工作，诺曼·莱文认为是从马克思《政治经济学批判大纲》开始的，而在《资本论》中达到顶峰，并持续到他的晚年。

二 《政治经济学批判大纲》导言中马克思对黑格尔认识论的运用

在整体上对马克思借用黑格尔逻辑学方法进行考察之后，诺曼·莱文采取具体化的形式，从三个方面考察了《政治经济学批判大纲》导言中马克思借用黑格尔的认识论所形成的认识论、社会探究方法和解释方法。

一是马克思的认识论。诺曼·莱文指出在马克思看来，认识的过程开始于感性直观和经验材料的基础。不过，这种直观和经验的证据不是认识，它只是认识的开始。为了得到认识的结果，必须经过抽象过程。必须把特殊现象所共有的要素抽象出来形成一个一般，即概念。然而，概念又是抽象和社会先验的统一。作为一种归纳的产物，它是普遍的东西，但又是处于历史的决定之中，带有历史的色彩。此外，概念还具有

---

① Norman Levine, *Dialogue Within the Dialectic*, London：George Allen&Unwin, 1984, pp. 153 – 154.

生产性的力量，可以生产出认识。

二是马克思的探究方法。诺曼·莱文指出，当马克思进入对社会结构的分析时，他的解释方法从归纳转到了演绎。当上升到了概念的阶段后，马克思便运用这些一般范畴把特定经济方式内部的主要生产关系分离出来。从概念的层次上演绎出了社会结构的形式所围绕的核心经济关系。具体来说，马克思主要借用了黑格尔《逻辑学》中的五类探究方法：①演绎。诺曼·莱文引用了马克思在《政治经济学批判大纲》中的一段话："在一切社会形式中都有一种一定的生产决定其他一切生产的地位和影响，因而它的关系也决定其他一切关系的地位和影响。这是一种普照的光，它掩盖了其他一切色彩，改变着它们的特点。这是一种特殊的以太，它决定着它里面显露出来的一切存在的比重。"① 诺曼·莱文指出，马克思所谓的"决定其他一切生产的一定的生产"是商品关系，它决定了一种生产方式内部的所有其他经济范畴和经济活动。但是马克思在确定哪种生产关系支配一切其他生产关系时，首先达到关于那种支配关系的概念。获得了这一概念之后，还应该演绎出被这种支配关系淡化和减缓了的该生产方式内部的其他一切特殊事物。②"辩证法的形式"。诺曼·莱文列举了马克思在考察劳动时运用黑格尔的"辩证法的形式"表达了在一种生产方式的内部结构中中介的相互变动。这些"形式"表明，中介可以同时由支配关系转到特殊，并由部分转到支配关系。③结构的结构。马克思在假定了"辩证法的形式"和相互规定的过程之后，便考察了社会结构的内部组织。每个社会都是由某种支配关系融合起来的特殊事物组成的结构，但这并不是说所有这些特殊都是同一种类，或都处于相同的复杂性阶段。马克思对社会结构的分析，不仅着眼于其中各特殊之间的关联和互补，而且着眼于各特殊自身的复杂

---

① 《马克思恩格斯文集》第8卷，人民出版社2009年版，第31页。

程度。④探究的同时代性。在马克思看来探究的目的是同时代性的，探问的是资产阶级社会的本性及其内部特殊范畴的会合。⑤通过回溯和前提的探究。在探究完资本主义社会诸特殊范畴的会合之后，马克思在《政治经济学批判大纲》中提出了："那些表现它的各种关系的范畴以及对于它的结构的理解，同时也能使我们透视一切已经覆灭的社会形式的结构和社会关系。"① 也就是通过回溯的方式，从一种较为复杂的角度来辨明不是很复杂的东西。

三是马克思的解释方法。诺曼·莱文分析了马克思写作《资本论》的解释程序。他指出马克思是以辩证的形式来写作《资本论》的。首先，陈述在一个社会内部占支配地位的生产关系；其次，说明该社会中诸特殊范畴如何合并；最后，用反证式分析：以此证明特殊经济范畴结合于支配关系之下时所存在的形态的前提条件。《资本论》并不想预言资本主义发展的结局，而是批判，为的是发现资本主义社会存在的条件。因此，诺曼·莱文指出马克思在《资本论》的解释路径，其实在《政治经济学批判大纲》中就已经出现了，为的是描述资本主义存在可能性条件。而这种解释的方式，在诺曼·莱文看来恰恰是黑格尔式的。因为从存在的条件的基础出发的解释具有鲜明的黑格尔特征。马克思从这种解释方式入手，试图透视资本主义的本质，通过透析资本主义基本结构的相关性，挖掘出这种经济范畴表现其形态的原因。② 诺曼·莱文把马克思的探究方法和解释方法誉为一次巨大的理论革命："马克思把19 世纪历史和社会科学中公认的解释基础由时间转移到了危机（conjuncture）。此外，在抛弃作为解释规范的时间模式的基础上，马克思还把历史的功用从预言转移到了方法。由于时间是实证主义、历史相对论

---

① 《马克思恩格斯文集》第 8 卷，人民出版社 2009 年版，第 29 页。

② Norman Levine, *Dialogue Within the Dialectic*, London：George Allen&Unwin, 1984, pp. 156 – 167.

以及进化论的解释标准，这些解释形式总是去预言未来的时间进程。当马克思根据危机来解释，所以他也就放弃了预言未来时间进程的企图，而集中于方法和反证。"①

　　通过对马克思的认识论、探究方法和解释方法的探讨，诺曼·莱文不仅看到了黑格尔和马克思之间的连续性，而且看到了马克思方法的黑格尔基础。同时也强化了他一以贯之的主题：马克思与恩格斯的重大差别。在马克思那里，"黑格尔提供的是指导一种社会研究方法论的重要逻辑线索。马克思没有接受黑格尔的任何形而上学，而只是采纳了他的逻辑学，马克思套用的是有助于他对一种经济生产方式的结构相关性做出解释的那些认识论范畴"②。也就是说，在诺曼·莱文看来，马克思采取的是黑格尔的本质—现象、形式—内容、全体—部分、普遍—特殊等这些"辩证法的形式"，以及规定、中介、否定和矛盾等"辩证法的原则"。他采用的黑格尔的"辩证法的范畴"并不是可用来对过程做出解释的逻辑形式，而是可用作解释一种生产方式的结构相关性的逻辑形式。在恩格斯那里，"黑格尔提供了一种形而上学，因为恩格斯不是把辩证法看作一种分析社会结构的方法，而是把它视为构成存在的规律的东西。在恩格斯看来，这些本体论的规律主要可用来解释物理世界的过程，而不是社会领域的结构"③。换句话说，恩格斯在分析社会时用的是实证论的逻辑公式，他采用的是所谓的辩证法的三大规律，所有这些规律都可以解释同样的现象，而这种解释社会的经验主义形式是马克思所摒弃的。经过深入地探讨，诺曼·莱文得出，正是由于马克思恩格斯

① Norman Levine, *Dialogue Within the Dialectic*, London：George Allen&Unwin, 1984, p. 167.

② Norman Levine, *Dialogue Within the Dialectic*, London：George Allen&Unwin, 1984, p. 168.

③ Norman Levine, *Dialogue Within the Dialectic*, London：George Allen&Unwin, 1984, p. 168.

对黑格尔的不同借用，使得马克思与恩格斯的理论得以分道扬镳。

同时，针对有些学者质疑马克思曾反复谈到"规律"这一问题。诺曼·莱文也给出了他的回答。他指出从《政治经济学批判大纲》到《资本论》的语言风格的转向，特别是马克思在《资本论》中曾大量使用"规律"一词，这并不意味着马克思肯定了恩格斯的自然辩证法，而是由于当时正值自然科学的巨大发展时期，因此马克思著作的语言风格也反映了这些事件，以适合流行于科学加速发展的时代。诺曼·莱文通过考察《资本论》的几处文本，认为我们必须要区分"类比"和"套入"的区别。马克思并没有"套入"即没有断言规律以其存在于自然之中的方式同样存在于社会之中。而是在"类比"的意义上使用的，他是在肯定社会总体的结构规则起着"类似"自然规律的作用。除了马克思否认规律以事件的恒常性的意义存在于社会中，他也否认规律在普遍适用于一切社会的意义上存在于社会中，或毋宁说这种所谓"规律"其实表现的是一种倾向和趋势而已。诺曼·莱文在这里强调的是"马克思历史观是直接拒斥一切决定论者从普遍通用的规律演绎出历史进程的企图"[①]。

通过以上几个方面的梳理分析，我们可以看到诺曼·莱文不仅继续了《悲剧性的骗局：马克思反对恩格斯》中马克思反对恩格斯的主要观点，而且继续沿着西方马克思主义以来的"马克思黑格尔化"这一方向，实现对马克思主义的重新解释。与以往认为黑格尔哲学乃是通过同一的整体模式作用于马克思思想发展过程的传统观点相比，诺曼·莱文指认的马克思对黑格尔的借用却是分阶段分层次的：在所谓马克思的人本主义时期，他借助的是《精神现象学》及《法哲学原理》；在所谓认识论时期即《政治经济学批判大纲》和《资本论》时期，马克思主

---

① Norman Levine, *Dialogue Within the Dialectic*, London: George Allen&Unwin, 1984, p. 172.

要借助黑格尔的《逻辑学》。这种对马克思手稿的精细化考量对我们重新定位马克思哲学具有一定的借鉴意义。

不仅如此，诺曼·莱文还同时从"马克思黑格尔化"的方向上，考察了列宁和毛泽东思想的发展过程。他指出列宁在第三个时期（1914—1924）转向了黑格尔主义，并在黑格尔的重大影响下，在某些方面突破了恩格斯和普列汉诺夫的传统，成为一个真正的辩证法家。诺曼·莱文甚至将列宁视为20世纪马克思主义重新黑格尔化的第一人。诺曼·莱文还专辟一章分析了毛泽东的辩证法的中国化：毛泽东的辩证法主要是行动的辩证法、社会探究的辩证法，表现为理论—实践以及主观—客观两套程式，能够将主观实践的地位超越自然辩证法之上。依据诺曼·莱文的看法，毛泽东的辩证法意味着在恩格斯的观点占统治地位的很长一段时间内对马克思的回归。恩格斯虽然也受到了黑格尔的强烈影响，可是他完全沉浸在黑格尔关于自然的思想的应用上以及试图去糅合近代科学和黑格尔《逻辑学》中的概念结构。诺曼·莱文要批判的正是恩格斯的辩证唯物主义以及被斯大林继承后所导致的僵硬粗糙的形式化修改。他既希望复兴本真的马克思主义，又希望考察各种受马克思影响的辩证法的发展。① 实际上，对马克思主义的辩证法，在20世纪的东西方马克思主义思潮之间曾展开过一场持久深入的争议，这场争议直到今天仍在继续。无论诺曼·莱文提出的"马克思方法的黑格尔主义基础"是否有问题，他对恩格斯与黑格尔关系的解读是否存在疑虑，但不可否认的是《辩证法内部对话》对整个马克思主义辩证法的历史、发展做出了系统翔实的概述，反映了国际学术界有关辩证法争议的一些重大问题，因此，我们也应该在国际争议的大背景中来审视和评价诺曼·莱文的有关观点。

---

① Donald J. Maletz, "Dialogue within the Dialectic", *German. Studies Review*, Vol. 9, No. 1, Feb1986, pp. 154 – 155.

第四章

不同的路径：与黑格尔的不同对话

  诺曼·莱文致力于研究马克思主义思想，他有两个重大突破，除去前面探讨过的马克思主义与恩格斯主义的全面对立之外，诺曼·莱文的后期研究重点可谓是全部放在了探讨马克思对黑格尔哲学的关键要素的汲取和沿用上。如果说，在《辩证法内部对话》中已经对马克思与黑格尔的关系做出了初步阐述。那么，他的《马克思方法的黑格尔主义基础》①以及《马克思与黑格尔的对话》②则是其引入黑格尔哲学以重塑马克思主义的重大推进。这两本论著是诺曼·莱文预计出版的丛书《不同的路径：马克思主义和恩格斯主义中的黑格尔》的两卷本，该丛书旨在研究从1836年到1883年马克思逝世这段时间黑格尔和马克思的学术关系：《马克思方法的黑格尔主义基础》主要关注的是马克思、恩格斯对黑格尔的第一次借用，即1836—1848年；《马克思与黑格尔的对话》则主要研究从1850年至1883年间马克思与黑格尔的关系。不过由于作者希望对两人的学术联系做出令人满意的最深层次的探究，他将研究的

---

  ① 本章涉及《马克思方法的黑格尔主义基础》的译文，部分参考了诺曼·莱文《不同的路径：马克思主义与恩格斯主义中的黑格尔》，臧峰宇译，北京师范大学出版社2009年版的内容。

  ② 本章涉及《马克思与黑格尔的对话》的译文，部分参考了诺曼·莱文《马克思与黑格尔的对话》，周阳等译，中国人民大学出版社2015年版的内容。

时间段依然限定在 1836—1848 年。

在《马克思方法的黑格尔主义基础》一书中，诺曼·莱文主要考察的时间范围为 1841 年的青年马克思时期，文本则聚焦其博士论文《德谟克里特的自然哲学与伊壁鸠鲁的自然哲学的差别》；在《马克思与黑格尔的对话》中他主要通过标明 1836 年到 1848 年这一时间段内马克思所知道的黑格尔的著作或不可能看到的黑格尔的著作，以关注马克思对黑格尔的解读。不过，这并不影响诺曼·莱文从总体上、从马克思的一生与黑格尔的关联做出探究。因为，在诺曼·莱文平日的一些零散的论文或演讲中，也延续了他所希望关注的 1850 年之后马克思的《资本论》与黑格尔的《逻辑学》之间的联结。当然，专注于探析马克思与黑格尔的关系并不说明，诺曼·莱文自之前的马克思恩格斯关系的主题有所偏离，这种对马克思与黑格尔关系的再考证的实质，一方面是强化哲学史上业已形成的马克思主义"黑格尔化"的解释路径；另一方面，以黑格尔为中介，也实现了从根本上再次确证"马克思反对恩格斯"的理论定向。

马克思与黑格尔思想的关系论题，首次出现在《资本论》第一卷（原初卷）（Erster Brand）第一版的一个脚注和第二版跋中，马克思陈述其在价值形式上受惠于黑格尔。列宁也在他的《哲学笔记》中谈到：不读黑格尔的《逻辑学》就不懂马克思的《资本论》，这进一步阐明了这种关系的实质。① 19 世纪末以来，这一问题成为马克思主义哲学史上长期争论不休的话题。概括起来，马克思与黑格尔的思想关系通常分为两个思想派别：第一种观点认为马克思与黑格尔之间存在着断裂。持这

---

① ［日］内田弘：《马克思误解了黑格尔的文本，抑或马克思在文本上投射了自己的问题式——兼评诺曼·莱文的〈马克思与黑格尔的对话〉》，单传友译，《复旦大学当代国外马克思主义研究中心·国外马克思主义研究报告 2012》，人民出版社 2012 年版，第 12 期。笔者对文字做了部分处理。

一观点最典型的是法国马克思主义者阿尔都塞，他宣称 1844—1845 年是马克思摆脱黑格尔的认识论断裂之点，马克思在《德意志意识形态》中就彻底地与黑格尔断绝了所有的思想关联。

　　第二种观点则认为，马克思与黑格尔之间是接受与继承的关系。持这一观点的主要代表有卢卡奇、马尔库塞、A. 施密特等以及新黑格尔派马克思主义者。诺曼·莱文是此种观点的支持者。正如他在《马克思方法的黑格尔主义基础》一书中指出的："在马克思与黑格尔的毕生对话中，存在内容消解时期和范式转换时期，但一种完全的断裂从未发生过。"① 所谓内容消解时期，诺曼·莱文指的是当马克思不诉诸黑格尔也能解决学术问题时：主要是存在于马克思 1844 年写作《巴黎手稿》的时期。在这一时期，马克思否定了黑格尔在《精神现象学》中表述的市民社会观点，他坚持自己与黑格尔的解释相反，认为异化是人的不可避免的状况，而改变这种状况的是市民社会决定国家。所谓范式转换时期，即当马克思不诉诸黑格尔就不能解决学术问题时：主要存在于马克思的博士论文以及绝大多数著作中。在这一阶段，马克思修改了黑格尔的方法论范式，借用这些范畴的形式替换了它们的内容。也就是说，马克思思想演变的过程中，是在其与黑格尔之间的"否定消解"与"继承转换"的张力中完成的。正是基于这个观点，诺曼·莱文与传统的黑格尔马克思主义表现出了明显的不同：他并不认为，黑格尔的理论只是在某一个阶段或是从某一个方面影响到了马克思，而是认为，在马克思一生的思想追寻中，黑格尔始终都是在场的。与此同时，诺曼·莱文也不认为，黑格尔的理论作用于马克思是一以贯之的，而是认为，马克思对黑格尔理论的阐释、批判与借用，是一个历史的、变化的过程。这一过程大致可以分为两个阶段，不同阶段的侧重点是不同的：第一阶

---

① Norman Levine, *The Hegelian Foundations of Marx's Method*, Lanham：Lexington Books, 2006, p. 2.

段为 1837—1850 年；第二阶段为 1850—1883 年。① 在第一阶段中，黑格尔对马克思影响最大的著作是《精神现象学》和《法哲学原理》；在第二阶段对马克思影响最大的黑格尔著作是《逻辑学》。可以看到，这一区分与诺曼·莱文在《辩证法内部对话》中把黑格尔对马克思的影响概括为人本主义的影响时期与认识论的影响时期两个阶段的划分是基本相同的。如果说《辩证法内部对话》只是对这两个时期的划分做出笼统的概述，那么《马克思方法的黑格尔主义基础》以及《马克思与黑格尔的对话》则是对这两个时期做出深刻、全面、具体的解析。

在诺曼·莱文看来，马克思正是通过对黑格尔哲学的不同文本的改造而形成了与黑格尔思想的多方位的"连续性"与"非连续性"，连续性主要体现在对黑格尔社会现象学的继承以及对黑格尔方法论的内化上；"非连续性"则体现在马克思对黑格尔的"误读"上。不过，在对马克思与黑格尔的关系进行考证之前，诺曼·莱文首先进行了马克思主义的"去黑格尔化"，意在将黑格尔因素从一些夹杂了特定的政治和文化的语境而展开的马克思主义学说中剥离出来，以还原被遮蔽了的马克思与黑格尔的真实关系。在《马克思方法的黑格尔主义基础》第一章"黑格尔——马克思主义关系的历史编纂学"中，诺曼·莱文就通过梳理卢卡奇、阿尔都塞、阿多诺、A.施密特以及马尔库塞、J.埃尔斯特、J.罗默、T.史密斯等西方马克思主义学者解释马克思与黑格尔关系的路向与实质，进行"去黑格尔化"的学术反思，意在为其实现真正学术方面的重新黑格尔化奠定基础。从《马克思方法的黑格尔主义基础》的第二、第三章开始，直至《马克思与黑格尔的对话》以及相关的论文则深入探讨马克思与黑格尔，尤其是马克思与黑格尔的共生关系，以描述黑格尔在马克思与恩格斯著作中施加的影响，追踪黑格尔在马克思

---

① Norman Levine, *The Hegelian Foundations of Marx's Method*, Lanham: Lexington Books, 2006, p. x.

著作中的在场。

第一节　恩格斯、马克思趋向
黑格尔的不同路径

诺曼·莱文在其思想发展的过程中一直意在驳倒马克思与恩格斯之间的连字符。并提出了两种不同的思想体系，一种被称为马克思主义，另一种被称为恩格斯主义。因此，虽然诺曼·莱文在后期的研究中把重点放在了马克思与黑格尔的关系上，但依然不会放弃他一以贯之的主题：马克思与恩格斯的重大分歧。他在解读青年马克思1837年到1841年借用黑格尔的过程中，同样也关注了恩格斯在同一时期有关黑格尔的著述。他以马克思和恩格斯对黑格尔的理解的不一致来验证他关于马克思主义与恩格斯主义之间存在分歧的重大论断。诺曼·莱文认为正是在1837—1841年对黑格尔的研究的差异导致二者走上了岔路，他不仅要阐明马克思恩格斯在这个时间段的差别，而且在与青年黑格尔派运动的比较中证明恩格斯趋向黑格尔的独特性。

正如诺曼·莱文将马克思对黑格尔的认识分为两个时期，他在对恩格斯与黑格尔的关系上，同样也将其大体分为两个时期：第一个时期从1837年到1850年，这是恩格斯对黑格尔的第一次借用。第二个时期从1850年至恩格斯辞世。诺曼·莱文在这里主要关注的是青年恩格斯第一次接受黑格尔的第一个片断，也即是1837—1842年。在这一个片断中，青年恩格斯留下了大量值得揣摩的文字材料。为了审慎地透过这些材料，对细节做更加锐利的洞察，诺曼·莱文进一步将恩格斯对黑格尔的第一次借用分为三大时间段：（1）1837年——恩格斯夭折的教育；（2）1838—1841年——恩格斯在不来梅；（3）1841—1842年——恩格斯在柏林。诺曼·莱文写道：这是"旨开始区分马克思主义和恩格斯主义的过程，而将黑格尔作为区分的标准。青年马克思和青年恩格斯如何理解黑格尔将被作为他们不同的哲学路径的标志。他们在自己生涯的早期对黑格尔借鉴的不同方式可以被认为是他们未来学术不一致的根源。"①

一 1837—1838年恩格斯的受教育状况

诺曼·莱文继续了《悲剧性的骗局：马克思反对恩格斯》中对马克思恩格斯哲学素养对立的考察。他认为青年恩格斯的父亲在1837年让他离开学校，让这位17岁的年轻人到家庭的纺织工厂工作，从而使得这位年轻人未能完成他的高中教育，未进过大学，使他终生缺少一种能够准确描述理论体系的哲学学术技能。而马克思起初在波恩大学学习法学，之后转入柏林大学攻读哲学。1837年，青年马克思和青年恩格斯进入了两个完全不同的方向。恩格斯在17岁时转入商界，没有多少关于黑格尔的知识或一般意义上的哲学知识。因此，诺曼·莱文认为正是因为二人的不同受教育背景，成为马克思与恩格斯之后学术分歧的源头之一。

二 1838—1842年恩格斯向黑格尔接近的不同路径

诺曼·莱文首先考察了恩格斯在这一时期思想发展的历程，他指出：青年恩格斯接近黑格尔的途径是通过青年德意志文学运动确立的。1838年恩格斯来到不来梅后，开始接触青年德意志派，正是通过阅读青年德意志派的作品，恩格斯开始熟悉黑格尔。然而在这段时间，他只是试图在美学领域确认黑格尔的重要性。由于渐渐受到了德国、法国历史以及L. 白尔尼（Ludwig Borne）、A. 卢格（Arnold Ruge）等人的影

---

① Norman Levine, *The Hegelian Foundations of Marx's Method*, Lanham：Lexington Books, 2006, p. 92.

响：恩格斯遵循了 L. 白尔尼的北德意志自由主义路径，强调政治实践，并受到 A. 卢格用政治实践去批判那个时代的反动状况的影响，接受了法国政治自由主义，将黑格尔和 L. 白尔尼的综合看作是青年黑格尔派运动的根源。这些影响使得青年恩格斯开始与青年德意志派分离，他不再沉浸在美学和主观的世界中，而是认识到哲学的根本任务在于改变社会政治环境。通过这一转变，恩格斯从文学转向了社会政治批判：由于认识到艺术不能改变世界，青年恩格斯就从美学拓展到政治和历史，对社会的批判取代了对艺术的批判。通过诺曼·莱文的梳理，可以清晰地看到，恩格斯超越青年德意志派转向青年黑格尔主义这条发展线索是从 L. 白尔尼到 A. 卢格再到青年黑格尔派的。而对于青年恩格斯究竟是如何接近黑格尔的，诺曼·莱文找寻到了恩格斯第一次提到黑格尔的著作即 1839 年 11 月 13 日至 20 日写给 W. 格雷培（Wilhelm Graeber）的信，在信中他评论了《历史哲学》；之后，恩格斯到达柏林，与 B. 鲍威尔（Bruno Bauer）、K. F. 科本（Karl Friedrich Koppen）、M. 施蒂纳（Max Stirner）以及 E. 梅因（Eduard Meyen）、费尔巴哈、马克思等站在同一阵营，并作为青年黑格尔派运动的主角，以改革派的阵营反对以莱奥—亨斯滕贝格—克鲁尔马赫—谢林（Leo – Hengstenberg – Krummacher – Schelling）为代表的宗教正统—政治专制主义—哲学保守主义阵营（鼓吹普鲁士的君主政体）。据诺曼·莱文对 MEGA^2 的研究显示，恩格斯在 1841 年应该阅读过黑格尔的《法哲学原理》。同年，他还通过 E. 甘斯（Eduard Gans）编的第一版《黑格尔全集》接触到了黑格尔的大多数文本。[①] 诺曼·莱文指出，在接触黑格尔文本的这一时间内，青年恩格斯认为出版于 1807 年的《精神现象学》、1816 年的完整版的《逻辑学》、1817 年的《哲学全书》以及 1820 年的《法哲学原理》，构成了黑格尔

---

① Norman Levine, *The Hegelian Foundations of Marx's Method*, Lanham：Lexington Books, 2006，pp. 93 – 112.

主义体系的核心。但出版于 1831 年和 1835 年 E. 甘斯版本的《哲学史讲演录》《历史哲学讲演录》和《宗教哲学讲演录》虽然被青年恩格斯所了解，但他并没有认识到这些著作对于黑格尔体系的决定作用。《法哲学原理》作为青年恩格斯理解黑格尔的关键文本，青年恩格斯将其理解为关于理性的内在主张；这种信仰也构成了青年恩格斯理解黑格尔的不变的核心。

诺曼·莱文从恩格斯对黑格尔文本的论述上发现了两个不同的维度：一是政治方面，青年恩格斯把青年黑格尔派定位为政治上的激进主义与改革者，而把黑格尔本人定义为一个保守派。因此，从政治的视角看，青年恩格斯拥护青年黑格尔派政治学，反对黑格尔本人的政治学。二是哲学方面，青年恩格斯效仿老年黑格尔派，以普遍理论而不是以主体的自我意识看作黑格尔著作的核心，从而采纳了黑格尔本人思想的右翼的观点。也就是说，他是青年黑格尔派政治学和老年黑格尔派哲学的综合者。

不过诺曼·莱文还观察到，青年恩格斯虽然也接受了黑格尔的逻辑泛神论以及主观意识、批判等概念，但他并没有完全理解它们，而是在一种误读的基础上使用的。以至于在同样向黑格尔靠近的过程中，与马克思的思想渐行渐远。

一是对逻辑泛神论的理解。诺曼·莱文指出，青年恩格斯接受了黑格尔的逻辑泛神论，相信理性是宇宙的终极目的，认为理性是宇宙的基础，理性根据必然法则起作用，并强调客观实在的作用、抽象的力量，将客观实在性、理性、抽象凌驾于个人之上。但他对理性做出了错误的解释和运用。他将辩证唯物主义的种子隐含在这个理性形而上学之中，用三个辩证的法则将理性取而代之为：质量互变、对立面的相互渗透以及否定之否定。[1] 诺曼·莱文指出，到 1842 年，青年恩格斯已经形成了

---

[1]　Norman Levine, *The Hegelian Foundations of Marx's Method*, Lanham: Lexington Books, 2006, pp. 130 – 131.

作为辩证唯物主义基础的一套哲学信念，并植入了《路德维希·费尔巴哈和德国古典哲学的终结》的种子。

二是主观意识。诺曼·莱文认为青年恩格斯没有彻底掌握黑格尔的主观意识概念。虽然他接受了黑格尔的泛神论观念，认为普遍观念是历史决定性的推动力，但是他完全忽视了黑格尔在《精神现象学》中所指的主观意识的重要性。恩格斯对《精神现象学》的解读完全是建立在对黑格尔误读的基础之上：他没有提到异化或外化的思想，没有评论自我意识的否定力量，无视劳动的主题以及自我意识在社会思想世界生产中的生产能力。他离开了关于自我意识的劳动何以最终导致人类与其自己的劳动产品相异化的黑格尔派的主题[1]；没有认识到主观意识是否定性的首要力量，是历史意识的激励力量；更没有掌握在主观意识中发生的理论——实践活动。在恩格斯看来，自我意识的起源不是来自主体，而是来自逻辑泛神论。他的自我意识理论不是 B. 鲍威尔式的，也不同于青年马克思的。马克思倡导的是一种自发的、个性化的自我意识，认为存在是个人自我意识的投影；而青年恩格斯倡导的则是一种派生于理性的自我意识。总之，诺曼·莱文认为，青年恩格斯属于黑格尔右派，但他与黑格尔右派依然有两大差别，即是他的无神论和他对政治实践的专注：虽然青年恩格斯强调逻辑泛神论，但他也确实否定人格神的存在，否定主观自我意识的自主性。他与青年黑格尔派联系的纽带是他的政治改革主义。同样，使他脱离黑格尔右派阵营的也是他的政治改革主义。也就是说，青年恩格斯沿着一条不同于 A. 卢格、B. 鲍威尔和青年马克思的路径，用他自己的理性泛神论替代了主观意识。

三是批判的手段。诺曼·莱文指出，在黑格尔看来，批判是产生于

---

[1]　Norman Levine, *The Hegelian Foundations of Marx's Method*，Lanham：Lexington Books, 2006，p. 133.

本质和现象之间的矛盾，是本质和现象之间的分歧。具体来说，批判的程序遵循如下步骤：首先确定一个事物的本质及目的，之后用事物的现象与本质加以比较。批判正是发生在本质和现象之间差别的考量之中。① 但是青年恩格斯并不理解黑格尔的本质和现象的概念，他仅是在黑格尔的政治实践的维度使用过这两个范畴。因此，他也无法理解黑格尔的批判。

四是方法论的认识。诺曼·莱文认为恩格斯简单化和歪曲了黑格尔派的方法论。黑格尔派方法论本是一个关于运用整体和部分、形式和内容以及有机发展等范畴的解释路径。"在黑格尔看来，历史是有机体或文化的延续。这些有机体拥有整体，一个决定性的核心，而这些有机体的部分反映整体。每个历史有机体都拥有内容和本质，而社会有机体的形式或结构都是本质的印记。在黑格尔看来，历史是这些有机体的展开，是对整体和部分内在关系的分析，是对形式和内容相互作用的考察。"② 而当青年恩格斯将历史界定为自由概念的发展时，他对黑格尔做思辨的解释，他认为，黑格尔派的方法论是：历史被描述为自由概念的必然发展的信念。

五是对"否定性"的误解。诺曼·莱文承认青年恩格斯接受了黑格尔的"否定性"。但是他是以一种非黑格尔式的方式展开的。诺曼·莱文列举了1841年1月青年恩格斯所写的一篇题为"恩斯特·莫里茨·阿恩特"的评论。青年恩格斯在这个评论中将"否定性"理解为差别，即一个事物与另一个事物之间的区别。诺曼·莱文认为这并不是黑格尔意义上的"否定性"概念。"黑格尔的辩证法本质上从三个阶段

① Norman Levine, *The Hegelian Foundations of Marx's Method*, Lanham: Lexington Books, 2006, p. 114.

② Norman Levine, *The Hegelian Foundations of Marx's Method*, Lanham: Lexington Books, 2006, p. 114.

展开：主观意识否定客体，否定没有消除客体，以及一部分被否定的客体包容进了意识的高级阶段。"① 也就是说，在黑格尔看来"否定性"由三个部分组成：即取消、保留和包含。否定性并不意味着消灭，而意味着一个事物的某些东西在被否定之后仍然存在并被吸收在新的综合体中。② 即我们现在所说的"扬弃"。但青年恩格斯由于缺乏关于主观意识重要性的思想，他就无法正确理解取消、保留和包含的作用。他不能将这个世界视为由个人意识的辩证法所构建的。因为他把否定仅仅看作一种抽象，是理念的否定，而不是主体意识的否定。

正是如此，诺曼·莱文在本书的第一章就指出："恩格斯完全滥用了黑格尔的思想。他对黑格尔的理解是业余的，而他将黑格尔的辩证方法论转化为一种自然的哲学（natural philosophy）是一种简单的变形。将意识的辩证法重写为自然的哲学，导致了黑格尔思想的畸形。"③ 也就是说，在诺曼·莱文看来，在接近黑格尔的进程中，青年恩格斯虽然套用了黑格尔的很多观念，但他没有认识到，按照黑格尔的理论逻辑，客观现实和个体意识都是绝对精神的一部分，并通过其内部的辩证逻辑整合在一起。而是成为一位理性主义者，强调客观实在的作用、抽象的力量，将客观实在性、理性、抽象凌驾于个人之上，而将主观意识看作是在这些客观现实的基础上派生出来的。在把黑格尔看作一个逻辑泛神论者的基础之上，始终强调客观性和抽象物质的至高无上的地位，因此，他是在把客观性与现实打造为理性的核心。这也就是为什么，在青年恩格斯那里，客观实在性总是优于主体性而存在的。所以诺曼·莱文

① Norman Levine, *The Hegelian Foundations of Marx's Method*, Lanham: Lexington Books, 2006, p. 134.

② Norman Levine, *The Hegelian Foundations of Marx's Method*, Lanham: Lexington Books, 2006, pp. 114 – 115.

③ Norman Levine, *The Hegelian Foundations of Marx's Method*, Lanham: Lexington Books, 2006, p. 6.

批评道，由于主体意识相对于客观现实是第二位的，那么，对于恩格斯来说，用主体意识去改造第一位的客观现实是不可能的。这不是黑格尔的哲学表达，而是形而上学的理性主义者的观点，是对黑格尔思想的误解与歪曲。

三 1839—1841 年马克思趋向黑格尔的路径

与恩格斯对黑格尔的第一次借用完全不同的是，青年马克思在1839 年到 1841 年期间走出了一条与青年恩格斯截然相反的道路。诺曼·莱文指出青年马克思对黑格尔哲学以及伊壁鸠鲁、德谟克利特的哲学做过专业研究。并且在这两年大量阅读哲学文献，致力于成为青年黑格尔派运动的一个政论家。青年马克思的博士论文《德谟克利特的自然哲学和伊壁鸠鲁的自然哲学的差别》被诺曼·莱文誉为马克思对黑格尔的第一次借用的第一个时期，该论文深受 B.鲍威尔的影响，表现出了对老年黑格尔派的一大突破，是青年马克思走向青年黑格尔派的一个宣言。马克思在这一时期不同于恩格斯的最大区别，是继承了 B.鲍威尔式的黑格尔的主要观点：即主观意识与批判思想。B.鲍威尔不同于老年黑格尔派，他反对黑格尔的泛神论思想，将发展视为主观意识运用批判的逐步形成过程。他亦遵循黑格尔将批判理解为现实与本质标准比较的定义。在 B.鲍威尔那里，对主观意识的批判武器的使用是历史发展的钥匙。青年马克思在这个阶段是典型的 B.鲍威尔式的黑格尔主义者，因为他将黑格尔的核心思想也理解为由主观意识展开的批判。青年马克思在博士论文中即是延续了这一观点，讨论了伊壁鸠鲁对主观意识的运用，不同于德谟克利特的经验主义传统，伊壁鸠鲁不相信感觉解释自然的功能，而相信以主体为基础的概念对整理经验的必要作用。因此，诺曼·莱文认为，对于 1839 年到 1841 年的青年马克思来说，黑格尔即是主观和批判的统一，而且他还用这种 B.鲍威尔式的黑格尔主义去批判黑格尔的《历史哲学》。

在对青年马克思运用黑格尔方法论情况的考察中，诺曼·莱文看到马克思在1842年发表的《评普鲁士最近的书报检查令》里就运用了黑格尔的批判范畴：即黑格尔的内容与实质的形式证明普鲁士书报检查令的专制性质，并捍卫新闻出版自由。马克思将出版自由的实质规定为思想自由。诺曼·莱文认为在这篇评论中，青年马克思一是将黑格尔解释为批判的黑格尔主义者，而他自己则延续了这种批判的传统；二是青年马克思也开始探索并尝试使用本质和现象这些作为推动政治进步主义事业手段的黑格尔的范畴。[①]

另外，在对历史法学派的评价中，青年马克思对历史法学派的抨击也是将黑格尔的方法论用作政治进步主义的手段：他驳斥了历史法学派的实证性，拒绝将经验作为合法性的基础，认为存在的未必是正确的；他认为是人类理性塑造了现实，他延续了 E. 甘斯的思想即法律的演变是历史的，认为法律体系的变化不反映实在而是历史的结果。不同的法律体系是历史发展被带进存在的形式，历史性是法律的本质。[②]

通过考证1837年到1842年间青年恩格斯向黑格尔的接近过程以及梳理这一阶段马克思受青年黑格尔派的影响，诺曼·莱文看到了马克思恩格斯对于黑格尔源头的接受差异主要表现在两个方面，一是关于历史的问题：青年恩格斯将黑格尔解释为逻辑泛神论者，并赋予抽象实体以一种来自人类之外的具有本体论因果关系的力量。青年马克思对黑格尔的看法与青年恩格斯的逻辑泛神论完全不同。马克思摒弃了老年黑格尔主义的抽象概念，认为因果性是从主体中产生的，他将宇宙的原动力看

---

① Norman Levine, *The Hegelian Foundations of Marx's Method*, Lanham：Lexington Books, 2006，pp. 142－143.

② Norman Levine, *The Hegelian Foundations of Marx's Method*, Lanham：Lexington Books, 2006，p. 144.

作人的社会劳动。或者换句话说，青年恩格斯陷入了一种客观主义和抽象之中，对他来说，宇宙的动力是逻辑。而对青年马克思来说，社会创造的动力是社会共同体中的主体。二是对批判的运用：青年恩格斯未能充分运用青年黑格尔派的批判方法，用理性泛神论代替了主观意识，没能说清主观意识中所发生的理论—实践活动。①

因此，在诺曼·莱文看来，马克思主义的起源在于马克思对黑格尔的主体转换。并且在 1839—1842 年，马克思又将黑格尔主义方法论与主体相融合："一是运用诸如本质或现象等黑格尔的范畴；二是将主观意识看作是运用这些范畴的中介；三是主观意识将黑格尔的概念用作研究社会的工具。运用这三个要素作为批判的武器奠定了政治进步的基础，青年马克思采纳了黑格尔主义方法论并将其转换为批判当时世界的手段。"② 恩格斯主义的起源则在于青年恩格斯对黑格尔的主观性思想的忽视。青年恩格斯在此阶段中依然遵循的是黑格尔右派的路线，并且从未离开过 17 世纪这种形而上学传统即思辨哲学的传统。他也没有尝试过黑格尔主义的方法论，或者说他没能成功地使主观意识哲学化，因此，他也就不能使主观意识和黑格尔主义的逻辑形式转化为一种主观的社会批判。从 1842 年年底开始，马克思主义和恩格斯主义初露端倪，两种不同的思想体系开始产生。

在考察了恩格斯黑格尔化马克思主义过程中出现的问题后，诺曼·莱文并不意于要割断马克思主义哲学视角中的马克思与黑格尔之间的连接符。而是要在清除对黑格尔误读的基础上，还原一个真正地连接马克思黑格尔的学术语境，以此来呈现马克思思想中的黑格尔因素或非黑格

---

① Norman Levine, *The Hegelian Foundations of Marx's Method*, Lanham：Lexington Books, 2006，pp. 118 – 119.

② Norman Levine, *The Hegelian Foundations of Marx's Method*, Lanham：Lexington Books, 2006，p. 146.

尔因素。因此，在着重探讨完马克思主义的"去黑格尔化"之后，诺曼·莱文就把他的主要精力放在了马克思与黑格尔的"连续性"与"非连续性"的主题上了。

第二节　马克思对黑格尔社会现象学的继承

正如前文所述，诺曼·莱文将马克思与黑格尔的共生关系看作两个阶段：第一阶段是 1837—1850 年；第二阶段是 1851—1883 年。在第一个阶段，主要是黑格尔的社会现象学影响了马克思。诺曼·莱文指出，"在 20 世纪早期，随着《早期神学著作》《耶拿手稿》等黑格尔未刊手稿的陆续出版……人们开始借助《耶拿手稿》及与此同时期的《精神现象学》来重新解释黑格尔，从而使人们将焦点集中在对其社会经济学说（苏格兰学派的影响）、人的劳动概念、异化和对象化观念的理解上，将其再定位为一个社会现象学家。一个把世界看作是人的生产性活动创造的哲学家。黑格尔提出的社会现象学集中关注主体的作用、人的实践和历史，认为社会形态的发展是由人的主体性活动和劳动决定的。"① 进一步来说，黑格尔的社会现象学包含的是这样一些最基本的概念和范畴：即自我意识、历史性、国家和市民社会、生产模式。

一　自我意识与马克思的主体性概念

在考察自我意识的概念时，诺曼·莱文认为马克思哲学中的"主体性"这个在第二、三国际那里完全被封杀和隐藏了的概念，其实是勾连和源自黑格尔的《精神现象学》，并经过青年黑格尔派改造过后的"自

---

① ［美］诺曼·莱文、张亮：《从"西方马克思主义"到西方"马克思学"——诺曼·莱文教授访谈录》，《南京大学学报》（人文社会科学版）2006 年第 6 期。

我意识"。它是马克思用以解决伊壁鸠鲁问题的核心概念，并在其博士论文《德谟克利特的自然哲学和伊壁鸠鲁的自然哲学的差别》中出现的。虽然马克思的博士论文是对黑格尔关于哲学的历史编纂学的修正：黑格尔在《哲学史讲演录》中将伊壁鸠鲁主义、斯多亚主义以及怀疑主义描绘为后亚里士多德主义思想衰落的标志，而马克思将他们视为后亚里士多德时代主观自我意识完整力量的探索者①；虽然，黑格尔是反对极端的主体主义的：在黑格尔看来斯多亚主义、伊壁鸠鲁主义和怀疑主义思想是抽象的主观性，是倒退的步骤，这种主观性将个人视为原子的"我"，而"我"完全离开了国家、政治和道德共同体。但是，这些不同并不是马克思对黑格尔本人的根本性批判。这也不意味着马克思抛弃了黑格尔哲学，更不意味着他与黑格尔思想的中断。因为在马克思看来，伊壁鸠鲁之所以认为原子是倾斜下落的，并不是因为他借用了何种科学手段而观察到的，而是因为伊壁鸠鲁将概念或形式应用到感性的现实中去，他是按照人的主观意识，按照人的需要来确定原子的特性的。或者换句话说，关于原子的各种相互矛盾的规定不过是在矛盾运动中实现了的自我意识的特殊整体，他的原子不过是自我意识的化身。当马克思使用"自我意识"的概念解决了伊壁鸠鲁问题之后，这一概念的内容就逐渐内化为马克思理论的一个核心，实现了对人的主体性的张扬，形成了马克思以人为中心的实践唯物主义哲学极力强调的内容。② 之后这些内容自觉或不自觉地呈现在《1844 年经济学哲学手稿》和《关于费尔巴哈的提纲》以及其他马克思的哲学著作、经济学著作中。诺曼·莱文表明，从根本上来看，马克思运用的"自我意识"或是对主体性

---

① Norman Levine, *The Hegelian Foundations of Marx's Method*, Lanham: Lexington Books, 2006, p. 197.

② 李佃来：《马克思与黑格尔思想因缘的再考证——诺曼·莱文解读马克思哲学的理论定向》，《武汉大学学报》（人文社会科学版）2010 年第 2 期。

的强调，其实主要是依靠黑格尔的理论传统来进行哲学思考的，因为这一理论源头是黑格尔主义的"自我意识"哲学提供的。或者更准确地说，是青年黑格尔派的代表人物 B.鲍威尔放大过的"自我意识"。"B.鲍威尔使马克思注意到自我意识的重要性以及本质和现象的区分"①，"B.鲍威尔对批判的重新定义将主观的自我意识视为本质的代称。独立的自我意识运用自己的洞察力，将本质从外部存在的事物中提取出来，继而对现存的个性与这种本质标准加以比较。批判是揭示存在和本质之间分歧的一种考察，但既然揭示了这个鸿沟，也就开启了超越这个鸿沟的可能性。对 B.鲍威尔来说，超越的可能性仅仅存在于自我意识中。只有改变精神取向，才能带来社会的改变，或曰意识优先于社会环境。社会经济的改进不是生活变化的必要成因，因为自我意识还是保持原样。因此，B.鲍威尔主要关注的是将自我意识改造为历史过程的原动力"②。在博士论文中马克思基本上是以 B.鲍威尔的主要观点来展开对古希腊思想的解释或展开从泛逻辑主义到个人自我意识的运动。作为青年黑格尔派运动的重要代表，B.鲍威尔沉重地打击了老年黑格尔派，认为他们将黑格尔误读为实体哲学家，他们将黑格尔的主观性概念抽象为上帝或理性，成为历史发展的主观推动力。而在 B.鲍威尔看来，主观性属于"我"，从而取代了存在的实体，将客观体系转化为个人的主观形式，主观性与个人的自我意识相关。诺曼·莱文指出，尽管黑格尔和青年黑格尔派对主观性具有不同的定位：黑格尔将精神而不是个人的自我意识视为发展的推动力量，他将自我意识的诸多发展阶段理解为形式、形态、总体或有机的体系。但他们是以共同的方式理解主观性的对

---

① Norman Levine, *The Hegelian Foundations of Marx's Method*, Lanham：Lexington Books, 2006, p.192.

② Norman Levine, *The Hegelian Foundations of Marx's Method*, Lanham：Lexington Books, 2006, p.193.

象化即主观性将自身对象化为形式、形态和自我意识的总体等方面。因此，虽然马克思是在 B. 鲍威尔的"自我意识"的指引下展开对伊壁鸠鲁自然哲学的重新评价的，毋宁说马克思接受的是 B. 鲍威尔式的黑格尔主义的遗产，其实质接受的是黑格尔的"自我意识"。这是因为：其一，马克思借用自我意识的概念，意味着他更为看重主体性的自我意识作用，而主体性恰恰是黑格尔"实体即主体"哲学的一个非常重要的维度；其二，在确认自我意识之意义后，马克思不仅试图表明，伊壁鸠鲁作为一位具有现代主义倾向的古希腊哲学家，不仅不代表着古代哲学的衰落，反而可以被看作打开了哲学的全新视野；而且马克思也试图证明，黑格尔哲学的许多方面同样也开创了哲学的全新视野，黑格尔不是哲学的最后阐述，在一定意义上说，黑格尔是哲学历史的一个新的开始。① 因此，无论是马克思曾经在《神圣家族》中严厉地批判过的"自我意识"，还是马克思对黑格尔哲学进步的肯定，诺曼·莱文认为这都体现出了马克思的主体性概论与黑格尔理论的勾连，这种勾连不仅体现在博士论文期间，甚至这一概念经过马克思的调整和置换后或隐或显地出现在他今后的一切著作之中，彰显了马克思哲学的"主体性向度"。这也是马克思理论与恩格斯理论出现重大分歧的一个极其关键的因素。

二 黑格尔的历史性概念与马克思社会经济形式的研究

在考察历史性概念方面，诺曼·莱文看到了马克思的历史性概念与黑格尔的历史性概念之间的连续性。诺曼·莱文指出：马克思在《1844年经济学哲学手稿》中接受了黑格尔的历史性概念，并将其"从对精神的研究转向对社会经济形式的研究"②。在黑格尔那里，历史性概念

---

① 李佃来：《马克思主义的黑格尔化与去黑格尔化——诺曼·莱文〈分歧的路径〉的文本解读》，《江西社会科学》2013 年第 5 期。

② ［美］诺曼·莱文：《马克思与黑格尔思想的连续性》，赵玉兰译，《马克思主义与现实》2008 年第 5 期。

主要是用来描绘理念的运行过程。马克思注意到，在《法哲学原理》中，历史性概念是被黑格尔用来描绘家庭和市民社会的。市民社会的历史性是指从家庭到市民社会的过渡：家庭先于市民社会，它主要基于财产继承法而发生了历史性的改变。这个改变从单个的家庭开始，然后扩大为氏族部落性的社会形式，最后演化为工业的市民社会。"在《法哲学原理》第181节的附释中，黑格尔概括了自己对家庭和市民社会历史性的认识。他写到了家庭向市民社会的变迁……当黑格尔对家庭、氏族和早期的工业市民社会进行区别时，他就描绘了诸多社会经济形式。这恰恰是后来马克思所追求的思想探险。黑格尔则起步更早，他是把马克思带到阐释并扩大这种社会形式历史化方法的道路上的诸多师长之一。"[①] 同样，在《法哲学原理》以及《历史哲学》中，黑格尔用历史性概念也描述了国家的发展和变迁。黑格尔区分了几种国家形式即古代中国的家庭父权制形式、古代印度的阶级分层形式、雅典的民主形式、罗马的共和制形式以及日耳曼人入侵欧洲后带来的封建君主制形式。黑格尔认为国家的历史性终结于君主制形式。马克思虽然不赞同黑格尔对国家和市民社会演进的描述，认为它依然是停留在逻辑泛神论以及思辨唯心主义的平台上，本质上是反民主制的。因此，历史性在黑格尔的国家理论中没有任何的意义。但他却又从黑格尔的历史性概念中得到了启发，使得他在之后的社会不同经济形式研究过程中开始运用并扩大这一概念。

三　市民社会与马克思的历史唯物主义

对于国家和市民社会问题，诺曼·莱文指出马克思明显是受到了黑格尔《法哲学原理》的影响。虽然，他在批判黑格尔在市民社会与国

---

① ［美］诺曼·莱文：《马克思与黑格尔思想的连续性》，赵玉兰译，《马克思主义与现实》2008 年第 5 期。

家的关系上表现出了与黑格尔的"非连续性":此时的马克思,虽然借用了黑格尔《法哲学原理》中的"市民社会"概念去阐述唯物主义,但他却没有给黑格尔的市民社会以足够的重视,尤其没有理解这一概念的真实意义以及其所包含的经济学内容和唯物主义的元素。诺曼·莱文分析道:"马克思对黑格尔国家理念的探讨是以市民社会和国家间的冲突排斥为基础的。市民社会和国家之间的区别是马克思从黑格尔那里得到的最大惠赠之一。黑格尔认为,市民社会是社会经济生活,它先于国家,属于政治经济领域。虽然黑格尔认识到国家是从市民社会演变而来的,国家作为政治结构亦是由市民社会决定的,但是,他也意识到了这两个领域的区别。市民社会是经济性的,而国家却是伦理性的。市民社会之为法,表现在社会经济之中,而国家之为法,则表现在立法活动与行政活动中。"① 也就是说,黑格尔区分了市民社会和国家。市民社会与家庭性、经济活动、阶级、法律和警察功能相关,国家的概念与市民社会的政治组织相关。国家建立在市民社会的结构为其提供的条件上。黑格尔对市民社会和国家坚持一种历史主义的观点:市民社会的社会——经济结构的不断改变是生产方式不断变化的结果,国家也是历史主义的产物,因为国家的形式也要不断地变更以适应市民社会的需要。② 但是马克思却没有看到黑格尔关于市民社会和国家历史性的认识,认为黑格尔否定了市民社会,黑格尔把市民社会与国家决然地分隔开来,国家属于政治领域,而市民社会属于经济领域,二者毫无关联。诺曼·莱文考察了马克思对黑格尔《法哲学原理》的阅读,他指出《黑格尔法哲学批判》的副主题之一就是黑格尔始终对市民社会的重要性茫然不知,国

---

① [美] 诺曼·莱文:《马克思与黑格尔思想的连续性》,赵玉兰译,《马克思主义与现实》2008 年第 5 期。

② Norman Levine, *Marx's Discourse With Hegel*, New York: Palgrave Macmillan, 2012, p. 45.

家则是自生的还不是派生的。也就是说，"马克思将全部的评论都集中在了黑格尔的国家理论上，反而忽视了黑格尔在书中第 182 节到 256 节对市民社会的讨论"①。所以，在诺曼·莱文看来，马克思的这一观点是对黑格尔的"近视"，这体现了马克思没有对黑格尔的市民社会所具有的唯物主义方面予以应有的重视以及对关于家庭和市民社会的社会学演进知识视若无睹。实际上，黑格尔从未将市民社会与国家割裂开来，而是认为国家是从市民社会演化而来的。对于黑格尔来说，市民社会与国家是相互依存的。② 这一忽视，所造成的后果就是，马克思同时忽略了政治经济学在黑格尔那里所具有的重要意义。诺曼·莱文指出，与《精神现象学》基本同时期写成的《耶拿手稿》证明，黑格尔并非不懂得人的自由问题与经济问题经常联系在一起，他在研究市民社会问题时，是站在经济学的高度、站在英国古典经济学传统上展开的。而这些内容，并没有进入专注于批判市民社会与政治国家的马克思的视野之中。"马克思对黑格尔之为思辨唯心论者的专断解释，使他产生了避开黑格尔对政治经济学的大量阐述及运用的心态，而马克思的这种观点的后果之一就是，他在 1843 年没有注意到，黑格尔把历史性观念既运用于市民社会中，又运用于国家之中。"③ 除此之外，诺曼·莱文还指出，由于马克思在借用黑格尔的过程中遗漏了一些文本（如《论自然法的科学研究方法》），从而导致他对黑格尔的政治经济学研究一无所知，一个对实践活动感兴趣、关注人类经济活动的进化产物的黑格尔隐匿在马克思的视野之外："他依然看不到黑格尔思想当中的重要元素，这些

---

① Norman Levine, *Marx's Discourse With Hegel*, New York：Palgrave Macmillan，2012，p. 47.

② ［美］诺曼·莱文：《马克思与黑格尔思想的连续性》，赵玉兰译，《马克思主义与现实》2008 年第 5 期。

③ ［美］诺曼·莱文：《马克思与黑格尔思想的连续性》，赵玉兰译，《马克思主义与现实》2008 年第 5 期。

元素本可以改变他把黑格尔归为思辨哲学家这个观点。对这篇论文的了解本可能为马克思揭示这样一个黑格尔，在这个黑格尔那里，实践的、政治经济学的以及建立于市民社会实践之上的国家的演进等概念都起到了重要的作用。"①

　　虽然由于马克思的"近视"，造成了在市民社会国家问题上与黑格尔的非连续性。然而，诺曼·莱文却解释道这些忽视不会从根本上阻止他发现市民社会在黑格尔历史观中起到的基础作用，这种忽视最多导致的是：延误了马克思对市民社会本质的认识，延误了马克思对政治经济学的兴趣。如果他较早地意识到黑格尔市民社会的重要性或是读过1802—1803 年出版的《论自然法的科学研究方法》，马克思应该会更早地投入到政治经济学的研究工作中去。不过，这一切并没有留下一条永久的鸿沟，马克思对政治经济学的兴趣很快就表现在其 1844 年对李斯特和穆勒的摘录当中，而且这也是马克思对其在《黑格尔法哲学批判》的"关于这一点要在《市民社会》这一章中作进一步阐述"② 的承诺。也就是说，马克思在 1844 年之后逐渐悟出了黑格尔研究市民社会问题的经济学语境，并认识到："要将隐匿在市民社会背后的因素清晰地呈现出来并对其进行深入的批判，没有足够的经济学知识是不能完成的。"③ 因此，马克思 1844 年之后的经济学研究转向又表现出与黑格尔的"连续性"。诺曼·莱文指出，"尽管马克思和黑格尔所理解的'市民社会'内容之间存在对立，但马克思一生致力于揭示社会关系，而经济生产系统是通过社会关系起作用的。他从未放弃这一追求，这一过程也揭示了马克思与黑格尔在'市民社会'这一议题上的持久矛盾"④。

---

　　① Norman Levine, *Marx's Discourse With Hegel*, New York：Palgrave Macmillan, 2012, p. 47.

　　② 《马克思恩格斯全集》第 3 卷，人民出版社 2002 年版，第 102 页。

　　③ 李佃来：《马克思与黑格尔思想因缘的再考证——诺曼·莱文解读马克思哲学的理论定向》，《武汉大学学报》（人文社会科学版）2010 年第 2 期。

　　④ Norman Levine, *Marx's Discourse With Hegel*, New York：Palgrave Macmillan, 2012, p. 200.

从此以后，马克思的哲学尤其是历史唯物主义便与经济学融合在一起。这种融合从某种意义上来说，正是他在 1844 年之后了解到的黑格尔市民社会的经济学内容的逻辑延伸。

四　生产模式与马克思劳动理论的创生

在考察马克思的生产模式方面，诺曼·莱文探讨了马克思对黑格尔《精神现象学》思想的借用与汲取。他认为，马克思在《1844 年经济学哲学手稿》中通过批判黑格尔的《精神现象学》已经与黑格尔的生产模式理论实现了一定的勾连，并获取了用于分析与阐释历史与社会发展的唯物主义的哲学范畴。在《精神现象学》中，黑格尔对生产过程进行了阐述，不过这种阐述是建立在他将劳动创造设想为思想活动这一基础上的。然而，黑格尔从未质疑思想自身的旅程开始于感觉资料或感性知觉。他在《精神现象学》的前两章中就致力于研究"感觉确定性"和"知觉"。也就是说黑格尔企图实现的是思想与存在的统一、主体与客体的统一：思想与外部世界是共时的，而在精神和内容斗争的过程中，内容被精神吸收，并失去了自身确定性质，与思想融为一体。秉持着这一观点，在黑格尔看来，生产过程经历了五个阶段即消费、对象化、异化、重新占有、再生产；这一过程发生在个人即自我内部。这一系列思想形式被黑格尔描述为主体的自我实现或自我起源。① 诺曼·莱文指出，黑格尔概述生产过程是为了将思想表述为自我表现的力量，思想是动态和富有动力的。并且黑格尔经常将思想认为是概念的实现。而概念则被描绘为一种内在趋势，即根据其内在本性展现并因此活跃的一种有机体主义。概念不仅是一个事物的内部存在，而且也是认识的方法。要了解一个事物，就必须得了解它的概念，因此，认识活动取决于

---

① Norman Levine, *The Hegelian Foundations of Marx's Method*, Lanham：Lexington Books, 2006, pp. 156 - 157.

一个事物的概念的知识。然而这一生产活动并没有停止，继而它又蔓延到再生产过程之中：主观性否定新客体，然后否定新的内容。新的外部性又被概念所吸收，而概念又重新产生了另一个新的客体。黑格尔描述了一个建立在消费、保留、生产、异化、重新占有和再生产等概念基础之上的创造过程。诺曼·莱文在这里强调的是黑格尔生产的主观方面，他承认在这一点上采用的是 E. 胡塞尔、A. 科耶夫和让·伊波利特的现象学式解释。不过诺曼·莱文指出，虽然黑格尔所描述的仅仅只是抽象的精神劳动，但他把生产模式指认为人类历史发展的内在法则，并对其做出了系统的阶段区分，给予了马克思以启发。只不过马克思对黑格尔采取了分裂化的解释：即一方面，他将黑格尔的生产理论永久化；另一方面，他又将黑格尔的哲学解释为泛逻辑主义的表述。马克思在《1844年经济学哲学手稿》中谈论劳动过程时，延续了黑格尔的生产理论，但又在他的《黑格尔法哲学批判》以及《1844 年经济学哲学手稿》的最后一章"对黑格尔的整个哲学的批判"中，将黑格尔表述为一个泛逻辑主义者。[①]

　　诺曼·莱文在这里表明的是，马克思虽然拒斥了黑格尔的泛逻辑主义体系，但在处理劳动过程的理论表述时，沿用了黑格尔的生产理论，吸收了黑格尔对生产过程的消费、对象化、异化、重新占有和再生产这五个阶段的划分，并最终使之成为其劳动理论创生的基础。对马克思来说，生产过程以占有为开端。这就意味着人必须从自然之中获取产品以维持生命；对象化是人类外化的同义词，在这一过程中，人类利用工具将自然客体塑造为有益于人类生存的客体，人类劳动被对象化，人类劳动通过这个过程融入自然形式之中并被改造成维持人类社会存在的工具；客体一旦变成产品，它就与社会化的人相异化，即客体的创造者并

---

　　① Norman Levine, *The Hegelian Foundations of Marx's Method*, Lanham: Lexington Books, 2006, pp. 159 - 160.

不是客体利润的获得者，异化导致了其所有权被剥夺。要结束这种剥夺只能通过重新占有来完成。因为，只有被重新占有，才能进行新的再生产。当然，马克思对生产模式的理解和阐述，是在深入研究资本主义生产方式的基础上进行的。这种研究路径虽然与黑格尔从意识层面探讨生产的思路是颠倒的。但他同黑格尔一样都将决定性因素视为对主体性的安置，只不过马克思用作为社会成员的人替换了黑格尔的绝对理念。马克思正是在这种保留、批判，甚至放弃黑格尔理论的张力过程中，开创了其劳动理论的哲学传统。

如果说，马克思与黑格尔的承接，在1850年之前的第一次借用阶段，主要表现在黑格尔所揭示的社会现象学上，因此，在这一阶段马克思与黑格尔的连续性体现在思想内容层面而非方法论层面。但在诺曼·莱文看来，这并不意味着马克思忽视了黑格尔的方法论。结果恰恰相反，马克思与黑格尔的连续性正如列宁在《哲学笔记》中指出的那样，"马克思把黑格尔辩证法的合理形式运用于政治经济学"[①]。也就是说从1850年之后马克思的政治经济学研究尤其是《资本论》中，大量汲取了黑格尔《逻辑学》的逻辑基础，使黑格尔的方法论更加地具体化并且深化发展了它们。诺曼·莱文认为，黑格尔在《逻辑学》中的大量范畴与方法论都被马克思批判性地继承并内化为其政治经济学的方法，这鲜明地体现在《政治经济学批判大纲》以及《资本论》的叙事逻辑之中。

第三节　马克思对黑格尔方法论的内化

在诺曼·莱文看来，马克思与黑格尔方法论的关系，是马克思与黑

---

① 列宁：《哲学笔记》，中共中央编译局译，人民出版社1974年版，第190页。

格尔关系的重中之重，黑格尔的方法论是马克思社会分析方法的基础。因此，他就必须要探究，马克思究竟是如何借用黑格尔主义方法论的范畴，并运用这些范畴去揭示社会系统的内部结构的。他拒绝所有对马克思主义的线性解释，包括"辩证唯物主义"和"历史唯物主义"。①（这里的历史唯物主义应该是特指传统教科书模式的"历史唯物主义"）因为在诺曼·莱文看来，"尽管'辩证唯物主义'和'历史唯物主义'之间有区别，但他们都有一个共同点：都强调线性的历史发展观。它们都使马克思主义成为历史主义的形式，成为随着时代逐步发展的社会经济制度。"②与线性发展相反的是，实质上"马克思打破了以往所有社会科学的诊断，提出了一种新的社会科学分析原则。这个原则主要来自于《逻辑学》的本质论"③（这里的《逻辑学》是指《大逻辑》而非《小逻辑》）。众所周知，黑格尔的《逻辑学》并不是一种洛克或休谟意义上的逻辑学，而是一种重新诠释的逻辑学，或者说是用方法论来取代逻辑学，这可以说是展现了哲学解释的一种新境界。黑格尔在《逻辑学》中从三个阶段即主观、客观和绝对精神来展现心灵目的论的发展或者说思维的运动过程。它为的是描述思维从内在转为外在、从潜能转为现实的过程。黑格尔在《逻辑学》中就此问题分存在论、概念论和本质论三部分，并进行了详细阐述，叙述了哲学从"存在"最终上升到"绝对理念"的过程。诺曼·莱文指出，"黑格尔使用了'方法论'这一术语描述'绝对理念'的作用。'方法论'仅仅是指绝对理念起作用的方式，它的同义词是'过程'（procedure），即运作模式。方法论研

---

① ［美］诺曼·莱文：《不同的路径：马克思主义与恩格斯主义中的黑格尔》（中文版序言），臧峰宇译，北京师范大学出版社2009年版，第5页。

② ［美］诺曼·莱文：《不同的路径：马克思主义与恩格斯主义中的黑格尔》（中文版序言），臧峰宇译，北京师范大学出版社2009年版，第5页。

③ ［美］诺曼·莱文：《不同的路径：马克思主义与恩格斯主义中的黑格尔》（中文版序言），臧峰宇译，北京师范大学出版社2009年版，第5页。

究的是观念的运作规则，或者说观念所显现出来的各种特殊规定性。方法论是当理性穿越现象时所产生和伴随的各种规定与运作模式"①。

诺曼·莱文为了准确描述马克思对黑格尔方法论的借用，他把黑格尔哲学分为两个部分即体系和方法。他指出，体系与方法之间的区别等同于内容与形式之间的区别："《黑格尔法哲学批判》标志着马克思与黑格尔思辨唯心主义的决裂。如果说从 1837 年到 1843 年的《黑格尔法哲学批判》，黑格尔的'理念是现实的内容'这一信念一直是马克思思想的组成部分，而《黑格尔法哲学批判》不仅否定了黑格尔的国家哲学，而且否定了推动黑格尔走向形而上学的思辨唯心主义体系。但是，取消思辨哲学并不意味着放弃黑格尔的方法论。马克思的事业恰恰建立在这一信念上，即我们有可能在否定黑格尔思辨唯心主义的同时也坚持黑格尔的方法论。在哲学的领域内，马克思与黑格尔之间的中断性体现在思辨唯心主义领域，而马克思与黑格尔之间的连续性则体现在方法论领域。"② 也就是说，承认马克思接受了黑格尔的方法论，并不代表马克思完全接受了黑格尔哲学；取消黑格尔的思辨哲学，也不意味着马克思放弃了与黑格尔之间的勾连。马克思在抛弃黑格尔的思辨哲学的同时，也相应地否定了黑格尔的哲学的内容即精神，代之以劳动。同样，马克思保留了某些黑格尔方法论的形式，这些形式之前被思辨的内容所遮蔽。或者说，"黑格尔哲学的体系部分是他的泛逻辑主义，……是黑格尔的观念论，它把理性当作创造一切实存的力量。方法则是理性在通向绝对理念过程中使用的工具和规定性，它是理性在上升过程中实现的功能"③。诺曼·莱文强调马克思拒斥的是黑格尔的体系，反对黑格尔

---

① ［美］诺曼·莱文：《黑格尔〈逻辑学〉中的"本质论"与〈资本论〉中的方法论》，钱立卿译，载张庆熊等《现象学方法与马克思主义文选》，上海三联书店 2014 年版，第 334 页。

② ［美］诺曼·莱文：《马克思与黑格尔思想的连续性》，赵玉兰译，《马克思主义与现实》2008 年第 5 期。

③ ［美］诺曼·莱文：《黑格尔〈逻辑学〉中的"本质论"与〈资本论〉中的方法论》，钱立卿译，载张庆熊等《现象学方法与马克思主义文选》，上海三联书店 2014 年版，第 335 页。

的观念论，但却继承了黑格尔的方法论。所以他指出，"马克思借用了被黑格尔作为本质的形式，但先去除了其思辨的内容，并将这个本质重新解读为社会经济形态的内在运动。马克思用于解释社会形态运作的经济学方法论是清除了思辨内容之后的黑格尔的逻辑方法论"①。因此，诺曼·莱文所谓的 1843 年《黑格尔法哲学批判》之后黑格尔与马克思之间的连续性，主要是指方法论层面。

不过，马克思在继承黑格尔方法论的同时也对其进行了重新配置：即改变了其内容，内容不再是思维，而是社会存在的自然基础；又保留了黑格尔方法论的绝大部分表述形式。经过这一内容和形式的重新整合，黑格尔的方法论就与马克思的理论融合起来，并延续下去。马克思早在《黑格尔法哲学批判》中就把黑格尔的方法论运用到生活的"自然基础"——市民社会的生产建制中去。正如诺曼·莱文所说："《黑格尔法哲学批判》不仅是对黑格尔的国家和政治学理论的驳斥，而且也是马克思对黑格尔手稿的模仿。马克思试图尽可能地运用黑格尔方法论的更多范畴来讥讽《法哲学原理》。通过夸张地运用《法哲学原理》中的这些方法论步骤，马克思试图展现黑格尔的内容如何曲解了国家的'自然基础'，而通过证明由之所造成的曲解，马克思亦嘲讽了黑格尔方法论的内容。"② 这种初次借用也为《政治经济学批判大纲》以及《资本论》提供了大量的方法论，他分析社会形式的新的方法论，也为他的新的政治经济学奠定了基础。具体来说，黑格尔《逻辑学》中抽象与具体、普遍与特殊、形式与内容、本质与实体、矛盾、否定等辩证方法论，以及将社会形式解释为一个有机体的总体性范式，都被马克思自觉地继承并内化为政治经济学的研究方

---

① Norman Levine, *Marx's Discourse With Hegel*, New York: Palgrave Macmillan, 2012, p. 12.

② ［美］诺曼·莱文：《马克思与黑格尔思想的连续性》，赵玉兰译，《马克思主义与现实》2008 年第 5 期。

法。因此，从抽象到具体、从整体到部分等辩证方法与逻辑范畴鲜明地呈现在《资本论》的叙述结构之中。

不过，就黑格尔的《逻辑学》而言，诺曼·莱文指出，因为"马克思认为没有必要对实存进行说明，他的唯物主义已经承认了自然界的存在……（并且）作为一名唯物主义者，马克思对观念的经验性源起颇为重视"[①]。所以马克思既不关注存在论，也不关注概念论，而主要关注的是黑格尔本质论的方法论。又由于"本质论"处于客观逻辑的"存在论"和主观逻辑的"概念论"之间的中介地位，本质也就成为连接客观与主观的观念之间的桥梁。本质提供了形式、理性的运作模式，而这正是观念从物质性当中生发出来的基础。[②] 因此，在诺曼·莱文看来，在《逻辑学》中，"本质论"是至关重要的，而这也成为马克思与黑格尔之间联结的最为重要的纽带。

这种联结，在诺曼·莱文看来总体是由四个原理[③]构成：

1. 马克思在他对黑格尔的第二次借用期间即《资本论》时期，并不想描述社会运动的内在趋势。他主要关注的不是历史的预言，而是关注潜在的结果。

2. 马克思发展了社会研究的新范式，其核心是黑格尔主义的总体性思想。《逻辑学》中的"本质论"的核心主题是整体和部分的辩证法。马克思吸收了黑格尔关于整体—部分的辩证法，这种对立面的统一成为马克思解释科学的轴心。

3. 以总体性概念为基础，基于整体和部分的辩证法，马克思将社

---

① ［美］诺曼·莱文：《马克思与黑格尔思想的连续性》，赵玉兰译，《马克思主义与现实》2008 年第 5 期。

② ［美］诺曼·莱文：《黑格尔〈逻辑学〉中的"本质论"与〈资本论〉中的方法论》，钱立卿译，载张庆熊等《现象学方法与马克思主义文选》，上海三联书店 2014 年版，第 334 页。

③ ［美］诺曼·莱文：《不同的路径：马克思主义与恩格斯主义中的黑格尔》（中文版序言），臧峰宇译，北京师范大学出版社 2009 年版，第 5—6 页。

会规定为有机的系统。社会形成必然被理解为由本质推动的有机的系统。比如：资本主义的生产方式是由利润的持续稳定的本质规定的。

4. 运用黑格尔的辩证法。因为只有黑格尔主义的逻辑学体系提供了把握有机体的普遍性的内在功能的逻辑。一个有机体系的内在机制是通过辩证的方法论范畴得到理解的。辩证法不是力量之源，它不是生产方式的力量，而是解释总体性的力量。体系辩证法理解的社会形态使我们认识到社会总体性的真实本性。

具体来说，诺曼·莱文着重分析了黑格尔"本质论"的七大范畴，以详细说明马克思与黑格尔之间关于方法论的连续性。这七大范畴分别是主体—客体、"有机体"的方法论、本质、实体、形式—内容、实现或必然的发展以及抽象与具体。

一　主体—客体

诺曼·莱文指出，在黑格尔看来不管是康德、斯宾诺莎还是莱布尼茨、费希特等，他们都没认识到虽然在原初层面主客体二者彼此对立，但是通过思想劳动，主客体能够融为一体，从而概念得以形成。《逻辑学》的核心就是绝对理念的发展或者说是主体与客体的完美统一。不过，在黑格尔那里，理念是主体，而客观性仅仅是理念的一个谓词。理念是从潜能向现实运动的内在动力。而马克思将黑格尔的主—客体的方法论进行了颠倒和置换。在马克思那里，主体由思维转换为人类的劳动，而客体成为人类劳动的对象。"劳动成为最初的原因，是力量之源，而这一原因现实化的结果就是经济对象……劳动成为潜能，成为内容，它向现实性的形式运动。"①

———————

① ［美］诺曼·莱文：《马克思与黑格尔思想的连续性》，赵玉兰译，《马克思主义与现实》2008 年第 5 期。

二　有机体

对于有机体理论与马克思的方法论的关联，诺曼·莱文做了十分有力的论证。有机体是黑格尔用来描述辩证法实质的模式。他之所以选择有机的、解剖学的方法，是因为有机体由自身、本质和目的填充，它在自身萌芽之时就蕴含了推动其走向终结的压力和目的。

有机体理论实则是历史主义的一个重要的解释范畴，指的是运用有机体模型来解释社会，将社会作为一个整体，由相互联系的各个部分构成，每个部分都以整体的实现为目的。德国的历史主义思想是启蒙社会理论世俗化的结果，它把历史看作人们的客观行为，并用有机模型来解释社会，贯穿着在整体与部分中寻找规律和原则落脚点的认识方法，强调个体精神的运动及其价值。这本身成为马克思思想重要的理论来源。诺曼·莱文围绕康德、赫尔德、费希特、黑格尔等人的有机体思想展开论述，体现了有机体思想在德国历史主义解释方法体系中的中心地位及其对马克思社会理论的影响。

诺曼·莱文指出，"黑格尔和康德一样，认为对动物和人类的行为以及文化产物的理解必须要靠一种与物理逻辑、化学逻辑不同的逻辑。也就是说，理解物理化学所需要的逻辑完全不适合于理解动物和人类生活以及人类精神的文化灵魂学。……黑格尔和亚里士多德一样，认为要理解人类活动和文化发展就不可能离开意图和目的，而唯一能够囊括目的和有意识计划在内的方法论就是有机的模型"[①]。有机的方法是黑格尔创作的全部著作的基础，因为它提供了整体性的理念并表现为一个体系。诺曼·莱文强调，在《哲学全书》中，关于有机体的专门论述就

———————

[①]　[美]诺曼·莱文：《黑格尔〈逻辑学〉中的"本质论"与〈资本论〉中的方法论》，钱立卿译，载张庆熊等《现象学方法与马克思主义文选》，上海三联书店 2014 年版，第 335 页。

出现在黑格尔探讨人的精神和理性起源之前，黑格尔以有机体的方法为中介引出对人类精神活动和力量的论述，以生物有机体理论为解释学上的合理化工具以建构社会领域的有机运动。在《法哲学原理》中黑格尔阐述了国家有机体思想，认为国家是一个统合特殊利益和普遍利益的有机体，是主观政治情绪和客观国家制度的统一体。① "国家的目的就是普遍的利益本身，而这种普遍利益又包含着特殊的利益，它是特殊利益的实体。"② 国家既能够超越个体实现整体目标，又能够实现国家中的个人。国家权力的各个组成部分有机统一着，它们在完成自身职能实现整体的同时，保存和实现了自身。此外，作为历史总体的一个环节的国家，也是有机体中的一部分，国家、民族、个人等都是世界精神在历史中实现自身的手段、工具、环节。也就是说，黑格尔始终把各个历史文明看作是一个个整体，并且每个文明的个别部分都反映了这个整体。因此，无论是从方法论原则上还是国家观上，黑格尔对有机体思想的贯彻为马克思社会思想的构建提供了重要基础。诺曼·莱文指出，"黑格尔使用了另外几个与有机体同义的术语，它们是普遍—特殊、整体—部分以及全体性、整体论和系统"③。可以看到，这些同义语表述的都是一个整体的方法论、解剖学的意象，要求一般性来规定一个部分是如何运作的，或者说部分必须以支撑整体结构的方式去运行。因此，在黑格尔这里，特殊性或部分仅仅是孤立、经验的，只有当它们被置于普遍性之中，才能彰显它们的意义和价值。

诺曼·莱文指出，在对黑格尔有机体理论这一方法论借用中，马克思将之置入了完全不同的领域：黑格尔运用于哲学、艺术和宗教，而马

---

① 关于诺曼·莱文论述黑格尔有机体理论在《哲学全书》《法哲学原理》中的体现，笔者部分采用了课题组成员谭韵蓉的概括，特此致谢！

② ［德］黑格尔：《法哲学原理》，范扬、张企泰译，商务印书馆1996年版，第269页。

③ ［美］诺曼·莱文：《马克思与黑格尔思想的连续性》，赵玉兰译，《马克思主义与现实》2008年第5期。

克思却运用于政治经济学领域。即"马克思借用了黑格尔方法论的形式，而颠倒了它的内容。在马克思那里，并不是理念提供了全体性，而是社会提供了全体性"①。也就是说，在马克思那里，社会形态这个概念等同于黑格尔的有机体概念。

诺曼·莱文在这里考察了两个文本：一是在《政治经济学批判大纲》导言中，马克思指出，"人体解剖对于猴体解剖是一把钥匙。反过来说，低等动物身上表露的高等动物的征兆，只有在高等动物本身已被认识之后才能理解"②。诺曼·莱文指出，从这里可以看出，马克思对社会形式的研究总是从决定特殊的整体性那里开始的，"他总是表明，普遍性是如何决定特殊性的。决定资本主义性质的本质、普遍性就是加强对劳动力价格的限定，资本主义形式的每一方面都在重复着这一价格限定过程"③。二是马克思在"资本章"中的"资本和劳动的交换"探讨"资本与现代土地所有权"这部分里，对资本主义做出了如下定义："如果说在完成的资产阶级体制中，每一种经济关系都以具有资产阶级经济形式的另一种经济关系为前提，从而每一种设定的东西同时就是前提，那么，任何有机体制的情况都是这样。这种有机体制本身作为一个总体有自己的各种前提，而它向总体的发展过程就在于：使社会的一切要素从属于自己，或者把自己还缺乏的器官从社会中创造出来。"④ 诺曼·莱文认为，从这里可以看到，马克思在对资本主义体制的分析中是以有机体的意象入手的。也就是说，对资本主义的研究，首先应该将其看作一个总体，只有将部分统一为一个整体，把体系理解为一个整体，

① ［美］诺曼·莱文：《马克思与黑格尔思想的连续性》，赵玉兰译，《马克思主义与现实》2008 年第 5 期。

② 《马克思恩格斯文集》第 8 卷，人民出版社 2009 年版，第 29 页。

③ ［美］诺曼·莱文：《马克思与黑格尔思想的连续性》，赵玉兰译，《马克思主义与现实》2008 年第 5 期。

④ 《马克思恩格斯全集》第 30 卷，人民出版社 1995 年版，第 236—237 页。

通过揭示资本主义的普遍性原则作为其研究的先导和入口，才能深入地把握其中的精髓和实质。马克思在分析资本主义社会的过程中，完全借用了黑格尔的有机体的方法论。

三　本质

在黑格尔那里，本质是自在自为的存在，是一个有机总体的普遍的质，是自我同一性的持存的基础。或者换句话说，"本质即是一个对象的自在，是提供基本运作模式和作用过程的对象的质，是对象内在的趋向"①。与对有机体的借用一样，马克思从黑格尔那里吸收了这个概念，并改变了这个概念所运用的领域。黑格尔将本质作为逻辑的一种方法论，而马克思则将本质运用到了对政治经济学的研究和批判中。诺曼·莱文指出，马克思在对资本主义体制本质的分析中，就体现了黑格尔对本质的定义。资本主义体制的本质是相对剩余价值的无限增殖，这种本质的同义词就是自我实现，或是产生相对剩余价值的资本总体性之内在趋向。资本主义整个系统的每个部分都被分配了获取相对剩余价值这一目标。在诺曼·莱文看来马克思是首位将本质概念看作解释的方法论并将其运用到政治经济学研究中的学者，因此，他也对政治经济学的性质进行了变革。

四　实体

黑格尔为了适应其泛逻辑主义的思想，将实体界定为理性的显现。实体即是普遍，它是偶然性统一的基础，它是将特殊之物统一到普遍当中去的力量。马克思的实体是物化劳动，他将黑格尔作为精神规定性的

---

① ［美］诺曼·莱文：《黑格尔〈逻辑学〉中的"本质论"与〈资本论〉中的方法论》，钱立卿译，载张庆熊等《现象学方法与马克思主义文选》，上海三联书店 2014 年版，第 336 页。

实体，在经济学领域内进行了替换，将其看作为社会劳动的规定。劳动在黑格尔那里描述的是精神的活动，而在马克思这里则指商品的生产。也就是说，在诺曼·莱文看来，虽然马克思对黑格尔的实体概念做出了质的转化，但依然保留了这一范畴的方法论意义。

五　形式—内容

诺曼·莱文指出，在黑格尔那里，"所有的客体都是由形式和内容构成的。形式是外部的东西或者说是物质现象或社会现象，而内容则是内部的东西，给出客体的意图"①。对黑格尔来说，内容是理性，但内容在其中现实化的形式却随着理性所寄居的环境的变化而不断变化着。马克思保留了黑格尔形式的历史性维度，他也把形式看作是对象的物质形态，并可以随着内容的变化而变化。但马克思置以与黑格尔不一样的内容。在黑格尔那里，由于其观念论，把内容看作为精神或是理性，马克思则把内容置换为物化的社会劳动。马克思那里的形式—内容通过劳动与质料性的转换联系在一起。诺曼·莱文列举了《政治经济学批判大纲》"资本章"里马克思的一段论述："这样，活劳动通过把自己实现在材料中而改变材料本身，这种改变是由劳动的目的和劳动的有目的的活动决定的，——（这种改变不像在死的对象中那样是创造作为物质的外在物，作为物质存在的仅仅转瞬即逝的外表的形式），——因此，材料在一定形式中保存下来，物质的形式变换就服从于劳动的目的。"②诺曼·莱文从这里看到了，马克思对形式—内容的借用，使得他能够展现社会劳动这一永恒的内容，是如何随着不同的社会形态的变化发展出

① ［美］诺曼·莱文：《黑格尔〈逻辑学〉中的"本质论"与〈资本论〉中的方法论》，钱立卿译，载张庆熊等《现象学方法与马克思主义文选》，上海三联书店 2014 年版，第 336 页。

② 《马克思恩格斯文集》第 8 卷，人民出版社 2009 年版，第 73 页。

不同的形式的。马克思的劳动与黑格尔的精神一样具有优先地位，都代表了"内容"。马克思在重新界定黑格尔的内容概念时所使用的置换策略，是与黑格尔在《精神现象学》中用哲学取代了有神论，以及施特劳斯在《耶稣传》中对基督教宗教信仰的解构、费尔巴哈在《基督教的本质》中用类的概念去批判黑格尔的哲学观的思路是一脉相承的。①

六　实现，必然的发展

在诺曼·莱文看来，黑格尔的"本质论"是本质和现实之间的中介。它描绘了本质寻求自身的实现，在对象中发现自身，通过各种形式达到现实的过程。本质拥有一种内在的倾向，要以实现为其目的。因此，为了达到现实，本质必须被实现出来，"实现"就是"必然发展"。诺曼·莱文认为，黑格尔始终处在一个动力学的世界当中，理性在这个世界里是一种外化的力量，理性达到其目标的能力就是必然的发展。人类或社会对象拥有一种驱动力去实现和完成他们的目标。② 为了清楚地比较马克思对黑格尔"实现"这一方法论的借用，诺曼·莱文列举了《政治经济学批判大纲》"资本章"的"资本的再生产和积累"里马克思的一段论述："我们已经看到，资本通过价值增殖过程（1）通过交换本身（同活劳动交换）而保存了自己的价值；（2）增加了价值，创造了剩余价值……（3）我们仔细地考察就会发现，资本的价值增殖过程——货币只有通过价值增殖过程才变成资本……"③ 诺曼·莱文在这里看到了，马克思对黑格尔"实现"这一范畴的运用。那就是，实现

---

① ［美］诺曼·莱文：《黑格尔〈逻辑学〉中的"本质论"与〈资本论〉中的方法论》，钱立卿译，载张庆熊等《现象学方法与马克思主义文选》，上海三联书店 2014 年版，第 339 页。

② ［美］诺曼·莱文：《黑格尔〈逻辑学〉中的"本质论"与〈资本论〉中的方法论》，钱立卿译，载张庆熊等《现象学方法与马克思主义文选》，上海三联书店 2014 年版，第 337 页。

③ 《马克思恩格斯全集》第 30 卷，人民出版社 1995 年版，第 381 页。

的过程不仅仅是发生在人当中的，也发生在社会结构中。社会结构的必然发展就是形成一个社会有机体，而在此过程中，每一种特殊性都要被本质所涵盖。实现的过程是指社会有机体的生成，或是每个特殊个体支撑着整体的运作过程。既然资本主义的本质是不断获取剩余价值，那么资本主义的内在发展就意味着资本主义社会形态所触及的每个领域都将转化成对资本主义有机体的反映。资本主义所做的就是这种实现过程，其中经济行为、劳动、贸易和生产等部分都被资本主义的本质所涵摄。资本主义的必然发展要求以上的每一个部分都为了达到无穷尽地获得相对剩余价值而运转起来。① 也就是说，诺曼·莱文认为马克思像黑格尔一样把世界看作一个动力系统，只不过他把人类、劳动和社会有机体及其实现代替了黑格尔的理性。人类通过劳动在生产过程中物化自身，因而各种社会整体也在它们的必然发展中实现自身。

七　抽象与具体

黑格尔《逻辑学》第二章关于"同一性"小节中讨论了抽象的概念。抽象对于黑格尔来说，即是一种从可感现实中获得的普遍性。抽象活动为了达到同一性，承担了消除差异的任务。作为一种内在过程，抽象在思想中展开，为了达到同一性，抽象必然要在思想领域中经历超越差异的过程，而具体则意味着要通过实现同一性才可以达到。具体不像抽象一样存在于思想领域，而是将抽象运用于现实之中。它是对抽象过程的逆转，是思想进入现实，是将同一性赋予现实。

诺曼·莱文指出，马克思正是借用了黑格尔的抽象与具体的方法论，并将其用于解释现实社会。马克思对社会形态的分析是以抽象的研

---

① ［美］诺曼·莱文：《黑格尔〈逻辑学〉中的"本质论"与〈资本论〉中的方法论》，钱立卿译，载张庆熊等《现象学方法与马克思主义文选》，上海三联书店 2014 年版，第339—340 页。

究开始的。通过对社会形态的变化进行对比，马克思能抽象出其中每一种社会形态的普遍性。抽象的过程，即通过对比不同社会的有机体，作为揭示出每一种社会有机体的存在本身的手段。如果说增殖是资本主义的抽象的本质，那么货币、相对剩余价值和劳动时间就是这一体系中的具体现实。具体是抽象的实现，它是抽象在社会形态中完成自身。①

诺曼·莱文通过以上七个方面探讨了马克思在政治经济学，尤其是《政治经济学批判大纲》中对黑格尔方法论的借用，以显示马克思在政治经济学中的黑格尔的方法论基础。由于《政治经济学批判大纲》是《资本论》写作计划的轮廓，是《资本论》的预言，这一探讨也使得我们可以追溯这种方法论是如何从《政治经济学批判大纲》一直延续到之后的《资本论》的。当然，诺曼·莱文在这里强调的并不是马克思接受了黑格尔的整个体系，而是马克思运用黑格尔的方法论去批判19世纪的政治经济学，并将这一富有创见的黑格尔的传统继续传承下去。

第四节 马克思对黑格尔的"误读"

诺曼·莱文对马克思与黑格尔的关系的考察不仅仅局限于以上几个方面所谈到的二者的共生。尽管他承认马克思继承和借用了黑格尔的现象学及方法论，但他却又提出了一个有趣的问题，即马克思又在一种非连续性中对黑格尔发生了误读。诺曼·莱文将它归结为两个重要的方面：一方面是马克思回避了黑格尔对主体性活动的论述；另一方面是马克思没有意识到在黑格尔著作中国家概念的伦理性质，从而导致了"不可见的黑格尔"的产生。

---

① Norman Levine, *Marx's Discourse With Hegel*, New York: Palgrave Macmillan, 2012, pp. 310 – 311.

一　对主体性活动的忽视

诺曼·莱文认为，马克思漠视了黑格尔的主体性概念中的物质实践因素（诺曼·莱文在这里互换使用"主体性活动"与"物质实践"两个术语）。他说："黑格尔拥有大量关于人类的经验性的、人类学的、心理学的和主体性活动方面的知识。从经验上说，黑格尔赞同感官知觉是精神的来源；从人类学上看，黑格尔认为人类从猎食者进化为地球上的统治者；从心理学上看，黑格尔确信人类的精神是从最初的冲动、欲求、本能发展为理性的自我意识；就主体行动而言，黑格尔认为人的作品和劳动是经济生产的源泉。马克思对黑格尔的误读缘于，马克思无视黑格尔哲学中的物质实践部分"[1]，"实际上，马克思并没有对黑格尔的著作中的主体性活动的概念进行足够的强调。这是一个强调多少的问题，尽管马克思认识到黑格尔思想中存在着物质实践批判的种子。但马克思在他的著作中还是低估甚至否认了黑格尔的这些思想。在马克思对'老师'的解读中，黑格尔关于物质实践的观点被遮蔽了，甚至几乎消失"[2]。诺曼·莱文指出，马克思事实上是阅读过黑格尔讨论主体性活动的全部著作，而且应该知道黑格尔哲学科学中的物质实践维度。但是，马克思误解黑格尔的根本原因是他太过关注黑格尔的形而上学的方面。其实，黑格尔的思辨哲学与他对唯物主义的强调并不矛盾。黑格尔式的物质实践是黑格尔式唯心主义的另一面，或者说它是为物质实践提供了一个必须加以克服对象的外在世界。黑格尔的辩证法正是从思想与外部世界的对立中产生的。黑格尔的唯物主义是辩证发展的前提，因为

---

[1]　Norman Levine, *Marx's Discourse With Hegel*, New York: Palgrave Macmillan, 2012, p. 278.

[2]　Norman Levine, *Marx's Discourse With Hegel*, New York: Palgrave Macmillan, 2012, p. 279.

它提供了必须为思想所扬弃的对象物、外部世界。诺曼·莱文通过考察黑格尔在唯物主义和自然主义方面思想体系的构建，批判了马克思对黑格尔物质实践因素的忽视。他强调，黑格尔通过对亚里士多德著作的阅读、对动物学作品的阅读，对歌德植物学研究的熟悉，对居维叶等研究的了解，从而构建了解释有机世界的基础。这一基础一方面为他提供了一个模型，即把社会—历史—哲学现实分析为整体与部分的有机统一，开创了其解释的方法论；另一方面，在有机物的发生学层面，黑格尔发现了关于生产的理论；并在《精神现象学》中将其从一种"动物活动模式"的生产理论转变为自我意识主体的生产的范式。在黑格尔看来，主体的产生需要物质基础。他在《精神哲学》中，把地理当作主体性的决定性因素；在《历史哲学》中更是对地理如何影响人类文化的发展做出了完整的描述。① 所以，在诺曼·莱文看来，黑格尔在追求知识上层建筑的过程中，一直是在关注物质基础的，理论并不是从人们的意识中凭空产生的，地理、种族和国家结构是文化和哲学产生的前提条件。正如诺曼·莱文总结道："在黑格尔的思想里，感觉在主体的进展中起到了重要作用。为了达到理性，有必要转向精神的决定能力。真理是精神能力的一个结果，但思辨思想的真正起点是物质实践和主体性活动。"②

然而，这些因素马克思都没有引起重视。因此，诺曼·莱文认为，当马克思从黑格尔的唯心主义体系这一偏见理解黑格尔时，恰恰忽视了黑格尔哲学中非常重要的主体性方面。他从斯宾诺莎的角度去解读黑格尔，一直将黑格尔理解为斯宾诺莎主义的实体的形而上学。汪行福教授

① Norman Levine, *Marx's Discourse With Hegel*, New York: Palgrave Macmillan, 2012, pp. 282 – 285.

② Norman Levine, *Marx's Discourse With Hegel*, New York: Palgrave Macmillan, 2012, p. 286.

就指出，诺曼·莱文的这一解读与美国乔治城大学的品卡教授的观点具有一定的相似之处。"按照品卡的观点，黑格尔确实是马克思意义上的唯心主义者……但是黑格尔哲学中人的能动性或主体性不是指孤立的、原子式的个体存在，而是人的社会的、理性的存在。一个人要过一种有意义的生活，就必须把自己置于社会历史背景之中。"① 可以看到，诺曼·莱文与品卡都强调黑格尔主体性概念中的物质、实践因素，不过二者所指的路向又不尽相同。"品卡认为，黑格尔哲学中的物质—实践因素主要包含在他对主体性形成的历史和社会网络的强调中，而诺曼·莱文则从《自然哲学》对人的存在的身体性和物质性来考察黑格尔的主体性活动。"② 虽然他们的观点都有可商榷之处，但至少这一富有新意的观点也表明了黑格尔并非一个简单的唯心主义者，并非是在简单地谈论世界是由精神创造的。这是一条解读黑格尔的非形而上学的方式，或者换句话说，不再将研究重心放在他的精神哲学上，而是集中于对黑格尔的经济、社会和政治思想的探讨，这是 I. 弗雷泽和 T. 伯恩斯所谓的讨论马克思与黑格尔关系的第三条路向，也是当代黑格尔研究的新趋势。黑格尔主体思想中的物质的、实践的因素由于马克思的忽视，不仅造成了马克思对他的误解，也造成了后人对他的误解。

二　对国家的伦理本质的忽视

除了上面谈到的马克思回避了黑格尔对主体性活动的论述这一个方面的误读，诺曼·莱文又展开了对第二个误读的解答，正如他所说的"马克思忽视了黑格尔那里的主体性活动，同样他也忽视了黑格尔那里

---

①　汪行福：《马克思误读了黑格尔吗——评诺曼·莱文教授的〈马克思对话黑格尔〉》，《哲学动态》2013 年第 9 期。

②　汪行福：《马克思误读了黑格尔吗——评诺曼·莱文教授的〈马克思对话黑格尔〉》，《哲学动态》2013 年第 9 期。

的国家的伦理本质。正如马克思对黑格尔物质实践因素的视而不见，他在国家伦理本质理论上也采取了回避的态度。正如马克思把黑格尔的自然哲学视作'逻辑泛神论'的投射一样，他也把黑格尔政治哲学看作一种'逻辑泛神论'的表达。"① 也就是说，正是由于马克思专注于黑格尔的形而上学方面，误读了黑格尔的主体性活动，因此，他同样也理解不了黑格尔关于权利、人伦和国家的理论。因为，黑格尔的这两个理论是内在一致、相通的。

与康德的个人主义相反，黑格尔的伦理是个别与普遍综合的结果。个体要成为伦理的就必须成为总体性的一分子；与卢梭相反，黑格尔没有将普遍性理解为自然状态，而是理解为人为的国家或是社会。这就意味着，对黑格尔来说，伦理是普遍与特殊相统一的结果，或者说个人与共同性的联结。② 的确，马克思在《黑格尔法哲学批判》中专门就黑格尔的国家理论展开了深入、系统的批判：一是批判了黑格尔颠倒了国家与市民社会的关系，把本应是国家基础的市民社会看作为国家理念产生的环节；二是批判了黑格尔的国家仅仅是理念的外化的思想以及黑格尔的关于国家起源于人类意志或主观精神的命题。马克思将黑格尔看作一个君主立宪主义者，认为黑格尔是在利用其唯心主义体系为无限自我扩张的权利做辩解。诺曼·莱文认为，这种看法完全是对黑格尔的误解，因为在黑格尔那里，国家恰恰是一种人伦的表现。《法哲学原理》的目的并不在于概述国家的历史性，而在于描绘伦理的进步性。《法哲学原理》的基础是伦理学说，而马克思在讨论黑格尔的国家理论时完全忽略了这一前提。的确，在黑格尔那里，人伦以意志为开端，经历人格、权

---

① Norman Levine, *Marx's Discourse With Hegel*, New York：Palgrave Macmillan, 2012, p. 286.

② Norman Levine, *Marx's Discourse With Hegel*, New York：Palgrave Macmillan, 2012, p. 286.

利、自由、私有产权、相互承认与主体间性、道德、社会性、人伦、民族主义一系列上升阶段，最后在国家中实现。黑格尔也的确着重在探讨如何保护意志的自由，通过对历史性的阐述，黑格尔意识到个人权利的保障随着历史情况的变化而变化，政治哲学的目标在于保护个体的主体性活动。但是对主体性活动的关注，恰恰需要黑格尔对伦理学进行探讨。"主体性活动是历史创造性的源泉，对外部世界的动态修正的动力，建立在其自身的根据物质——实践中。但是主体性活动必须接受相互依赖。它对于自身的认识是它对'他者'的否定的结果。伦理学之所以对黑格尔体系是必要的，是因为这一体系是以独立之主体的相互作用为基础的。"① 诺曼·莱文在这里指出了黑格尔主体性领域的矛盾性：一方面黑格尔为自我辩护；另一方面，他又反对过度的个人主义，认为那是走向毁灭的根源。因此，黑格尔是寄希望于在 19 世纪的欧洲社会大背景下，通过城邦理想复兴现代政治生活。他将个体性与普遍性相融合，个体性上升为普遍性，而这一融合便是人伦的条件。

在诺曼·莱文看来，马克思由于过度执着于黑格尔的"逻辑泛神论"，而忽视了黑格尔试图在 19 世纪 20 年代的德国政治经济条件下重建雅典的计划。实际上，对黑格尔而言，回到亚里士多德和城邦的必由之路便是伦理道德。重构公私统一体之间的纽带便是相互承认和需要之交互性本质。因此，尽管黑格尔捍卫私有产权和资本主义，但他仍寄希望于伦理道德为社会和谐提供道德准则，寄希望于作为伦理有机体的国家实现个体性与普遍性的统一。而马克思其实早已意识到了黑格尔的伦理理论，但他却将这一重要思想推向了看不见的黑洞中。这是因为马克思总是将"逻辑泛神论"作为黑格尔哲学的核心本质，他看不到主体性活动的意义，因而完全忽略了黑格尔哲学中的物质——实践因素。马克

---

① Norman Levine, *Marx's Discourse With Hegel*, New York：Palgrave Macmillan, 2012, p. 291.

思削弱了主体性实践在黑格尔那里的重要性。"在大多数情形下，马克思所阐释的黑格尔式的主体都没有行动，对外部世界进行的物质—实践干预从来没有发生过，对现实进行干预的来源为思辨哲学的逻辑所掩盖。"① 的确，就表面而言，马克思批判了黑格尔从逻辑学出发去理解国家，不把国家当作真实的存在，而仅仅作为理念的存在。从这一角度来看，可以说他确实忽视了黑格尔的国家伦理性质。不过，就真正的事实层面而言，这种忽视究竟是马克思的误读，还是因为二者对现代国家的诊断标准以及解决的出路存在差异？这依然值得我们进一步沉思。

因此，在诺曼·莱文看来，正是由于马克思对黑格尔的误读，从而造成了一个"不可见的黑格尔"。诺曼·莱文在这里的解读方式实际上是对 C. J. 阿瑟的补充。C. J. 阿瑟作为马克思与黑格尔"继承派"② 的领军人物，不仅仅捍卫了黑格尔与马克思之间的继承和连续性，而且他也看到了马克思对黑格尔某些特定文本的误读。如在 C. J. 阿瑟的《劳动辩证法》中，他发现马克思在"手稿"，特别是《对黑格尔的辩证法和整个哲学的批判》部分深受对黑格尔《精神现象学》误读的困扰，这着重表现在两点上：即对黑格尔主体性劳动领域和对资产阶级社会的批判领域的误读。在这一点上，诺曼·莱文与 C. J. 阿瑟的观点保持一致，

---

① Norman Levine, *Marx's Discourse With Hegel*, New York：Palgrave Macmillan, 2012, p. 294.

② 继承派的产生是以马克思的"手稿"、黑格尔的《精神现象学》和《人伦体系》这三个文本综合为基础的。《人伦体系》强调主体动因的活动或精神活动，这些活动表现为人的需要、劳动、主体间性、经济交换和社会共同体。卢卡奇正是将这些思想从《人伦体系》中提炼出来并与《精神现象学》结合在一起。由卢卡奇《青年黑格尔》发展出来的继承派正是建立在关于人类劳动的人类学视角之上的，即对劳动的主体需要使得人类为满足其需要而对他们的生产潜能进行了对象化，而后却又遭遇这一为主体所外化出来的客体的异化。继承派的后继者们，又称为"体系辩证法学派"或"新黑格尔主义的马克思主义"。以 C. J. 阿瑟为例，一方面他对恩格斯以及苏联教科书体系的辩证唯物主义这一"旧辩证法"予以拒斥；另一方面，他将《精神现象学》与"手稿"之间的联系替换为《逻辑学》与《资本论》之间的内在联系。这个学派的所有支持者都把《资本论》看作对《逻辑学》方法论的具体运用。C. J. 阿瑟就致力于探讨《资本论》中的特定经济范畴与《逻辑学》中相应范畴之间的关系。

不过他要做的工作是将马克思对黑格尔的误读继续扩展到黑格尔的整个哲学体系的其他方面。但事实上，正如诺曼·莱文在书中所强调的，他的丛书的重点还是考察青年马克思即 1836—1848 年对黑格尔的某些特定范畴的选择。可以看到，诺曼·莱文所讨论的这一"不可见的黑格尔"也是出现在马克思对黑格尔的第一次借用时期。

不过，无论是马克思与黑格尔之间的连续性、非连续性，借用也好，误读也罢，在诺曼·莱文看来，马克思毕生都与黑格尔保持对话，黑格尔始终是在场的。也正是在这一基础上，诺曼·莱文指出，黑格尔在马克思思想中的地位是至关重要的。不过对于这种所谓的连续性与非连续性之间的张力以及何谓连续性，诺曼·莱文在这里并没有做出十分清晰的说明。尽管我们看到，诺曼·莱文主要通过马克思在两个阶段对黑格尔的不同借用作为划分，以第二阶段方法论的连续性来替代第一阶段思想的连续性。但这种所谓的连续性，特别是对第二阶段马克思对黑格尔方法论的内化的强调，让我们更多地感受到的是马克思与之前批判过的所有思想家之间的连续性，而并非特指马克思与黑格尔的主要观点具有内在的基本趋同性。正如马克思在《资本论》第 1 卷 1873 年第 2 版"跋"中，做了明晰的说明："我的辩证方法，从根本上来说，不仅和黑格尔的辩证方法不同，而且和它截然相反。在黑格尔看来，思维过程，即甚至被他在观念这一名称下转化为独立主体的思维过程，是现实事物的创造主，而现实事物只是思维过程的外部表现。我的看法则相反，观念的东西不外是移入人的头脑并在人的头脑中改造过的物质的东西而已。"① 马克思在这里对于"根本"的声明似乎较为鲜明地指出了，诺曼·莱文这里所指认的马克思在继承黑格尔方法论的同时对其内容进行的重新配置，或许事实上已经使思维形态发生了质的变化。

---

① 《马克思恩格斯文集》第 5 卷，人民出版社 2009 年版，第 22 页。

第五章

诺曼·莱文"马恩对立论"思想的评价

从上文对诺曼·莱文相关著作的文献学解读中，我们可以发现，他始终以中间桥梁的作用连接了西方马克思主义与西方马克思学的传统，并在此基础上实现了融合与超越。一方面，诺曼·莱文整合了卢卡奇、A. 施密特、马尔库塞、T. 卡弗等学者的马恩差异论观点、吸收了 G. 李希特海姆、M. 吕贝尔等学者的马恩对立论观点，以期对正统、教条主义的马克思主义展开系统、深入乃至激烈的批判，揭示"马克思主义"与"恩格斯主义"之间的全面对立。另一方面，他又立足 MEGA²，承袭了西方马克思主义中人本主义的马克思主义视黑格尔为其隐性逻辑的传统，摈除了科学主义的马克思主义妄图割裂马克思与黑格尔之连接的圭臬，致力于将西方马克思学的文本考据与新辩证法学派重审《资本论》与《逻辑学》内在关联的研究路径相结合，以期建构解读马克思主义的新模式。

实际上诺曼·莱文提出"马克思恩格斯对立论"的观点，与其说是在制造马克思与恩格斯之间无法逾越的鸿沟，不如说他其实是在反对斯大林主义的意识形态。他的直接目的并不是意图歪曲或者诋毁恩格斯的思想，正如他自己肯定的："我不打算否定恩格斯的贡献。他为马克思做了大量的私人工作。恩格斯在马克思死后，比任何人都更多地去支持和鼓励社会主义运动。恩格斯对于社会主义思想提供了亲身经历的和个人独特的贡献，并且他的著作在第一次世界大战前的西欧起了重大的作用，起到了历史性的影响，构成了布尔什维克主义圣经的思想基础。恩格斯是个伟大的人物。"① 也就是说，诺曼·莱文的目的是将马克思主义从斯大林主义的歪曲下解放出来，使马克思主义思想重获自由，避免我们阅读时受斯大林主义意识形态战略宣传的影响。诺曼·莱文指出，斯大林主义的布尔什维克主义所坚持的马克思主义的错误之一就是把马克思的体系归为"辩证唯物主义"这一术语之下。他不能接受这一术语，同时也不使用"历史唯物主义"② 这一术语。因为历史唯物主义的错误根源在于它关注的是线性的历史发展，它使人们偏离了对马克思体系的本质属性的认识，特别是使人们的注意力从对社会形态的总体性的研究上偏离了方向。也就是说，无论是诺曼·莱文讨论的"马克思恩格斯对立论"或是"马克思、恩格斯与黑格尔的不同对话"，其实质都是要在 MEGA^2 陆续出版的基础上实现对马克思主义的祛魅。

通过上文中对几大文本的分析，除了第一本著作《悲剧性的骗局：马克思反对恩格斯》立体地展现了马克思与恩格斯的全面对立，为了更清晰地勾画出诺曼·莱文思想的核心观点，也为了突出黑格尔在马克思恩格斯关系重新建构中的作用，笔者不仅仅要试图详细概括诺曼·莱文视域下的马克思与恩格斯的对立、马克思与黑格尔的关系，还要将诺曼·莱文的思想置于国外马克思主义背景中，试图在当代视域中对他的

---

① Norman Levine, *The Tragic Deception：Marx Contra Engels*, Santa Barbara：Clio Press, 1975, p. xvii.

② 注：在《悲剧性的骗局：马克思反对恩格斯》和《辩证法内部对话》中，他坚持将马克思主义看作"历史唯物主义"；而在《马克思方法的黑格尔主义基础》以及《马克思与黑格尔的对话》中莱文一改之前观点，即反对"辩证唯物主义"与"历史唯物主义"。笔者认为，这并不是作者思想观点的变化，或是笔误，而是在后两部著作中他所反对的"历史唯物主义"并非指马克思视域下的"历史唯物主义"，而是特指恩格斯式的或者说斯大林模式下的传统教科书模式的具有决定论的"历史唯物主义"。

思想进行理论定位，分析其理论内涵与得失，全方位地展现和评价诺曼·莱文思想的特点。以期为我国马克思主义哲学研究提供一种新的视角。

第一节 诺曼·莱文思想体系的核心观点

诺曼·莱文的所有著作基本上都是以马克思主义与恩格斯主义的对立为主线，黑格尔为中介贯穿其中的。初一看，似乎他的理论与传统的"马恩对立论"或"马恩差异论"者似乎并无太大区别。但正如他自己所言："我的目标是延伸卢卡奇、柯尔施、葛兰西的工作，并且增加一些关于马克思恩格斯关系的新的或未曾被提及过的观点……我的新贡献是去尝试解释马克思和恩格斯自然哲学的不同的起源和结论。这不满足于去陈述卢卡奇、柯尔施和葛兰西的声明，即认为恩格斯的错在于把辩证法套用到自然的现象中去，而是去揭露在恩格斯的哲学理解中以及理智倾向中，是什么导致他去尝试这种综合。"① 如果说传统理论往往阐述的是马克思或恩格斯的差异或对立表现在何处，那么，诺曼·莱文所做出的创新点则在于对二者差异或对立的根源究竟是从何而来，进行深入地剖析，并以马克思与黑格尔的关系为重点，还原到历史的深处与起点。也就是说，在他的视域中探讨马克思与黑格尔之间的勾连或恩格斯与黑格尔的中断，成为还原马克思恩格斯关系真相的最根本的途径。正是基于这一思考方向，诺曼·莱文一方面通过马克思与黑格尔的对话考察了马克思与黑格尔之间的连续性与非连续性，另一方面又通过考证恩格斯对黑格尔的解读，进一步从基点上强化了"马克思反对恩格斯"

① Norman Levine, *The Tragic Deception*: *Marx Contra Engels*, Santa Barbara: Clio Press, 1975, p. xv.

的理论路向，其最终目的还是为了还原他所指认的"本真的马克思主义"的思想。

一 马克思主义反对恩格斯主义

诺曼·莱文曾在一次访谈中谈到了他对马克思主义与恩格斯主义起源的一个较为清晰的看法："我强调他们的差别，着眼于学术观点和思维方法。恩格斯对马克思主义是有贡献的，例如，在马克思主义大众化方面。但由于他不能深入理解黑格尔，所以不能完全理解马克思。启蒙运动为马克思提供了方法。唯物主义是 18 世纪的产物，但必须记住，唯物主义有不同的学派。一种是唯物主义，还有一种是自然主义。对恩格斯影响最大的是 19 世纪唯物主义，或者说一种基于物理学的科学。恩格斯认为，外部的自然规律决定历史的轨迹，而且他只以辩证思路解读这些自然规律。通过将物理学和辩证法结合起来，恩格斯将黑格尔的辩证法与物理学结合起来。在《路德维希·费尔巴哈和德国古典哲学的终结》中，恩格斯创造了一种形而上学自然控制社会的进化。社会变迁的主要原因是外在于人的，而它处于自然界内部。这就是恩格斯主义。马克思是 18 世纪启蒙运动的孩童，但对他影响最大的是路德维希·费尔巴哈、人类学和自然主义。自然主义关注的是人类的活动以及这些活动对社会世界的决定作用。对马克思来说，社会变迁的主要原因是人的活动，而这是马克思主义的基本原则。恩格斯遵循诸如笛卡尔和牛顿等启蒙思想家的路径，而马克思遵循诸如霍尔巴赫和爱尔维修等启蒙思想家的路径。"[①] 根据诺曼·莱文的这段分析以及上文中对诺曼·莱文有关思想的梳理，可以得出他所谓的马克思主义反对恩格斯主义最根本地表现在以下几个方面，并由其最终发展至经济领域、认识领域以及共产

---

① ［美］诺曼·莱文、臧峰宇：《马克思学与马克思政治哲学的文本语境》，《马克思主义与现实》2014 年第 6 期。

主义领域等方面的全方位对立：

一是反对物质本体论。诺曼·莱文在《辩证法内部对话》中说："在恩格斯那里，唯物主义与唯物主义一元论基本上是同义的。他不是像马克思那样把唯物主义理解为与社会相联系的一种物质生产力。马克思将唯物主义定义为，社会为了自身的维持所必须生产的物质客体，而恩格斯则把唯物主义定义为物质本体论，定义为发现自然规律。"① 也就是说，恩格斯对唯物主义的定义意味着我们所关心的外部客体仅仅是物质的可感知之物。而马克思的唯物主义既包括物质，还包括了更广义的社会学层面的东西，可以被理解为了维持全部生存需要的生产。他指的是在一切方面再生产自身的社会能力的生产。② 这里就包含了对人的意识的强调与重视。

二是反对线性解释。诺曼·莱文指出辩证唯物主义与历史唯物主义都是一种线性解释马克思主义的方式，它们都倾向于对未来社会形态的演进做出预示，特别是预测资本主义的未来发展。这并不是对马克思主义的正确解释。与此类传统的解释模式有所不同的是，诺曼·莱文将马克思思想体系概括为"社会科学解释方法"，他认为这种社会科学解释方法是从 1836 年至 1848 年期间马克思对黑格尔的逻辑范畴进行了消化和吸收之后获得的，并于 1850 年到 1883 年间对黑格尔的第二次借用时期完成的。马克思将这些方法运用于社会的总体中去，运用于生产的组织形式中，他的主要目的是分隔出维护、支撑一个社会总体的那些核心的社会关系。诺曼·莱文指出，马克思发明了研究政治经济学的一些新的协议，这种协议不同于斯密和李嘉图所代表的经验和实证的方法，而

---

① Norman Levine, *Dialogue Within the Dialectic*, London：George Allen&Unwin, 1984, p. 117.

② Norman Levine, *Dialogue Within the Dialectic*, London：George Allen&Unwin, 1984, pp. 66 – 67.

是一种能洞察有机的社会形态的核心的研究范式,是一种社会整体的共时性分析。他认为马克思最主要的兴趣并不在于年代学(线性解释),而是共时性的有机解剖。① 因为,实质上,马克思主义不是按照优先顺序来列出客观的自然和社会力量,而是把重点放在个人和集团的再生力量上,放在主体对客体的力量上。② 也就是说,恩格斯主义所推崇的线性解释,其实是从形而上学的角度来阐释自然和社会变化发展的,而马克思主义的重点在于解剖人和社会,在于对社会关系的解析和洞察。

三是反对自然辩证法。在诺曼·莱文看来,自然界中并不存在一种纯粹的辩证法,辩证法只存在于人类与社会之中。马克思没有关于纯粹自然界的辩证法,而是从人的活动、人的社会关系角度去考察。他将辩证法看作一种分析和考察人类社会结构与过程的方法,是"社会分析的方法"和"人类行动的指南";而恩格斯的自然辩证法是将黑格尔的辩证法规律运用到了自然科学中,将辩证法与物理学相融合,完全忽视了人的实践性和主体性。或者换句话说,恩格斯在借用黑格尔的辩证法时,忽视了黑格尔关于自然界的"为他"(表现精神的目的论的自然界)的维度,而仅仅在"自在"(自然规律;它们是经验的法则,并不按照辩证法起作用)的方面做文章,因此他没有意识到精神的先验存在,这也是马克思所极端反对的。

总体来看,诺曼·莱文所谓的马克思主义反对恩格斯主义,强调的是马克思主义中十分突出的主体的实践性和主动性,但它在恩格斯那里却完全被忽视了。而这正是左翼黑格尔主义与右翼黑格尔主义的区分,或者说这正是由于马克思与恩格斯对黑格尔借用方式的分道扬镳所导致

---

① Norman Levine, *Marx's Discourse With Hegel*, New York:Palgrave Macmillan, 2012, pp. 31 – 32.

② [美]诺曼·莱文:《辩证法内部对话》(序言——致中国读者),张翼星等译,云南人民出版社 1997 年版,第 6 页。

的后果。诺曼·莱文这里坚持的是由西方马克思主义开启的并经当代美国学界所追随的主—客体交互关系的主体优先论,也就是说在坚持主—客体交互关系的基础上,更加突出主体的支配和优先地位。如奥尔曼的"内在关系的辩证法"把马克思主义辩证法主题解读为"社会关系",强调对"主体的社会关系"的揭示,虽然奥尔曼并不支持马克思和恩格斯在思想上的原则差别。当然这种观点并不意味着要把马克思主义进行黑格尔式的唯心主义化解读,而是企图保留黑格尔思想中的主观性、人的实践、有意识有目的的活动等概念以及意识可以干预物质的和社会世界的精髓。

　　诺曼·莱文在其新著《马克思对列宁的反叛》中依然将"马克思主义反对恩格斯主义"这一主题带到了对列宁思想的探讨维度中。一方面他强调了马克思思想是一种社会解释方法而非"历史唯物主义与辩证唯物主义的结合",另一方面他强调在马克思思想与恩格斯思想之间有着无法统一的差异,且恩格斯形成了相对马克思独立的理论体系。在该著作的第三章中,诺曼·莱文从列宁思想中马克思的不完整性以及马克思恩格斯列宁的市民社会与国家的关系、共产主义理论关系展开论述。诺曼·莱文强调列宁并非真正地继承了马克思革命理论的全部内涵,列宁的政治理论与哲学思想主要受到两种哲学思潮的影响,其中一个是马克思的社会解释方法,另一个是恩格斯主义。因此,他把列宁的政治哲学分为两部分:一是马克思列宁主义;二是恩格斯列宁主义。诺曼·莱文以此为基础对列宁的革命实践理论进行反思。他指出:"马克思的许多最具批判性的著作直到 1923 年列宁去世后才出版。因此,列宁在写哲学、政治理论、人类学以及他对共产主义社会的远见时,完全无视马克思在这些问题上的观点。马克思思想的缺失迫使列宁只能依赖恩格斯的著作。因此,列宁延续了马克思和恩格斯用一个声音说话的神话。"①

①　Norman Levine. *Marx's Rebellion Against Lenin*, New York: Palgrave Macmillan, 2015, p. 176.

总而言之，诺曼·莱文从文本内容逻辑、文本出现时间、思想结构差异等方面分析了马克思、恩格斯、列宁之间的差异，目的是论证列宁视域中的马克思，是残缺的、被改造的马克思，是嫁接了恩格斯主义的马克思。由此，延续他一直以来的学术基调，以支撑其对马克思与恩格斯在各个方面分歧的论证，彰显马克思与恩格斯的区别与对立。

二 马克思主义辩证法的功能重建

在诺曼·莱文的几部著作中，关于辩证法问题的研究就专门占据了一本，可见他对马克思主义辩证法问题的专注与重视。他展示了现代辩证法思想的发展历史，还原了两次"自然辩证法与历史辩证法"的世纪之争：1897—1841 年的新康德主义、生机论派和黑格尔派对抗普列汉诺夫和考茨基；1923—1939 年，柯尔施、卢卡奇、葛兰西、R. 蒙多尔福（Rodolfo Mondolfo）、A. 潘涅库存克，试图对恩格斯的遗产（这份遗产在斯大林的手中由辩证唯物主义退化为机械唯物主义）提供转变。并在此基础上重新引申出了他一贯重视的主题：马克思与恩格斯思想的关系探讨，进而追溯两种辩证法之黑格尔渊源。虽然，诺曼·莱文对辩证法问题的研究依旧是为其"马恩对立论"的观点服务的。但不可否认的是，在探讨的过程中，从某个层面来说，又实现了对马克思主义辩证法功能的重建。

在诺曼·莱文看来，这场旷日持久的世纪之争，究其根源乃是因为对黑格尔辩证法传统的不同理解与运用所造成的。因此，这里存在的问题并不是马克思主义辩证法的源流是否属于黑格尔哲学，而是转化为探讨马克思究竟是用什么方式来继承和超越黑格尔的辩证法的，他和恩格斯对黑格尔的理解究竟有哪些不同，从而使得马克思主义辩证法的本真意义能够重新呈现在世人面前。这一辨析就自然而然地延伸至关于辩证法的功能分析维度上来。在诺曼·莱文的大作《辩证法内部对话》中可以看到，他把马克思主义的辩证法界定为一种分析和解决当代社会问题的行动指南。他指出："马克思主义必须调整自身以适应发达资本主义社会的新条件。它必须来一次创造性的修正……马克思主义从来就不是一种公式，而是一种行动指南……马克思的思想集中的主要领域是对社会结构进行分析的方法论的发展，以及在这种分析的基础上，对政治实践的指导。"① 也就是说，在诺曼·莱文看来，马克思的辩证法的重要性更多地表现在它的功能以及方法论层面。这正如彼特立克斯·波维尔教授所说的："马克思最大的意义，在于他为我们提供了一种理解世界的方法。"② 基于这一阐释，诺曼·莱文采取了一条与美国马克思主义辩证法研究学者如奥尔曼、F.詹姆逊（Frederic Jameson）等基本相同的道路：即通过政治经济学元素的渗透以重建马克思辩证法的当代功能。当然，诺曼·莱文对马克思辩证法的界定也与后文即将提到的根据黑格尔逻辑学方法论重解马克思政治经济学的体系辩证法学派的阐释方式具有一定的相似性。

与奥尔曼将马克思主义辩证法看作研究由处于不断演进之中的相互依存的过程所构成的世界的唯一明智的方法③，并力图用马克思主义"矛盾""抽象""总体"等辩证法范畴对资本主义社会进行分析，相似的是，诺曼·莱文在探讨马克思辩证方法的黑格尔基础时，将马克思政治经济学研究的"劳动""生产""交换""流通""消费""分配"等视为"辩证法的范畴"，并对其借用的"存在""本质""概念"这一套黑格尔式的"辩证法的范畴"所进行的逻辑转换做出了分析，认为

① Norman Levine. *Dialogue Within the Dialectic*, London：George Allen&Unwin, 1984, p. 63.

② 田晓玲：《马克思为我们提供了理解世界的方法——访德国特里尔"卡尔·马克思博物馆和研究中心"主任波维尔教授》，《文汇报》2008 年 11 月 10 日第 10 版。

③ ［美］伯特尔·奥尔曼：《辩证法的舞蹈——马克思方法的步骤》，田世锭等译，高等教育出版社 2006 年版，第 203—204 页。

"马克思所借用的黑格尔的逻辑范畴，并不是用来解释过程的逻辑形式，而是可用来解释一种生产方式的结构相关性的逻辑形式"①。可见，这种渗透了政治经济学对马克思主义辩证法功能研究方式的重建，都是以对资本主义社会的分析为前提的，或者"按照詹姆逊的说法（和做法），都是对目前为止主要由资本主义开创的现代性的反思和批判（以期在后新左派时期寻求与更为激进的解放政治相链接）。而马克思的《资本论》及其手稿群（特别是《政治经济学批判大纲》）则是他们从事这一社会批判活动的文献依据（以其通过扎实而严肃的文本研究力图改变'马克思主义辩证法一直以来遭受的善意（以及非善意）的忽视和曲解'的局面)"②。实际上，诺曼·莱文在解读马克思主义辩证法的过程中的确是依照这一思路演进的。诺曼·莱文不仅探讨了劳动和交换这两大辩证法范畴是如何被吸收进马克思的政治经济学和历史学中的；分析了生产、消费、交换、分配等范畴是每个繁衍自身的社会必然从事的经济活动；还阐释了马克思在《政治经济学批判大纲》和《资本论》中运用全体—部分、本质—现象、主体—客体、"有机体"、实体、形式—内容、实现或必然的发展以及抽象与具体等"'辩证法的形式'去说明'辩证法的范畴'，如何由其自身所处的经济环境而定形"③。

三　马克思与黑格尔思想的共生

诺曼·莱文在论述马克思与黑格尔思想关系的过程中，一直主张的是二者的共生关系，他认为"黑格尔从 1837 年就开始存在于马克思的

---

① Norman Levine, *Dialogue Within the Dialectic*, London：George Allen&Unwin, 1984, p. 168.

② 张秀琴：《论当代美国马克思主义的辩证法观》，《哲学基础理论研究》2011 年辑刊，第 234—246 页。

③ Norman Levine, *Dialogue Within the Dialectic*, London：George Allen&Unwin, 1984, p. 153.

心中，即他撰写的关于黑格尔的诗《黑格尔讽刺短诗》这个日子，直到他 1883 年去世"①。在诺曼·莱文看来，马克思整个学术生涯都在与黑格尔保持积极的勾连与对话，且从未发生过完全的断裂。他将马克思对黑格尔的借用大致分为两大阶段：第一阶段是从 1837 年到 1850 年，这个时候的马克思主要聚焦于黑格尔的社会现象学。第二阶段是从 1850 年到 1883 年，这期间马克思的著作主要集中在对资本主义的研究。在对马克思与黑格尔关系的梳理和考察中，诺曼·莱文把自己纳入"体系辩证法学派"。这一学派的领军人物 C. J. 阿瑟曾在《新辩证法与马克思的〈资本论〉》一书的第一章中对体系辩证法做过一个描述②：就文本层面而言，体系辩证法倾向于取消僵化和公认的解释传统并重新审视黑格尔和马克思；从实质层面，体系辩证法目的是重建马克思主义理论。C. J. 阿瑟认为黑格尔在《逻辑学》中展现出来的，是与其在历史哲学中展现的历史辩证法相对立的体系辩证法，"在黑格尔那里存在两种不同的辩证理论。第一种是历史的辩证法（historical dialectic），黑格尔认为存在一种作为世界历史之基础的发展逻辑。但是，在诸如《逻辑学》和《法哲学原理》等著作中还有第二种辩证理论，它可以被称作体系辩证法，其所关注的是被用来概念化（conceptualise）既存具体整体的诸范畴的表述问题。这些范畴的叙述顺序并不必然与它们在历史上出现的顺序相一致"③。显然，这种新辩证法并非反映客观事物发展过程的客体辩证法，而是反映阐述体系中的概念运动的概念辩证法。因此，体系辩证法的任务就是要赋予马克思政治经济学在方法论上的合理

①　Norman Levine, *The Hegelian Foundations of Marx's Method*, Lanham: Lexington Books, 2006, p. ix.

②　[英] 克里斯多夫·约翰·阿瑟：《新辩证法与马克思的〈资本论〉》，高飞等译，北京师范大学出版社 2019 年版，第 6—7 页。

③　[英] 克里斯多夫·约翰·阿瑟：《新辩证法与马克思的〈资本论〉》，高飞等译，北京师范大学出版社 2019 年版，第 5—6 页。

性，而解决的路径是依照黑格尔的逻辑学和马克思《政治经济学批判大纲》中的方法论说明来重新解释马克思理论中的诸多范畴。可以看到，不同于以往侧重于哲学领域内阐述黑格尔与马克思的思想关联，体系辩证法学派研究对象的视域主要集中在马克思的政治经济学领域。因此，虽然这一学派的成员之间的观点有所区别，但是他们的思想中都有一条共同的主线那就是：强调黑格尔与马克思方法之间的密切关系，"马克思把黑格尔的逻辑仅仅视作对他叙述方式上的帮助，但对于我来说，黑格尔逻辑框架是一种本体论意义上的引进"[①]。

"马克思《资本论》的方法论原则，事实上他的社会科学解释理论的方法论原则是从黑格尔的《逻辑学》演变而来的。"[②] 因此，诺曼·莱文在进行马克思主义研究时虽然大量阐述了马克思在第一阶段对黑格尔的诸如自我意识、历史性、国家和市民社会、生产模式等社会现象学的继承，但他在新著中更为感兴趣的还是 1850 年到 1883 年马克思与黑格尔在方法论上的连续性。事实证明，他也的确一直遵循着"体系辩证法学派"的相关原则[③]，以其来解读马克思与黑格尔的关系，阐发自己的理论。

一是把《资本论》的文本优先性置于《精神现象学》和《手稿》之上。诺曼·莱文依循着 C. J. 阿瑟将《精神现象学》与《手稿》之间的内在联系替换为《逻辑学》与《资本论》之间的内在联系的路径，认为《资本论》是对《逻辑学》方法论的具体运用，或者说《资本论》中的特定经济范畴借用的是《逻辑学》中相对应的范畴。这种转换意

---

① ［英］克里斯多夫·约翰·阿瑟：《新辩证法与马克思的〈资本论〉》，高飞等译，北京师范大学出版社 2019 年版，第 12 页。

② Norman Levine, *Marx's Discourse With Hegel*, New York：Palgrave Macmillan, 2012, p. 18.

③ 以下关于"体系辩证法学派"的几大原则均参考：Norman Levine, *Marx's Discourse With Hegel*, New York：Palgrave Macmillan, 2012, pp. 18 – 21. 恕不一一列出。

味着，对马克思与黑格尔关系的考察从过去的《精神现象学》时期的成熟黑格尔与《手稿》时期的青年马克思之间的勾连替换为成熟时期的黑格尔与马克思之间的连续性。这也正为诺曼·莱文所谓的马克思主义是"社会科学解释方法"做了铺垫。因为在诺曼·莱文看来，这里的马克思既不关注历史的预言，也不关注社会发展的未来趋势，而是在探索资本主义体系是如何被异化所操纵，在考虑政治活动应如何超越社会压迫的形式。二是从由劳动出发转变为由商品交换出发来重新定义价值理论。与传统的对《资本论》的解释不同，诺曼·莱文并不把焦点聚焦于马克思的劳动价值论上，资本主义的内驱力并不是对剩余价值的攫取，而是商品交换范围的扩大。货币不是来自获取更多的剩余劳动量，而是来自商品交换。作为资本主义普遍法则的商品交换为这种社会形态赋予了独特意义即资本主义是一个无限增殖的过程，或者说，价值的无限增加是资本主义的核心标志。这种对《资本论》的重新解释是为了印证马克思使用"普遍化"去解释一个社会的内在运行是对黑格尔本质方法的运用。三是把社会形态当作一个总体来理解。诺曼·莱文的体系辩证法基于一个信念，那就是认为马克思所创建的社会研究新范式借用的是黑格尔的总体概念，并使之成为马克思分析社会形态时的一个确定的出发点。根据黑格尔和马克思的观点，每一个社会体系都拥有一个本质，或者说，每一种社会系统都是依据组织这个体系的一种普遍原则来运行的。四是马克思借用了黑格尔的辩证法以及逻辑体系使自己的社会理论阐释更加清晰，为马克思提供了梳理有机体的普遍性内在功能的逻辑。

基于以上原则，诺曼·莱文把马克思的社会科学解释方法归结为四个特点："一是马克思并没有写作专门的经济著作。《资本论》第一卷的副标题是'政治经济学批判'，马克思继承的是发端于18世纪的苏格兰历史学派的政治经济学传统，这一学派最早可追溯到孟德斯鸠的作品。马克思写作的不是脱离政治学的经济学，或者说他写作的不是一个独立于社会形态之总体结构的经济学。但是他所写的政治经济学是一种有机的科学，是对作为一个总体结构的社会的研究。二是《资本论》并不是打算对资本主义体系做出固定的、终极的陈述，而是马克思政治经济学方法的开创。《资本论》作为范例，是马克思的社会科学解释方法的实现。理解《资本论》所不可或缺的并不是对股票形势的思考，而是要弄清政治经济学方法所起的作用。三是马克思的政治经济学方法是一套完整的程序，可以通过它去理解一种社会形态的生产活动……马克思方法的一个重要特点是经济学的历史主义，他认为社会形态随时间而改变，因此研究者必须将政治经济学方法重新运用到每一种新的历史—经济—政治形态中，而这种重新运用就是为了洞察这种社会形态的本质。方法是同样的，但方法所运用于其上的历史—经济—政治的对象却是不断变化的。四是黑格尔的逻辑学为马克思的社会总体的历史主义提供了方法论的支撑。《逻辑学》和《哲学全书》中的《小逻辑》为马克思的方法的构建提供了分析工具。更准确地说，马克思主要是从《逻辑学》的'本质论'中借用了构建其方法论的那些逻辑形式。如果不理解'本质论'中的逻辑模式所起的作用，就不可能理解马克思的方法。《资本论》的钥匙就在《逻辑学》之中。"[1] 可以看出，这完全是在阐释成熟时期的马克思与成熟时期的黑格尔在方法论上的对接与继承。

当然，在诺曼·莱文看来，马克思与黑格尔始终没有间断过对话，但马克思对黑格尔既有保留、借用，也有批判、放弃甚至误读。正如诺曼·莱文所说，马克思综合了反黑格尔主义与亲黑格尔主义两种态度，"这个问题是一个思想的激光手术：有必要切断黑格尔思想的迷宫，以

---

[1]　Norman Levine, *Marx's Discourse With Hegel*, New York：Palgrave Macmillan, 2012, p. 32.

马克思接受黑格尔的线索来解开马克思放弃黑格尔的线索"①。因此，除了阐述二者之间的连续性，诺曼·莱文还就马克思在各领域对黑格尔的扬弃也进行了论述。他认为，在哲学上马克思抛弃了黑格的思辨唯心主义体系，相应地也否定了黑格尔哲学的内容——精神，代之以在生产的社会力量中产生的人类活动。同时，马克思在国家问题上对黑格尔的批判也很鲜明，"反黑格尔主义的马克思废除了黑格尔所反对的国家的自然法理论以及黑格尔主张的关于国家起源于意志的观点。对马克思来说，自然权利学说仅仅是对无限的个人索取或放纵的资本主义的掩饰。它提供了经济上贪婪的理由。国家在个人意志中找到其最终的起源这个思想也是马克思所厌恶的，因为他将这个主张看作是为无限的自我扩张的权力辩解"②。不过，不管是借用，还是保留，放弃还是误读，对诺曼·莱文来说，马克思与黑格尔之间的对话从没有暂停过，二者正是在这种"连续性"与"非连续性"的张力中共生共长。

第二节　诺曼·莱文思想体系的理论定位

客观上来讲，持"马恩对立论"观点的学者并不在少数，它在 20世纪 60 年代后迅速发展无疑受到了两个事实的影响：一是 1956 年苏共二十大对斯大林个人崇拜问题的批判和苏联政权中弊端的揭露，对国际共产主义运动产生了一系列深远影响，从而动摇了苏联党对马克思主义的话语霸权，同时取消了其合法化的基础。二是马克思的大量手稿发

---

① Norman Levine, *The Hegelian Foundations of Marx's Method*, Lanham：Lexington Books, 2006，p. 199.

② Norman Levine, *The Hegelian Foundations of Marx's Method*, Lanham：Lexington Books, 2006，p. 206.

表，使得这一研究和讨论有更为丰富的文本支撑。

特别是随着《1844 年经济学哲学手稿》发表后，诺曼·莱文指出，"对立论学派振兴并分为两个阵营：温和对立论者和激进对立论者。我是一个激进的对立论者，主张马克思—恩格斯的连字符从未存在过"①。这一观点在其《悲剧性的骗局：马克思反对恩格斯》中已经被首次提出。针对 G. S. 琼斯（Gareth Stedman Jones）提出的恩格斯的批判方法是黑格尔主义的这一观点，诺曼·莱文指出，"恩格斯从未完全理解过黑格尔，而是一直在滥用黑格尔主义的辩证法"②。针对 H. 德雷珀（Hal Draper）提出的恩格斯强化了马克思对政治经济学和无产阶级的阶级斗争的理解以及《国民经济学批判大纲》对马克思的影响很重要等观点，诺曼·莱文亦提出了反对的观点：即《国民经济学批判大纲》不是黑格尔主义批判的例证，它对马克思自己的政治经济学批判的影响不大。也就是说，在诺曼·莱文那里，马克思与恩格斯之间的关系，不仅区别于早期西方马克思主义研究者们所强调的那样：只是个人观点的不同与差异，也区别于温和对立论者 T. 卡弗谈到的：这两个人之间的显著差异，仅仅是部分差异。诺曼·莱文所谓的对立更加地激进，其实已经涉及一种体系的对立了。不过，不管诺曼·莱文的思想如何激进，但他并不属于那类抱着反对马克思主义、反对共产主义的明确目标去研究马克思学说的西方学者；而是那些，既看到了资本主义以及社会主义发展过程中出现的种种问题，试图重新认识和解释马克思以期发挥马克思主义在当代的政治潜能，又希望尽量撇清意识形态争论利用最新研究成果进行文献学考证的学者。

---

① Norman Levine, *The Hegelian Foundations of Marx's Method*, Lanham：Lexington Books, 2006, p. 91.

② Norman Levine, *The Hegelian Foundations of Marx's Method*, Lanham：Lexington Books, 2006, p. 90.

因此，对诺曼·莱文的评价，我们不能采取以往传统的认识方式即"用政治批判代替学理分析的历史惯性"①。这正如鲁克俭教授所言，"中国学者在与'西方马克思学'初次相遇时，'西方马克思学'的脸谱已被苏东学者勾画好了。而苏东学者对'西方马克思学'的定调，最终归结到苏联马哲史教科书体系。正是有苏联马哲史教科书体系的存在，一切与其观点不同的马克思思想及马克思主义史研究（包括西方马克思主义的马克思研究），都被当作异端而加以批判"②。具体点说，就是很多中国马克思主义研究者们对西方马克思学者们总是一边倒地进行带有深厚意识形态色彩的批判，或者说总是习惯于将西方马克思学脸谱化，在预读著作之前，就已经用一种反马克思主义的价值滤镜来判断和评价其研究成果，这就使得我们很难进入问题本身，对他们提出的一些新观点以及新视角始终停留在问题的表面，不能真正理解，进而驳倒他们的一些与我们根本不同的观点。③ 这种片面的认识方式，很显然不是马克思主义的。同样，运用这种认识方式去解读西方学者关于马克思与恩格斯的关系问题也不能真正通达马克思主义的精髓与实质。

一般来看，"国外学者的马克思研究主要有两种路向：一种是苏联东欧学者作为 MEGA² 的编辑者偏重文献学版本考证；另一种是西方学者主要侧重于马克思思想研究。两者各有利弊。前者擅长版本考证，但因受教条主义影响，在马克思思想研究方面较为僵化；后者思想活跃，常常能够提出新问题，做出新结论，但在利用 MEGA² 及其文献学最新成果方面有所欠缺，一些结论大胆新颖却有过度诠释之嫌"④。然而，

---

① 张亮：《西方"马克思学"的恩格斯研究——一个批判的评价》，《教学与研究》2005年第8期。

② 鲁克俭：《西方马克思学在中国》，《中共天津市委学校学报》2014年第5期。

③ 张亮：《西方"马克思学"的恩格斯研究——一个批判的评价》，《教学与研究》2005年第8期。

④ 鲁克俭：《西方马克思学在中国》，《中共天津市委学校学报》2014年第5期。

诺曼·莱文的研究特点并不像鲁克俭教授在这里阐发的"另一种西方学者主要侧重于马克思思想研究，但在利用 MEGA² 方面有所欠缺"。与此恰恰相反的是，诺曼·莱文不仅仅是属于"另一种西方学者"，而且他在近几年几乎每年的夏季，都是在柏林的 MEGA² 中心度过的。也就是说他能够充分利用 MEGA² 的相关文献对马克思恩格斯思想做出更深入的思考与拓展。可以说，他的研究既结合了国际文献学最新研究成果，又具有"另一种西方学者"的思想活跃性，因而，他的理论成果从一定意义上说，代表了当今西方学者研究马克思恩格斯以及马克思黑格尔思想关系的新模式。重新塑造了一个不同于"传统"理解的"马克思"。通过对这一模式理论轮廓的把握与勾勒，并将其放置于国外马克思主义研究的大背景之下，以期呈现诺曼·莱文思想体系的特点与理论定位。

一 确立了西方马克思学研究的参照系

众所周知，西方马克思学研究主要集中在三个方面："一是文献学考证。例如，《资本论》编辑中的马克思恩格斯问题；《黑格尔法哲学批判》及导言的写作时间问题。二是文本学解读。例如，《德意志意识形态》的文本学研究。三是理论问题研究。例如，马克思思想与马克思主义问题；马克思思想来源问题；马克思思想发展逻辑问题；马克思与恩格斯学术关系问题；马克思主义与意识形态问题；马克思主义与伦理学问题；剩余价值分配理论问题；剩余价值率向一般利润率转换问题；价值向价格转型问题等。"① 所以，在许多人的观念中，西方马克思学研究似乎是一项较为简单的事情，他们认为只要依据文本对马克思或恩格斯思想进行解释：比如马克思哲学思想与恩格斯的哲学思想、马克思

---

① 王凤才、陈学明：《国外马克思主义研究：四条路径及其评价》，《学术月刊》2011 年第 2 期。

的经济学思想与恩格斯的经济学思想进行比较，又或是青年马克思与老年马克思的思想进行比较，做到这些似乎就完成研究了。然而，事实并非如此。西方马克思学的文本研究是一项庞大的历史性工程，不仅需要依托大量的手稿、文本进行研究，更重要的是还需要建构一个大致完整的参照系，确立一个相对清楚的研究路径，从而使得学者们可以有针对性、有选择性地从浩瀚如海的文献、手稿中梳理出较为清晰的思路。由于马克思、恩格斯思想的不断发展，无论是对他们的文献进行考证，还是仅仅研究二者的思想，本身就是一个复杂的过程。如青年马克思是如何从哲学和法权视角批判转向政治经济学研究的，在这之中又是如何与黑格尔发生联系的。同样都是从青年黑格尔派进入，为什么马克思与恩格斯的思想会有如此大的差别？因此，要想真正理解马克思、恩格斯的思想，至少需要考察马克思、恩格斯思想发展的各个阶段，揭示它们之间的内在关系。然而，在过去的研究中，我们常从单一线索出发，或者把马克思、恩格斯思想当作一块整钢来研究，而非历史地、分阶段地来考察其思想发展的内在逻辑；或者仅仅从马克思哲学一个方面着手，以哲学谈哲学，全然不顾及与其他学科的联系；或仅仅局限于某一个问题的研究。因此，"要想真正理解马克思的思想，至少需要在哲学、政治经济学及社会主义思潮这三个方面同时着力，揭示它们之间的内在关系，马克思哲学的变革同时也是对古典政治经济学与形形色色的社会主义思潮的超越"①。可以看到，要想真正理解马克思主义，这就需要我们具有超越单纯的哲学或经济学的理论视野，特别是要清晰地揭示这些学科间的复杂关系。只有这样，才能通达马克思、恩格斯思想的深处。诺曼·莱文的著作显然不是就马克思恩格斯关系谈马克思恩格斯对立，而是将其放在一个大的学术背景下进行研究的。

---

① 仰海峰：《国外马克思主义研究的理论构图》，《国外社会科学》，2012 年第 1 期。

首先，他把对马克思、恩格斯以及二者与黑格尔关系的理解同国外马克思主义的重要理论融合为一个整体，并对他们的思想进行了重构，形成了自己独特的理论体系。我们看到，无论是强调马克思与恩格斯之间的对立、马克思与黑格尔的连续性，强调主—客体交互关系的主体优先总体论，还是以经济有机论为视角，显然都不是诺曼·莱文的首创，而是有极其深远的西方马克思主义以及西方马克思学传统的。与传统理论不同的是，诺曼·莱文虽然十分强调马克思思想中人的主体维度，但同时也没有放弃传统的二元论图示，他依然强调马克思思想中主客互动性，也就是说他的阐述并没有像有些学者那样使马克思主义滑入唯心主义的陷阱，而是对他们的思想进行了融合与重构。在承继了众多理论基础之上，建立了一个更加翔实、系统和具体的理论体系。

其次，诺曼·莱文从马克思与恩格斯青年时期的思想进行跟踪，涉及马克思、恩格斯思想发展的各个阶段、各个文本包括"可见的"以及"不可见"的。有些学者可能并不认同诺曼·莱文的观点，但借用T.卡弗的话来说，马克思与恩格斯的关系是一个标准的研究课题。也就是说谁也不能否认，对这一问题的探讨和梳理有助于我们认清本真的马克思主义。诺曼·莱文在进行研究时，非常注重一手文献的获取与考证。他搜集资料之丰富、新颖，是我们所不能比拟的。更为重要的是，他还着重探讨了马克思、恩格斯思想各个阶段的转变过程，即做到了在"哲学、政治经济学及社会主义思潮三方面的同时着力，并揭示了发展的内在关系"。

最后，诺曼·莱文树立的理论坐标是，将他自己的理论研究与特定的社会历史情境联系起来。也就是说，他在做详细的文本分析时能够提供相关的历史背景。我们看到，在诺曼·莱文几乎所有的著作中，总是首先要考察一下他要探讨问题的历史编纂学，他的理论在研究过程当中究竟处于一个什么位置，他的观点与其他哲学家们有何异同，有何创新？或者换种更简单的表达，诺曼·莱文为西方马克思学研究确立的参照系，一方面是从内在的逻辑层面来分析和揭示理论问题；另一方面，还将所要研究的问题或人物思想与历史勾连起来，从历史中对思想进行定位。这种研究方法在一定程度上，可以更为客观地把握理论的逻辑脉络。

二 为重思"本真的马克思主义"提供了新的视角

诺曼·莱文在探讨马克思主义与恩格斯主义对立的过程中，将其视域中"真正的"马克思主义理论解读为社会解释的方法，这与我们传统教科书中将马克思主义定义为辩证唯物主义和历史唯物主义有着根本的区别。在诺曼·莱文看来，"辩证唯物主义将人类历史从属于自然法则。同样的法则既统治着自然，也控制着历史的运动。辩证唯物主义是历史决定论的一种形式，其运行法则是由自然的形而上学原则转化而来的"①。历史唯物主义则将人类历史从其所隶属的自然的形而上学中解放出来，克服了辩证唯物主义中的实证主义而代之以生产力和生产关系以及经济基础与上层建筑的矛盾来说明历史的进步性发展。然而对这两种矛盾的依赖，又使历史唯物主义沦为线性的历史观：从原始社会到奴隶社会、封建社会、资本主义社会，最终到共产主义社会。这种线性的发展在诺曼·莱文看来，是历史唯物主义的"毒瘤"。

因此，在诺曼·莱文视域中，真正的马克思主义理论应该是一种社会解释的方法论。马克思寻求的并不是历史进化的线性法则，而是具体的知识。马克思的方法论是用来理解社会有机体运行的程序的，是用来理解某一独特的社会形态的运行规律的，而不是用来规定关于历史运动

① Norman Levine, *Marx's Discourse With Hegel*, New York: Palgrave Macmillan, 2012, p. 312.

的一般法则的。① 为了更好地把马克思主义理论解读为一种社会解释的方法论，诺曼·莱文在《马克思对列宁的反叛》中，专门从两个方面剖析了这种方法论的真正来源：一方面是分析苏格兰启蒙运动中生发的历史性视角和认识对象，主要包括苏格兰启蒙运动中的历史观、政治经济学思想、道德正义思想，讨论了弗格森、斯密、休谟、斯图亚特等苏格兰启蒙运动代表人物的思想，及其与马克思的历史性视域和考察对象之间的关联，体现了苏格兰启蒙运动在马克思思想形成过程中的影响；另一方面围绕马克思从德国历史主义学派中继承的社会认识论方法，他将马克思解释历史的方法视作德国历史主义的表现，将马克思的思想指认为一系列界定社会结构的方法论工具。诺曼·莱文认为，在以康德、赫尔德、费希特、黑格尔为代表的思想链路中，德国历史主义法学派所采用的历史主义方法原则对马克思考察和解释社会的方法产生了重要影响，特别是其中的有机体思想。

正如诺曼·莱文在书中指出，"马克思研究事业除了得益于 20 世纪才出版的'不可见的文献'，还得益于 MEGA² 的出版。曾经'不可见的马克思'文献也被揭示出来，特别是那些记录了马克思描绘《资本论》结构体系的笔记、马克思的那些准备材料以及《资本论》（第 1卷）的最终草稿的手稿都得以为世人所知。尤其是在《资本论》（第 1卷）的早期纲要中，马克思对黑格尔方法论的借用，即对黑格尔《逻辑学》的方法论范畴的吸收变得更为明显"②。也就是说，在诺曼·莱文的研究中，虽然其极端的"马克思恩格斯对立论"有很大的局限性，但由于其受惠于 MEGA²，使得更多的、被遮蔽的新观点与新视角得以

---

① Norman Levine, *Marx's Discourse With Hegel*, New York：Palgrave Macmillan, 2012, pp. 312 –313.

② Norman Levine, *Marx's Discourse With Hegel*, New York：Palgrave Macmillan, 2012, p. 2.

呈现出来。

其一，在马克思主义的"黑格尔化"与"去黑格尔化"中发掘马克思主义的实质。虽然，诺曼·莱文继承的是西方马克思主义中的黑格尔化马克思主义的研究路向。他却同时指出阿多诺、阿尔都塞、卢卡奇、A.施密特等西方马克思主义者在马克思与黑格尔关系的研究上虽然做出了开拓性、历史性的贡献。但是不能否定的是，也出现了一定程度上的"误读"。因此，在对马克思主义黑格尔化的过程中，必须首先将马克思主义"去黑格尔化"，即将黑格尔主义的种种因素从一些马克思主义学说中解离出来。

因为，诺曼·莱文认为"对马克思主义的黑格尔化是马克思主义者构想的许多错误的一个主要来源。当对马克思主义的黑格尔化是马克思主义者思想的决定性因素之一时，当对马克思主义的重新黑格尔化是马克思主义的正确的历史学时，马克思主义正确的认识论需要马克思和黑格尔相脱离。马克思主义存在于黑格尔之外，改造马克思主义，首先要分解对马克思主义的黑格尔化。"① 这是因为很多学者对马克思与黑格尔关系的研究"实际上都是以特定的空间和时间为中轴，依托着特定的文化和政治语境而展开的"②。所以，这些研究实质上都或多或少地打入了不利于厘清马克思与黑格尔真实关系的政治或者文化的因素。如卢卡奇借助解读马克思，突显主体性、鼓吹意识革命；阿多诺用非同一性代替同一性，反对所有集体主义组织；阿尔都塞试图实现马克思主义与列宁主义的融合以反对斯大林主义。

就卢卡奇来说，他可以说是最早确定马克思和恩格斯之间差异的学

①　Norman Levine, *The Hegelian Foundations of Marx's Method*, Lanham：Lexington Books, 2006, p. xix.
②　李佃来：《马克思主义的黑格尔化与去黑格尔化——诺曼·莱文〈分歧的路径〉的文本解读》，《江西社会科学》2013 年第 5 期。

者之一，而且他一直将其理论的基点系于黑格尔的逻辑上。卢卡奇规定了历史中的辩证法。主体—客体、理论—实践的原则涉及经济社会构成中的人类活动。他的主要目的在于指出黑格尔是马克思和无产阶级革命的共同先驱，是要借用黑格尔思想中对主体能动性的强调来激活马克思主义哲学的这一元素，进而将黑格尔辩证法思想中的主观意识和实践的主题移植到能唤醒阶级意识的行动主义和主体革命中去。

就阿多诺来说，在他目睹了希特勒法西斯主义的兴起与衰亡，以及斯大林的马克思主义的兴起和衰退，阿多诺决定从非黑格尔主义和非马克思主义的推论中重建一种社会批判理论。他看到了黑格尔和马克思之间的连续性，但是他致力于对马克思重新黑格尔化，目的却是要宣明黑格尔在很多方面的错误，那么扎根于黑格尔主义土壤上的马克思主义，也注定在许多方面是经不起拷问的。《否定的辩证法》就是一篇反黑格尔的谤文，因为黑格尔承认理性的本性论，假定一种同一性哲学。而恰恰相反，阿多诺鼓吹的是非系统性、特殊性和个体性。因此，他将所有对同一性、历史终极目标的追寻都予以彻底的否定，同时他也由此在根本上质疑了一切的集体主义形式。所以，在诺曼·莱文看来，阿多诺的黑格尔化，对澄清马克思与黑格尔的关系没有任何益处。①

就阿尔都塞来说，他作为结构主义马克思主义学派的重要代表，主张的是在马克思与黑格尔之间有一种根本性的断裂。在这一背景下，阿尔都塞将马克思与黑格尔的思想经由"认识论断裂"拆分为两大阶段即 1845 年断裂前与 1845 年断裂后：1844 年至 1845 年马克思和恩格斯的《神圣家族》是对这种断裂的最初表达；在《神圣家族》之后再也没有任何黑格尔派影响过马克思。脱离黑格尔之后，马克思不知不觉地

① Norman Levine, *The Hegelian Foundations of Marx's Method*, Lanham：Lexington Books, 2006, pp. 17 – 25.

转向了斯宾诺莎的轨道上。① 因为，一方面，阿尔都塞深受法国结构主义的影响，因此拒绝了黑格尔的用于解释不同时期历史、哲学和宗教发展的有机体模式，他将总体性转向到斯宾诺莎，建构了一种无主体结构思想，从而实现了"去黑格尔化"的目的。另一方面，阿尔都塞在《1844 年经济学哲学手稿》中发现了人道主义，对他来说，这是一种对列宁主义的革命的马克思主义的威胁。马克思的人道主义形成了一种类存在，一种普遍主义人类学的信念。人道主义马克思主义延续黑格尔唯心主义的传统，因为它运用了类存在的语言。阿尔都塞是反本质的，因为本质的概念违反了人最终是由环境以及他生活的社会总体构成的思想。在阿尔都塞看来《1844 年经济学哲学手稿》是费尔巴哈和黑格尔主义的，它们都使用了类存在的语言。他的"认识论断裂"的策略意图就是从马克思《德意志意识形态》之后的历史唯物主义中分离出黑格尔—费尔巴哈主义的马克思。但是在诺曼·莱文看来，阿尔都塞为了在列宁的传统中重建马克思主义，他必须要分离与黑格尔的联系，他采取的是一种选择性的阅读方式，有意地排除那些表明马克思使用了黑格尔方法的段落，他否定黑格尔的总体性、本质以及历史性概念，采取一种与马克思方法对立的形式，以期为马克思的理论提供一种新解读，实现他对马克思历史理论的重构。这也使得阿尔都塞形成了一种违背马克思所有文本根据和真实性的斯宾诺莎主义的马克思主义。②

在诺曼·莱文看来，在马克思主义的黑格尔化过程中，融合了太多的政治或文化的目的，他们都反对第二国际对马克思主义的庸俗机械论解释。这或许会将准确的学术研究引入歧途。诺曼·莱文在这里无非是

---

① Norman Levine, *The Hegelian Foundations of Marx's Method*, Lanham：Lexington Books, 2006, p. xiv.

② Norman Levine, *The Hegelian Foundations of Marx's Method*, Lanham：Lexington Books, 2006, pp. 25–36.

想说明，虽然他延续的是西方马克思主义传统的路子去解读马克思与黑格尔的关系。但实际上，在他看来，传统理论家们的解读方式，根本就不可能真实地再现马克思与黑格尔关系的历史境遇。这也意味着，诺曼·莱文虽然是沿着西方马克思主义开启的道路在前进，但他倡导的这条还原马克思主义的解释路径又是完全不同于以往学者的。他的"去黑格尔化"并不是去消解马克思与黑格尔的连接，而是有针对性地审视哲学史上对马克思与黑格尔关系的误读或曲解，进而在一个更新、更广的学术和历史语境中实现马克思主义的"重新黑格尔化"。

其二，通过 MEGA² 的研究，对马克思主义理论的一些重大问题得出了新的认识与看法。比如，马克思两个经典文本将被取消：即《1844年经济学哲学手稿》（简称《手稿》）和《德意志意识形态》。诺曼·莱文通过考察接受了尤根·罗扬的结论并指出，《手稿》其实并不是一个统一的著作，而是由梁赞诺夫将马克思分散的草稿、笔记、评论和个人的练习组成的汇编。在这部著作中仅有《对黑格尔的辩证法和整个哲学的批判》展现出一个完全独立且连续的主题。因此，诺曼·莱文主张以《对黑格尔的辩证法和德国哲学的批判》作为一个统一的文本。同样，按照以往的理解，《德意志意识形态》由两部分构成："费尔巴哈"章和"莱比锡宗教会议"，这是 MEGA¹ 在 1932 年出版的。不过，对于费尔巴哈章的最近研究证明，这一部分其实根本不存在。它不是一个连贯的文本，而是由梁赞诺夫将一些分散的评论以及页边的注释聚集起来的一个章节。因此，诺曼·莱文主张不能将此两个文本作为马克思在某个阶段思想的发展体系进行研究，而应该将其作为马克思为解决某个特定问题而进行的练习来对待。

针对近年来，马克思学研究的一个热点问题：资本主义体系崩溃，诺曼·莱文也立足于 MEGA² 的相关文献资料，得出了这个观点并非马克思的观点。诺曼·莱文强调马克思之所以创造经济学并不是因为要阐明资本主义的必然灭亡，而是为了表明两个方面："一是表明资本主义经济学如何导致了异化；二是表明经济学必须发生改变，只有那样，人类才能重新获得他们自身的劳动。马克思对指明资本主义的最终灭亡并不感兴趣……他之所以写作《资本论》第 1 卷，是因为他想表明资本主义体系如何建立在这个异化概念之上，资本主义体系如何被异化概念所操控。"① "《资本论》并不是对于资本主义即将灭亡的预测，而是马克思的方法的一个范例。《资本论》的副标题是'政治经济学批判'，即马克思推翻了古典政治经济学的实证主义，代之以他自己的方法论原则。《资本论》的意义是它建立了一种新的社会科学原则。马克思将资本主义作为其课题来检验他的社会科学方法。《资本论》的实质不是去预测资本主义的最终消亡，而是要展示马克思的新的社会科学方法论。我们必须重新解读《资本论》。《资本论》并非想要提出据称能预测未来的经济学的实证法则，它是马克思用以解释社会形态的运行所使用的新社会科学方法论的实践展现。马克思所引入的革命是在方法论层面，他创建了新的社会—历史解释原则，继承了康德—歌德—黑格尔的遗产。"② 可以看到，诺曼·莱文的这一看法与德国马克思主义者 M. 诺伊豪斯、G. 胡贝曼、M. 海因里希等的看法非常相似。M. 海因里希曾指出，在恩格斯编辑出版的《资本论》第 3 卷第 15 章中，发现了（在马克思原始手稿中并不包含的）关于危机的陈述：给人们留下了未完成的危机理论；此外，在 M. 海因里希看来，也正是通过恩格斯的补充，资本主义化身为衰老的、垂死的制度，这就促进了资本主义体系崩溃的思想，从而强化了资本主义自发终结的错误观念。

---

① 赵玉兰：《马克思主义与黑格尔主义：对话诺曼·莱文》，《国外理论动态》2013 年第 6 期。

② Norman Levine, *Marx's Discourse With Hegel*, New York：Palgrave Macmillan, 2012, p. 313.

正如从可见和不可见的文献语境中我们可以重新认识马克思和黑格尔的关系，同样我们也可以将 MEGA^2 出版之前和之后的内容作为参照系领悟到什么才是真正的马克思主义。MEGA^2 的出版避免了传统对马克思主义的歪曲解释，并给予寄希望于回到本真马克思主义的学者们以机会，开创了解释马克思主义的新时代。当然，对于这些问题，理论界仍有各种不同的声音，诺曼·莱文的一些看法需要进一步斟酌，但这些观点无疑可以拓宽国内学者的学术视野，并能够为我们去探索本真的马克思主义提供一定的启示和指引。

三 重构了马克思与黑格尔的关系

马克思和黑格尔作为思想界最重要的两位哲学家，他们分别通过资本批判和概念批判揭示了现代社会的核心问题。今天，这些问题依然存在着。因此，考察二者的关系就成为当今学术研究领域一个重大的课题。但是，按照传统的解释路线，我们可以看到，无论是普列汉诺夫还是列宁，黑格尔与马克思的关系至多是通过《逻辑学》和《自然哲学》发生的；通过费尔巴哈，马克思汲取了其人本主义哲学中的唯物主义元素；在此基础上，马克思又批判地改造了黑格尔客观唯心主义思想体系中的辩证法。这样马克思就通过从旧哲学繁杂的体系中将费尔巴哈的"基本内核"和黑格尔的"合理内核"结合在一起了，从而创立了辩证唯物主义，随后又把辩证唯物主义推广到历史领域又产生了历史唯物主义。这一简单解释路线长期支配着苏联、东欧国家和中国的理论界，我们现阶段的教科书也依然沿用着这种思维模式，它在某种程度上可能制约着当今学者们的思考方向。因此，若能清晰地还原马克思与黑格尔之间的关系，并对其做出真正科学的定位，就不能仅仅满足于单纯历史和理论的兴趣求证，而是能为当代马克思主义哲学研究开辟新的领地。

众所周知，诺曼·莱文作为"新黑格尔主义的马克思主义"的重要代表，在其研究过程中虽然以"马恩对立论"为主线，但也是紧紧围绕马克思与黑格尔的关系这一主题展开的。不过以马克思与黑格尔的关系定位作为研究基础的学者并不在少数，从诺曼·莱文视域中的黑格化马克思主义的第一人列宁到早期西方马克思主义学家卢卡奇等人，再到 T. 史密斯、C. J. 阿瑟、D. 麦克格雷戈尔（David MacGregor）、T. 卡弗、I. 弗雷泽（Ian Fraser）、T. 伯伦斯（Tony Burns）等采取的都是这种"以黑释马"的方式。不过，诺曼·莱文的创新之处有三个方面：

第一，诺曼·莱文试图立足从 1836—1883 年马克思对黑格尔的解读，既包括继承方面，也包括断裂方面。诺曼·莱文一直认为："从思想史的角度来看，我始终坚信黑格尔在马克思的思想中起到了关键的作用。我的研究始终将马克思主义中黑格尔主义的在场作为出发点。从学术研究的角度来看，我倡导对马克思主义重新黑格尔化，因为我深信马克思和历史事实需要这样一个论断。我的论点是，必须接受重新黑格尔化，因为它符合事实。"① 也就是说，在诺曼·莱文的视域中，马克思从未远离过黑格尔，而恰恰从黑格尔那里借用了许多的概念、方法等才构成了他今天的哲学体系。不过与传统的西方马克思主义者或是西方马克思学家不同的是，诺曼·莱文不仅仅只从青年马克思的著作与黑格尔的连续性进行探讨，而且还致力于《政治经济学批判大纲》和《资本论》晚期手稿来推进马克思与黑格尔的研究。而且诺曼·莱文也不像传统的理解那样认为，黑格尔哲学是以整体的形式作用于马克思的，而是将马克思对黑格尔的借用分为两大阶段，既考察了《精神现象学》以及《法哲学原理》影响马克思理论的重要方面，也探讨了黑格尔逻辑学以及所涉及的辩证法对马克思理论发展的重大影响。也就是说，他试图全方位考察马克思的整个一生与黑格尔在"连续性""非连续性"之

---

① Norman Levine, *The Hegelian Foundations of Marx's Method*, Lanham: Lexington Books, 2006, pp. xviii – xix.

间的张力中的对话。而这一工作，至目前为止还没有人做过相关尝试。也许诺曼·莱文在解构马克思与黑格尔关系的叙事过程中有部分不妥或极端的看法，致使很多学者无法苟同。但可以看到，诺曼·莱文对"马克思黑格尔关系"问题的重建，远远超过了传统的西方马克思主义者或西方马克思学者的讨论范围。这对于开阔我们的研究思路不无裨益。

第二，诺曼·莱文从黑格尔的"可见文献"与"不可见文献"两个部分来重新考察黑格尔对马克思的影响，这在解读马克思与黑格尔关系的研究中是一大突破。所谓"可见文献"即是在马克思生前所出版的那些黑格尔的手稿，无论马克思是否读过这些手稿，但它们是马克思生前可以获得的。所谓"不可见的文献"① 即是那些对于马克思来说是不存在的黑格尔的手稿，它们大多数在 20 世纪以后才发表出来。诺曼·莱文通过标明从 1836 年—1848 年马克思能够看到的或不可能看到的黑格尔的著作来详细考察此时间段内马克思对黑格尔的解读。因为在诺曼·莱文看来马克思理解黑格尔的方式在很大程度上是由他所不知道的黑格尔的思想决定的；不仅仅有大量的马克思本可以获得的具有实质性的黑格尔的文献在马克思那里是缺失的。同时，新近出版的"不可见文献"也修正了 19 世纪人们对黑格尔唯心主义的解释，反映出了黑格尔同样关注着马克思所感兴趣的经济与社会问题。② 如诺曼·莱文考察了《论英国改革法案》的缺失所造成的马克思对黑格尔的误读：在该论文中，黑格尔探讨了关于社会阶级、阶级分化以及社会经济基础对诸如艺术、政治和哲学这些文化领域的影响。这些观点恰恰是马克思所忽

---

① 诺曼·莱文在这里主要指黑格尔自 1788 年参加图宾根神学院入学考试开始到 1807 年《精神现象学》出版期间所留下的手稿。其中《耶拿手稿》是最重要的部分。莱文在这里预示的是马克思与黑格尔之间的对话其实质是指马克思与成熟黑格尔之间的对话，而马克思与青年黑格尔是完全割裂的。

② Norman Levine, *Marx's Discourse With Hegel*, New York: Palgrave Macmillan, 2012, p. 1.

视的，也是他将黑格尔定义为"逻辑泛神论者"的原因之一。《论自然法的科学研究方法》的缺失，在经济层面上，导致了马克思无法认识到主观实践的人类活动在黑格尔思想中的重要作用，忽视了黑格尔把经济实践看作是精神演进产生的基础。在政治层面上，导致了马克思将自身与黑格尔所谓"政治是一种伦理实践"的定义隔绝开来并使得马克思无视黑格尔思想中伦理与政治的关系以及亚里士多德在黑格尔思想中的重要性，从而造成了马克思无法正确理解黑格尔的国家理论。① 而这些失误都是由于马克思对黑格尔的关注点主要都集中于《精神现象学》《逻辑学》《法哲学》《哲学全书》以及《历史哲学》等有关黑格尔的逻辑学、历史学和政治学的理论上，而对本可以接触到的早期黑格尔文本的忽视，导致了"不可见的黑格尔"的产生。

这也是为什么说诺曼·莱文的思想虽然很大程度上受到了卢卡奇、马尔库塞等人的影响，但同时他也从另一层面上超越了他们。卢卡奇的《青年黑格尔》与马尔库塞的《理性与革命》的创作可以说是对20世纪黑格尔的那些不可见手稿——《耶拿手稿》出版的回应。但二者关注的却只是黑格尔与马克思之间的相似性。他们都将马克思对黑格尔思辨哲学的重建当作对黑格尔原则的合理化变革。也即是说他们只看到了黑格尔与马克思相似的一面，却忽视了二者之间的差异所在。诺曼·莱文在《马克思与黑格尔的对话》中通过区分黑格尔的"可见文献"与"不可见文献"两个部分来考察黑格尔对马克思的影响，不仅看到了二者之间的相似性与连贯性，更为重要的是他同时也关注着这两位思想巨人之间的对立与误解。可以说，诺曼·莱文所开拓出的这些新的领域对于重新评价马克思与黑格尔的关系具有重要的作用，它开启了研究马克思与黑格尔关系的新动向。

---

① Norman Levine, *Marx's Discourse With Hegel*, New York: Palgrave Macmillan, 2012, pp. 71 - 72.

　　第三，立足 MEGA² 的新视角重置马克思与黑格尔关系的连续性。诺曼·莱文立足 MEGA² 的第一部分第二卷专门探讨了《1844 年经济学哲学手稿》在重置马克思与黑格尔关系中的重要性。诺曼·莱文指出，马克思对黑格尔的研究开始于《精神现象学》，因此马克思所熟悉的是 1807 年之后这一时期的"可见的黑格尔文献"，也即是黑格尔成熟时期的文献。马克思第一次接触《精神现象学》是在他把该著作列为博士论文的参考文献中；第二次接触发生在 1842 年到 1843 年，马克思对《精神现象学》所做的摘录（该摘录收录在 MEGA² 第 4 部分，第 2 卷，493—499 页）。《手稿》已经是马克思与黑格尔的第三次接触。因此，《手稿》的成果并不是马克思研究黑格尔的开端，而是进行了多年研究之后的成果。或者换句话说，马克思在《手稿》之前其实就已经开始运用黑格尔的范式进行政治经济学批判了。

　　正是基于以上三个方面的理论建构，我们可以清楚地看到，诺曼·莱文无论是之于马克思与恩格斯关系的考察，还是马克思与黑格尔关系的探讨，他并不类似于西方马克思学的其他学者，如 D.麦克格雷戈尔、T.卡弗、I.弗雷泽、T.伯伦斯等专注于做与价值无涉的纯粹文本解读和学理考证。与他们所不同的是，诺曼·莱文的意图并不仅仅满足于这一西方马克思学的传统，而是寄希望于通过将黑格尔哲学这一重要中介，融入对马克思与恩格斯关系以及马克思思想自身发展的历史考证中去，以重新诠释马克思主义的实质，并最终开发马克思主义在当代的政治潜能。他实质上是将强烈的价值指涉融入自身的理论研究中，从而以一种超越"马克思学"的姿态影响着美国马克思主义的研究。① 这也是诺曼·莱文的理论区别于众多西方马克思学者的关键所在。

---

　　① 李佃来：《美国马克思主义的流派及其理论进展（下）》，《学术月刊》2010 年第 5 期。

第三节 诺曼·莱文思想体系的理论局限

从实际上看，诺曼·莱文对马克思主义所运用的基于 $MEGA^2$ 的解读方式，确实更具有客观性和学术价值，但在实际操作过程中想达到这一目的却非常困难，因为在当时的时代背景下，西方马克思学学者们有的从一开始就已经深陷与苏联思想界的学术冷战之中。

张亮在其《西方"马克思学"的恩格斯研究：一个批判的评价》中就把持"对立论"的西方马克思学学者分为三个类型。"第一种人是个别或明或暗的反马克思主义者，波兰流亡学者科拉克夫斯基是其中的代表。第二种人是以英国马克思学学者大卫·麦克莱伦为代表的一批政治倾向比较模糊的学院派学者。这些学院派学者一方面比较重视马克思主义的理论和实践价值，但另一方面又出于对资产阶级民主政治自发的信仰而对以苏联为代表的现实社会主义表现出了某种排斥。由于他们的中派取向，所以这批学者对'马克思—恩格斯对立论'的表述比较温和，且特别注意不涉及对作为社会制度的社会主义的批评。第三种人是一些明确反对苏联社会主义和马克思主义但却认同、追随（西方）马克思主义的左派、新左派学者，他们可以说是当时恩格斯研究的主力军。《可悲的骗局：马克思反对恩格斯》的作者诺曼·莱文、《两种马克思主义：理论发展中的矛盾与异例》的作者阿尔温·古尔德纳等就是其中比较著名的代表。"① 正如上文所述，在诺曼·莱文进行"去黑格尔化"的过程中，他指出传统的西方马克思主义学者在研究马克思与黑格尔关系问题时融合了太多的政治或文化的目的和元素，这种研究方式

---

① 张亮：《西方"马克思学"的恩格斯研究———一个批判的评价》，《教学与研究》2005年第 8 期。

并不利于真正还原马克思与黑格尔的关系。同样，我们看到，其实诺曼·莱文开始从事马克思主义研究恰恰也是受到政治因素的触发：越南战争的影响。他指出："当我还在美国印第安纳州格林卡斯尔德堡大学工作中，就首次产生了创作这本著作（指《悲剧性的骗局：马克思反对恩格斯》笔者注）的想法。这是 19 世纪 60 年代学生运动的产物。在那个时候学生们迫切地需要马克思的理论，为了回应他们的需要我特地开设了一门马克思主义的课。从那时起我对马克思的探寻就没有停止过。越南战争以及它对整个社会所产生的影响则是我创作这本著作的激进化经历。"① "当代社会被工具理性和功能理性控制。马克思主义学说在抛弃了那些在社会主义和共产主义世界中会直接导致异化和剥削的条件的马克思主义传统方面，能够很好地回应那独特的社会历史条件。通过透析马克思的马克思主义，马克思主义理论可以用相关的批判和激进的否定来揭露当今世界非人性化的一面。复兴哲学的和方法论的生存力。"② "创新的马克思主义在 20 世纪 20 年代屈服于斯大林主义的合理化，斯大林成为分裂世界马克思主义运动的代表人物。当马克思主义被分割，斯大林就代表了这种变化的剖宫线。恩格斯并不是一个政教合一者。现在有必要回到问题的起点——恩格斯，去理解为什么斯大林是个历史的产物。"③ 从上面的论述中，可以清楚地看到，诺曼·莱文想要脱离现时代的任何政治或文化元素的影响，做所谓的"纯而又纯"的学术研究是基本不可能实现的。他的理论体系的形成除去前文所述的受到了马克思《手稿》以及西方马克思主义、西方马克思学学者理论的

---

① Norman Levine, *The Tragic Deception*：*Marx Contra Engels*, Santa Barbara：Clio Press, 1975, p. ix.

② Norman Levine, *The Tragic Deception*：*Marx Contra Engels*, Santa Barbara：Clio Press, 1975, p. xiii.

③ Norman Levine, *The Tragic Deception*：*Marx Contra Engels*, Santa Barbara：Clio Press, 1975, p. xvi.

重大影响外，应该说很大程度上还受到了 20 世纪 60 年代整个国际政治环境因素的极大影响：随着斯大林一系列错误被揭露，当时全世界范围内掀起了反马克思主义、反共产主义的浪潮。由于第二、第三国际的马克思主义者主要是运用恩格斯的阐释路径来理解和把握马克思主义的。在这种情况下，诺曼·莱文同大多数人本主义的西方马克思主义学家或是持对立论的西方马克思学学者一道，对恩格斯发起了猛烈的抨击，因为只有在马克思恩格斯关系的论述上采取扬马抑恩的方式，才能真正实现与第二、第三国际这种以近代形而上学思维方式来理解马克思哲学的错误决裂，从而将原先"被唯心主义抽象地发展了"的"能动的方面"重新归还给马克思主义。所以，由于诺曼·莱文身处的时代环境和文化影响，他的理论局限首先便表现在：

一　在重置马克思与恩格斯关系时，诺曼·莱文的一些观点过于偏激，对恩格斯的批判未免言过其实

长期以来，对于恩格斯思想的研究，西方马克思学的阐释方式上确存在过一种不良倾向：即是他们对恩格斯的研究和批判总是和对苏联社会主义的批评纠结在一起，从而使得恩格斯成为他们批判苏联的替罪羊。① 正是在这种文化背景的影响下，恩格斯甚至成为贬低、歪曲马克思的"始作俑者"。诺曼·莱文就指出恩格斯脱离马克思的独白并不具有合法性，这种独白在马克思主义理论体系建构的过程中制造了一个马克思所不能承认和接受的"马克思主义"，实则为恩格斯自编自导自创的"恩格斯主义"。应该说，对这一问题的争论，西方马克思学学者们讨论最多的当属《反杜林论》了。H. 德雷珀（Hal Draper）曾讲述过这一原因，《反杜林论》是对马克思或恩格斯著作中阐述的对马克思主义

---

① 张亮：《西方"马克思学"的恩格斯研究——一个批判的评价》，《教学与研究》2005年第 8 期。

的唯一一次或多或少的系统性呈现。因此，任何想重新解读马克思思想的人，都必须首先将这本书与对马克思的正式认可剥离开来。① 于是，西方马克思学理论家们批判所谓"恩格斯主义"的焦点便主要转向《反杜林论》及其节选篇《社会主义从空想到科学的发展》以及其他相关著作。英国学者 P. 布莱克利奇对此问题做了一个澄清，他指出："恩格斯与杜林的交锋，显然旨在捍卫革命的政治实践而反对杜林的道德改良主义——甚至连列宁都把它描述为'每个觉悟工人必读的书籍'。从更本质的意义上说，恩格斯针对杜林批评马克思将黑格尔的范畴作为'这种从宗教领域中抄袭来的荒唐类比'的回应，包含了他对马克思的哲学革命的清晰概括……事实上，认为《反杜林论》体现出与马克思哲学的根本断裂这一论断，源于对恩格斯的论证缺乏说服力的一种漫画式理解。"②

　　通过前文笔者的梳理，我们可以看到，诺曼·莱文的"马恩对立论"其实不过是在传统学者尤其是早期西方马克思主义代表人物对马克思、恩格斯以及马克思、黑格尔这两对关系范畴研究的基础上进行的系统化的糅合和表述。虽然他是以马克思与恩格斯的极端对立论而影响学术界的，但从事实角度来说，对这一问题的研究，他并没有提出过多的有创新性的观点，或者毋宁说他的最大的"创新性"是在于对马恩关系问题做出了历史上最系统、最全面的梳理。而且他的研究重心尤其是后期研究的重点完全放在了马克思与黑格尔的关系的解读上。当然，这种研究的转向并没有抛弃他以往的观点，甚至从侧面加强和深化了他的"马恩对立论"。但他用"悲剧性的骗局"这种敏感、爆炸的表达来引

---

① Hal Draper, *Karl Marx's Theory of Revolution*（*Vol. 1*），New York：Monthly Review Press，1977，p. 24.

② ［英］保罗·布莱克利奇：《"马恩对立论"驳议》，曲轩编译，《当代世界与社会主义》2020 年第 4 期。

出自己的观点，容易使问题引导到学术之外的政治上，使一些原本并不复杂的学术问题变得更加复杂化、政治化，这也导致了一种不良的后果，即在一定程度上会掩盖其理论本身所具有的学术价值。

不过，近年来国外学界对于恩格斯的研究逐渐走向理性，使恩格斯从马克思的独立光环中走出来，还原其自身的理论与政治贡献，并且更加突出了恩格斯在马克思主义形成中的"核心"作用，反对制造青年马克思的人本主义与恩格斯的科学主义的对立以及将恩格斯误解为实证主义、机械唯物主义、庸俗决定论等倾向，并重新激活《自然辩证法》的当代价值。

二　诺曼·莱文在进行马克思恩格斯观点比较过程中，采取的相关考察方式以及表述并不显得严谨和科学，甚至带有一定的狭隘性

一方面，他一直"以青年马克思文本语境中的共产主义与苏联式的社会主义进行比较，而马克思和恩格斯的学术思想差别正是这种比较的结论之一。因为相比青年马克思的著述，晚年恩格斯的思想确实是苏联哲学教科书的重要学术来源"①。或者说，这种比较马克思与恩格斯的关系的方式实乃一种外部反思法，甚至可以被认定为一种学术策略，它忽略了比较之间所具有的时间跨度以及涉及的政治环境的影响，因为无论是马克思思想还是恩格斯思想都是一个不断发展，并且可能根据局势变化、深化的过程。对二者关系的理解应该置于其理论内在发展逻辑与历史文化环境的交互之中予以完整地把握与分析，这样我们才能真正还原马克思与恩格斯关系的历史真相。

对于马克思恩格斯在社会历史发展理论方面是否存在着多线论与单线论之间的对立，诺曼·莱文把这种差异置于：建立在自然人道主

① ［美］诺曼·莱文、臧峰宇：《马克思学与马克思政治哲学的文本语境》，《马克思主义与现实》2014年第6期。

义的基础上并强调社会发展的多线化路线与建立在形而上学的唯物主义的基础上，主张社会发展单线化的经济决定论之间的对立。并且在这一简单的二元切割中，以黑格尔哲学为中介，试图勾勒出一个"不断否定政治经济学并回归到人道主义的'第三个马克思'形象"①。诺曼·莱文认为马克思在社会历史发展理论问题上重新回到了黑格尔的辩证法，将人类社会形态演变的根本原因认定为人与人关系内部的形式与内容之间的冲突。因此，诺曼·莱文试图以"两种生产"理论为断裂点，将晚年马克思还原为人类学家，将其理论基础建构于人类学的多线论历史观而非历史唯物主义。与此同时，他又把"两种生产"理论指涉为"恩格斯主义"，消解其理论内部的主体能动性维度，并强化其对物质资料生产和经济因素的探讨②，从而直接得出"恩格斯是以一位经济决定论者的面貌出现，而马克思则是一位辩证唯物主义者"③ 的结论。

诺曼·莱文的这种刻意的"断裂"实际上是把"晚年马克思描述为摩尔根化的人类学家形象，将恩格斯树立为晚年马克思的对立面"④。实际上，马克思与恩格斯在"两种生产"理论上具有逻辑一致性。马克思早在《政治经济学批判》序言中就表述过这样一段话："物质生活的生产方式制约着整个社会生活、政治生活和精神生活的过程。不是人们的意识决定人们的存在，相反，是人们的社会存在决定人们的意识。"⑤ 马

---

① 李俊鑫、刘同舫：《N. 莱文对马克思〈人类学笔记〉的三重误读及辨析》，《世界哲学》2023 年第 1 期。

② 李俊鑫、刘同舫：《N. 莱文对马克思〈人类学笔记〉的三重误读及辨析》，《世界哲学》2023 年第 1 期。

③ Norman Levine，"Anthropology in the thought of Marx and Engels"，*Studies in Comparative Communism*，Vol. 6，No. 1 - 2，1973，pp. 7 - 26.

④ 李俊鑫、刘同舫：《N. 莱文对马克思〈人类学笔记〉的三重误读及辨析》，《世界哲学》2023 年第 1 期。

⑤ 《马克思恩格斯文集》第 2 卷，人民出版社 2009 年版，第 591 页。

克思在这里把人类的生活归为四类：物质生活、社会生活、政治生活、精神生活，其中物质生活是最基础最根本的，但强调物质生产的基础作用，并不等于排斥了别的生产与生活。同时，关于"两种生产"理论的相关阐述也可见诸《德意志意识形态》第一卷第一章批判费尔巴哈哲学的相关论述中，马克思恩格斯从一切人类生存的第一个历史活动即生产物质生活本身谈起，在进行物质生产的同时，又间接地生产出了新的需要即人与自然界的现实关系。接下来他们又谈到第三种关系：繁殖和家庭，也就是说，现实的个人不仅要进行物质生产、人与自然关系的再生产，而且要进行自身再生产和社会关系再生产。当他们考察到最初的历史的关系的四个因素之后，马克思恩格斯又谈到了人的意识，认为必须进行意识或精神的再生产。由此，我们可以看到，马克思恩格斯是从现实的人的实际生活出发，不再把社会的生产发展仅仅看成一种纯经济的决定论或纯物质财富的增长，而是看作物质生产、精神生产、人的自身生产、社会关系再生产以及人与自然关系的再生产这五种生产的共同发展、和谐统一。① 众所周知，恩格斯在致约瑟夫·布洛赫的信中曾对社会发展的历史合力论有过一段精彩的描述："历史是这样创造的：最终的结果总是从许多单个的意志的相互冲突中产生出来的，而其中每一个意志，又是由于许多特殊的生活条件，才成为它所成为的那样。这样就有无数互相交错的力量，有无数个力的平行四边形，由此就产生出一个合力，即历史的结果，而这个结果又可以看做一个作为整体的、不自觉地和不自主地起着作用的力量的产物……各个人的意志……虽然都达不到自己的愿望，而是融合为一个总的平均数，一个总的合力，然而从这一事实中决不应作出结论说，这些意志等于零。相反，每个意志都对合力有所贡献，因而是包括在这个合力里面的。"② 因此，马克思与

---

① 袁芃：《生活世界理论探究》，《南京政治学院学报》2015 年第 5 期。
② 《马克思恩格斯文集》第 10 卷，人民出版社 2009 年版，第 592—593 页。

恩格斯的学术思想从社会历史观的角度来看是具有一致性的，并不是所谓的"多线论马克思"与"单线论恩格斯"的对立。

对于马克思恩格斯在革命理论策略上是否对立的问题，诺曼·莱文在这里依旧运用的是一种外部比较手法，也即是没有在马克思恩格斯思想的内在发展逻辑与历史文化环境的交互中进行整体性考察，从而由于片面的误读造成了二者在这一问题上的"对立说"。的确，恩格斯在《卡·马克思〈1848 年至 1850 年的法兰西阶级斗争〉一书导言》中写过这么一段话："历史表明我们也曾经错了，暴露出我们当时的看法只是一个幻想。历史走得更远：它不仅打破了我们当时的错误看法，并且还完全改变了无产阶级进行斗争的条件。1848 年的斗争方法，今天在一切方面都已经过时了，这一点值得在这里比较仔细地加以探讨。"① 但这里的过时的斗争方法并不是指代"暴力革命"。其实，只要仔细阅读原文就可知道，恩格斯在这里讲得非常清楚，它指的是"旧式的起义，在 1848 年以前到处都起过决定作用的筑垒巷战，现在大大过时了"②。即恩格斯否定的只是"暴力革命"中的某种形式，而不是全部的暴力革命。1895 年 4 月 3 日，他致信给保尔·拉法格说："李卜克内西刚刚和我开了一个很妙的玩笑。他从我给马克思关于 1848—1850 年的法国的几篇文章写的导言中，摘引了所有能为他的、无论如何是和平的和反暴力的策略进行辩护的东西。近来，特别是目前柏林正在准备非常法的时候，他喜欢宣传这个策略。但我谈的这个策略仅仅是针对今天的德国，而且还有重大的附带条件。对法国、比利时、意大利、奥地利来说，这个策略就不能整个采用。就是对德国，明天它也可能就不适用了。"③ 所以说，恩格斯在《导言》中所表示的对工人阶级争取和利用

---

① 《马克思恩格斯文集》第 4 卷，人民出版社 2009 年版，第 538 页。
② 《马克思恩格斯文集》第 4 卷，人民出版社 2009 年版，第 545—546 页。
③ 《马克思恩格斯全集》第 39 卷（上），人民出版社 1974 年版，第 436 页。

普选权的支持与肯定完全是在特定的历史情境中附带重大条件的情况下加以讨论的。更不能因为对普选权肯定，而断章取义地认为恩格斯否定暴力手段夺取政权。

另一方面，诺曼·莱文在解读马克思与恩格斯的关系时，可谓是做到了从各个领域进行了全面、翔实地铺展。但细究起来，却可以发现，他的研究基本是以辩证法为切入口的，这种研究方式和角度又略显狭隘。如果说日本学者望月清司是以历史学的方式将早期马克思的哲学研究与《政治经济学批判大纲》的经济学研究结合起来研究马克思的历史理论，从而发掘出马克思与恩格斯之间的差别。也就是说他对马克思与恩格斯之间对立的着眼点是安放在二者对分工理解的不同：恩格斯所谓的分工是私人所有，同时也是阶级统治，因此所谓历史只不过是所有制形式变化的历史；而在马克思那里，分工则是城市和农村的分离、农业和工业的分工，是劳动过程和交往体系中的分工如何发展到市民社会，以及市民社会如何为共产主义奠定基础的历史。他从这一经济学的视角入手，提出了著名的两种"史论"思想：即恩格斯的"所有形态史论"与马克思的"分工展开史论"的对立。① "T.卡弗则是从思想和文本、作者和编者、读者的关系方面研究了马克思与恩格斯的关系，从而把'马克思—恩格斯问题'置于解释学的框架中进行认识论和方法论的分析，提出了理解和研究'马克思—恩格斯问题'的新路径。"② 那么，诺曼·莱文在解读马克思与恩格斯的关系问题时，他可谓是把绝大部分精力或者说着眼点安放在了二者对辩证法理解的不同上。这种对辩证法的二分解读方式（即把马克思的辩证法的重心放在具有主体性的人之上，把恩格斯的辩证法重心放在了被动、抽象的自然界之上）也被

① ［日］望月青司：《马克思历史理论的研究》，韩立新译，北京师范大学出版社2009年版，第14—15页。

② 吴家华：《"马克思—恩格斯问题"论析》，《中国人民大学学报》2002年第6期。

诺曼·莱文运用和推演到了其探讨马克思恩格斯的唯物主义对立、认识论的对立、经济理论对立、共产主义理论对立、社会发展理论对立以及革命策略对立的各个方面。从这里，一方面，我们看到诺曼·莱文的这种解读马克思恩格斯关系的方式，相对于望月青司、T.卡弗等学者具有明显的不同。这也是为什么不同的对立论者的理论发生分裂的原因，这也成了 A. W. 古尔德纳、J. D. 亨利、S. H. 利各比等一致论口中的"对立论者的彼此相互矛盾，有时自相矛盾"。另一方面，这种以辩证法为入口论证"马恩对立论"的方式，其实延续的仍然是早期西方马克思主义理论家们的"辩证法是主体和客体的相互作用"以及"辩证法的说明是有其限度的"这些命题。强调辩证法只存在也只可能存在于主体和客体的相互作用之中，存在于人对自然界的能动改造之中。可以看到，这种考察马克思恩格斯关系论的切口并没有太多的新意，甚至带有一定的狭隘性。因此，诺曼·莱文的这种以辩证法解读马恩对立的方式，不仅在方法上存在一定的局限性，而且由此推演出的结论也未免会有很多不科学、不严谨的成分，这也是为什么他的理论经常受到一致论者的诘难。尤其是在后期，诺曼·莱文将马克思的辩证法甚至马克思的理论完全解读为一种社会解释方法论，这未免有点言过其实了。

另外，在关于马克思恩格斯关系的相关表述中，诺曼·莱文的一些观点也有待深究。比如诺曼·莱文在《辩证法内部对话》中阐述道："马克思也使辩证法物质化，但他运用的是与自然的哲学大不相同的方式。这里整个讨论背景是，马克思和恩格斯给予了唯物主义以不同的意义。"① 这里我们承认，马克思确实没有像恩格斯那样强调物理学的重大作用和意义，而是将唯物主义更多地与社会和经济生产相联系。但马克思同样也是重视自然科学的发展的。如在《资本论》第三卷中马克

---

① Norman Levine, *Dialogue Within the Dialectic*, London：George Allen&Unwin, 1984, p. 105.

思曾经这样论述道："生产力的这种发展，最终总是归结为发挥作用的劳动的社会性质，归结为社会内部的分工，归结为脑力劳动特别是自然科学的发展。"① 因此，诺曼·莱文为了突出马克思恩格斯之间的对立，虽然他没有完全排斥，但从一定程度上来说也过度地压制了自然科学等在马克思这里存在的价值和意义。再如，诺曼·莱文在《悲剧性的骗局：马克思反对恩格斯》中将马克思与恩格斯对于共产主义的理解做出了哲学人类学与工业清教主义区分。而在《马克思对列宁的反叛》中，他延续了之前的论调，并做出了更为详细的文本学支撑。诺曼·莱文指出，正是在费尔巴哈的影响下，马克思对共产主义的定义是由自然主义和人类学所决定的。共产主义要求废除私有财产。共产主义是人类对人类的全部客体化的再占有。列宁则延续了恩格斯的逻辑，把共产主义描绘成每个公民拥有同等数量的物品的社会条件。因为，对列宁来说，他和恩格斯一样都没有真正进入费尔巴哈思想的大门，亦没有把握其对于唯物主义与自然主义的区别（唯物主义以物理法则为主导，自然主义则是以人类行动为主导，关注的是人本质的对象化、人类潜能的外化以及这些外化如何塑造了人类的社会生存环境），因此，将共产主义看作财产的平均主义。② 这种共产主义不是以自然主义与人类学为基础的，而强调的是数学式的生产与分配。然而，恩格斯在《共产主义原理》中对共产主义的生产有过一段陈述，他说："摆脱了私有制压迫的大工业的发展规模将十分宏伟，相形之下，目前的大工业状况将显得非常渺小，正像工场手工业和我们今天的大工业相比一样。工业的这种发展将给社会提供足够的产品以满足所有人的需要……这样一来，根据共产主义原则组织起来的社会，将使自己的成员能够全面发挥他们的得到全面

---

① 《马克思恩格斯文集》第 7 卷，人民出版社 2009 年版，第 96 页。

② Norman Levine. *Marx's Rebellion Against Lenin*, New York：Palgrave Macmillan, 2015, pp. 180 – 182.

发展的才能。"① 可以看到，恩格斯虽然更加注重数学式的经济的发展，但并没有完全脱离人类学的背景，依然考察了人类的生存和发展。

三 在重构马克思与黑格尔关系时，诺曼·莱文的许多研究及考论并非无懈可击

众所周知，从总体上看，马克思本人在谈到其思想与黑格尔哲学关系的论述时主要分为三个阶段：第一个阶段是 1842 年之前，马克思思想处于一种总体被黑格尔影响的状态之中。第二个阶段是从 1843 年到 1848 年，马克思通过费尔巴哈和国民经济学研究的中介，对黑格尔哲学开启了批判的道路。从《黑格尔法哲学批判》到《哲学贫困》都蕴含了马克思对黑格尔哲学全面而深刻的批判。第三个阶段是从 19 世纪 50 年代到 60 年代。马克思在撰写《资本论》之前重新阅读了黑格尔的著作，并表示"我公开承认我是这位大思想家的学生，并且在关于价值理论的一章中，有些地方我甚至卖弄起黑格尔特有的表达方式。辩证法在黑格尔手中神秘化了，但这决没有妨碍他第一个全面地有意识地叙述了辩证法的一般运动形式。"② 也就是说马克思确实系统研究过黑格尔的著作，并对黑格尔哲学思想采取的是一种批判继承的关系，这一关系既有社会现象学的勾连，同时也有《逻辑学》的影响。

诺曼·莱文虽然也花大量篇幅谈论了黑格尔社会现象学对马克思的影响，但太过强调《逻辑学》与《资本论》的相关性，因为诺曼·莱文更多的是把马克思主义看作对社会整体进行研究的社会解释方法论，相对忽视了他的社会政治思想。在《马克思对列宁的反叛》一书中，诺曼·莱文继续强调他的结论："'辩证法''历史唯物主义'这样的词语试图将马克思的思想界定为一门社会科学……这样理解马克思的方式

---

① 《马克思恩格斯文集》第 1 卷，人民出版社 2009 年版，第 688—689 页。
② 《马克思恩格斯文集》第 5 卷，人民出版社 2009 年版，第 22 页。

已是过去式了，新的研究使辩证唯物主义的哲学基础失效。在本书中，用来界定马克思思想核心的是马克思的解释方法。马克思没有提出一门社会科学，而是提出了一系列界定社会结构的方法论工具。"① 也就是说，在诺曼·莱文那里，马克思不是建构了历史唯物主义，而是一种辩证的历史解释方法。显然，这种定义撇开了马克思思想中革命的唯物部分。虽然马克思在 1858 年 1 月 14 日致恩格斯的信中，提到关于《资本论》的准备性研究时指出："我又把黑格尔的《逻辑学》浏览了一遍，这在材料加工的方法上帮了我很大的忙。"② 显然，在这里马克思表达了再次阅读黑格尔的《逻辑学》，对他撰写《政治经济学批判》手稿在材料加工的方法上产生了很大的影响。但是，对于马克思来说，《逻辑学》并不是黑格尔最重要的著作。因为在《逻辑学》中，辩证法的承担者是逻辑理念，它所关注的是与一切现实相分离的绝对的、纯粹的知识，它既是逻辑理念自身的辩证运动，又是对这一运动的自我认识，而马克思最关注的则是人类社会的现实问题。况且，马克思研究政治经济学的根本方法——"从抽象上升到具体的方法"主要还是受到《法哲学原理》的启示。

正如美国著名黑格尔研究学者 A. W. 伍德（Allen W. Wood）在其《黑格尔的伦理思想》一书中指出的那样："显而易见，黑格尔和马克思思想的生命力与思辨逻辑或与形而上学无关，而是他们的历史和社会理论，以及他们对现代社会中人类苦难的洞察。在这一领域，黑格尔教给了马克思很多，这有待于我们的自由主义政治理论家和传统的社会科学来理解。要使对'黑格尔和马克思'关系的探讨具有生命力，就应忽略对辩证方法的过度强调，将问题集中到具体的社会和历

---

① Norman Levine, *Marx's Rebellion Against Lenin*, New York: Palgrave Macmillan, 2015, p. 3.

② 《马克思恩格斯全集》第 29 卷，人民出版社 1972 年版，第 250 页。

史方面。"① 也就是说，虽然《逻辑学》与马克思有着直接的关联性，但我们却不能过分强调黑格尔《逻辑学》对马克思影响。

因此，如果要强调马克思与黑格尔之间关系的最主要联系，或者说这种联系之基础，"它只能是黑格尔在研习英国古典经济学基础上所获得的、理解资本主义社会发展的唯心主义的现象学方法。在自我活动的形式中界定自我，把自我的产生看作是一个历史过程，并在历史过程自身寻找历史问题解决的途径，这就是《现象学》否定的劳动辩证法所承载着的唯心主义现象学方法。在黑格尔看来，现象学方法实际上是社会存在本体发展到一定阶段所必然提供的自我认识的工具，是本体的自我认识，它因此在认识论上具有排他的科学性；作为现象学方法的运用结果，《逻辑学》得以表述本体在逻辑空间中的纯粹发展。换言之，虽然《逻辑学》中作为本体的辩证法是现象学方法的原型与基础，但在一般理智理解中，却是现象学方法使得辩证法的出场成为可能"②。事实上，在马克思读过的黑格尔著作中，他做过最深入研究和阐释的当属《法哲学原理》和《精神现象学》了。如果说马克思对黑格尔《法哲学原理》中"市民社会"的批判，论证了市民社会决定国家的思想，使其开始转向了对政治经济学的研究。那么《精神现象学》则启发了马克思对"异化""劳动"的重新思索："这使他看到了资本主义社会中工人同资本家的尖锐对立这一经济事实，看到了资产阶级经济学家的劳动价值论同资本主义私有制之间的深刻矛盾；进而将'异化'与'劳动'的分析结合起来，指出了这些对立和矛盾根源在于劳动的异化，从而创造性地提出了异化劳动的概念和异化劳动理论。"③ 虽然《精神现

---

① Allen W. Wood, *Hegel's Ethical Thought*, New York: Cambridge University Press, 1990, p. 256.

② 张亮：《马克思的辩证方法和它的黑格尔基础——莱文〈辩证法内部对话〉评析》，《探索》2003 年第 2 期。

③ 黄楠森：《马克思主义哲学史》，高等教育出版 1998 年版，第 29 页。

象学》中的劳动是抽象的精神劳动，但却显示了人在劳动中的生成。这与《逻辑学》中的抽象逻辑理念是完全不同的。所以，"在《资本论》中，马克思的确套用了《逻辑学》的表述逻辑。但马克思并不仅仅是'为了表述他在 1857 年所获得的对社会结构和社会变化的看法'而'觉得有必要利用黑格尔的逻辑形式'。准确地说，马克思是通过 19 世纪 50 年代科学的经济研究认识到：黑格尔以抽象的精神劳动为基础的现象学方法……完整地再现了一定的社会存在的生成结构，即历史发展到资本主义阶段所必然产生的资本的结构及其普遍统治：在资本主义大工业生产中，雇佣劳动成为了社会生活一切现象的普遍实体、整个人类事物的实在本质、人的一切要素的现实源泉，因此，只有从这个'抽象'出发，才可能达到对'具体'即资产阶级社会的经济结构和社会结构的科学认识……只能是在这样的本体论基础上，马克思才套用了黑格尔的表述逻辑，在《资本论》中唯物主义地再现了资本的自我建构及其统治。"[1] 也就是说，马克思在诺曼·莱文所谓的第二次借用时期对《逻辑学》的关注，并不仅仅是套用抽象的方法论去分析社会，而是以关注人的经济、政治相关的现象学为基础的。如果没有黑格尔《法哲学原理》以及《精神现象学》的启发，也不可能有马克思的《资本论》及他的全部经济学说。因此，不能过于强调《逻辑学》对于马克思黑格尔联结的文本优先性。虽然诺曼·莱文在阐述马克思对黑格尔借用的两个阶段时已经区分了青年马克思主要与《法哲学原理》以及《精神现象学》相联结，成熟马克思主要与黑格尔的《逻辑学》相联结。但笔者认为，他不应该孤立地分阶段介绍，还应该更清楚地探讨这两个阶段之间的勾连。这样才能更加立体地展现马克思与黑格尔一生的对话。

----

① 张亮：《马克思的辩证方法和它的黑格尔基础——莱文〈辩证法内部对话〉评析》，《探索》2003 年第 2 期。

另外，诺曼·莱文在对马克思与黑格尔关系的重构过程中，将二者的关系做了太多的不切实际的拉近。正如，国内研究诺曼·莱文思想较有成果的李佃来教授指出的，马克思在政治经济学研究运用的辩证逻辑，不可否认，确实受到了黑格尔辩证法的影响，但从总体上来看，马克思将其辩证法"根植于对统治个人的物质关系即资本的批判中，从而使辩证法实现为对资本逻辑和现实历史结构的直接表达，这样的理论路径，显然不是黑格尔的辩证法开出的，因为它（黑格尔的辩证法）说到底也是在思维领域内通过对形而上学的理论拨动而实现的逻辑概念运动"①。因此，从这个意义上看，虽然诺曼·莱文阐述了马克思与黑格尔在唯物主义因素之间存在着一定的关系，但这种对马克思与黑格尔距离的无限拉近以及刻意回避或压缩马克思主义理论中的唯物主义因素的做法，显然是对马克思主义科学性意义的消解。我们不能简单地仅仅将马克思主义辩证法或是马克思理论看作一种用来解释社会的方法，而且对马克思的主体性概念、历史性概念、市民社会或是对生产模式的解读、在政治经济学中的方法论运用，不可能完全以一种黑格尔主义的方式来理解。这种把马克思的思想结构与黑格尔的核心理论特别是逻辑学之间交集的不断强调，无疑助长了其对辩证唯物主义的解构，从而从基点上开启了"马克思主义"与"恩格斯主义"的全面对立，并在一定程度上会消解马克思主义建立在唯物之基础上的科学性。这种过度解释的逻辑与 C. J. 阿瑟在体系辩证法中将《资本论》中的经济范畴和价值形式与黑格尔的逻辑体系进行对接的方式具有某种相似性。C. J. 阿瑟将黑格尔的逻辑框架运用于分析马克思的《资本论》，认为从商品交换到价值运动，再到资本增殖的这一系列过程可类比于黑格尔的存在论、本质论和概念论。毫无疑问，C. J. 阿瑟在一定程度上揭示了《资本论》

① 李佃来：《马克思与黑格尔思想因缘的再考证——诺曼·莱文解读马克思哲学的理论定向》，《武汉大学学报》（人文社会科学版）2010 年第 2 期。

中经济范畴之间的逻辑关系，为我们理解资本主义经济体系提供了新的视角，但从本质上来说他依然遮蔽了资本主义社会的现实矛盾。马克思的历史辩证法强调从社会现实出发，通过揭示社会历史发展中的矛盾运动来把握社会发展的规律。而体系辩证法则过分强调逻辑体系的内在一致性，忽视了社会历史的复杂性和矛盾性。这种背离不仅削弱了对资本主义社会现实矛盾的揭示能力，也削弱了《资本论》作为无产阶级革命理论武器的力量。

第四节　重思"马恩关系论"的启示

习近平总书记早在主持学习中共中央政治局第四十三次集体学习时就强调，对国外马克思主义研究新成果，我们要密切关注和研究，有分析、有鉴别，既不能采取一概排斥的态度，也不能搞全盘照搬。包括西方马克思学在内的国外马克思主义，虽然有其特殊的发展倾向和讨论语境，与我国的马克思主义研究存在价值立场对立和视角的差异，但他们确实亦形成了一些较为可观的创新性阐释。因此，批判地审视国外马克思主义研究新成果，可以丰富国内研究者的理论维度，为我们拓宽马克思主义文本研究的视域，提供了认识论和方法论参考。

在我国的马克思主义理论界，"伙伴论"的观点一直占据着绝对的统治地位。包括我们一直沿用的教科书模式都是将马克思主义哲学分为两大部分：辩证唯物主义与历史唯物主义。一些学者在进行马克思主义研究时，只是凭借某一部马克思主义经典作家的全集或选集，抑或是一些二手资料等。只去了解正面观点，而不去把握和了解反面观点；只去了解国内观点，不去关注国际上对此问题的研究前沿及程度。这正如习近平总书记在 2016 年哲学社会科学工作座谈会上指出的，"相比之下，我们一些研究在这方面的努力就远远不够了。恩格斯曾经说过：'即使只是在一个单独的历史事例上发展唯物主义的观点，也是一项要求多年冷静钻研的科学工作，因为很明显，在这里只说空话是无济于事的，只有靠大量的、批判地审查过的、充分地掌握了的历史资料，才能解决这样的任务。'对马克思主义的学习和研究，不能采取浅尝辄止、蜻蜓点水的态度。有的人马克思主义经典著作没读几本，一知半解就喋喋不休发表意见，这是一种不负责任的态度，也有悖于科学精神。"① 这不应成为我们对待马克思主义的研究态度。在意识形态的眼光上，有的学者总是倾向对"西方马克思学"采取一种形而上学的态度，即僵化、静止地看待它们，全然不顾其理论的发展、变化，甚至敌视、拒斥。我们在潜意识上就认为这些学者是反社会主义的，他们都是在人为地制造问题，根本不可能进行客观的学术研究。这显然又是把一种理论观点和学术成果当成"唯一准则"的封闭的研究模式，极容易滑入机械论的泥坑。不可否认的是，"西方马克思学"这一概念在国内早已成为资产阶级意识形态的代名词。不过我们更应该以一种开放的姿态去审视西方马克思学者在对马克思主义研究中所做出的贡献。除了诺曼·莱文外，M. 吕贝尔、W. F. 豪克、D. 麦克莱伦、G. 李希特海姆、A. W. 古尔德纳、T. 卡弗、S. 胡克等学者都是西方颇负盛名的"马克思学"学者，他们在各自的研究中都取得了一定的成绩。我们不能遗忘"马克思主义本身就是国际性的开放思潮，它的丰富和发展，既要与本国本民族的具体实践相结合，又不能局限于一国一地或一个方面的理解"② 。只有这样，才是真正把辩证法运用到马克思主义哲学的研究中去，才有可能科学地再现马克思主义哲学的本质。

---

① 习近平：《在哲学社会科学工作座谈会上的讲话》，人民出版社 2016 年版，第 12 页。
② 张翼星：《〈辩证法内部对话〉翻译、出版的缘由》，《北京大学学报》（哲学社会科学版）1997 年第 4 期。

不过，近年来，随着更多的马克思未刊手稿出现在人们的视野内，差异论的观点越来越受到一些学者的支持和引荐，传统的有关马克思恩格斯之间关系的观点开始遭遇批判和质疑，就像导论中所提到的，不论国内还是国外，这场争论还在继续。当今学界，虽然伙伴论依然占据统治地位，但不少学者也已然意识到把马克思主义哲学仅做传统教科书的表述，容易导致教条主义，没有真正通达马克思主义的精髓与本质。因此，这些不同的观点应该相互对话，相互交融。我们应在强调马克思与恩格斯学术思想的总体一致的同时，关注和直面马克思与恩格斯在特定历史条件或具体环境中出现的某些思想差别，通过在总体性与历史性为宏观视野的角度下的文本解读，从客观因素和主观因素等方面对二者的差异作出合理的说明，以求更深入、更细致地掌握马克思主义发展的真实过程，并进而在现代实践和科学发展的基础上继承马克思和恩格斯的本真思想，创造性地发展马克思主义。也就是说，我们需要的不是简单地从各个领域和环节将二者思想的关联做出逐一的对比，而应该把研究重心放在这一科学理论体系的整体性建构过程中。否则，这种单纯机械的解读方式可能因背离马克思主义真精神而彼此脱节，从而遮蔽马克思主义思想的整体性与科学性，忽视其对资本主义社会剖析的深刻的洞察力。

就像诺曼·莱文在书中所言："通过去掉（使马克思主义）麻痹的形而上学覆盖物……旨在恢复马克思的方法，而只有运用正确的方法，才能发展出健全的马克思主义科学。"[①] 马克思主义是真理性的科学，不畏挑战，不畏争论，不畏批评，它在回应挑战、比较和对照中只会发展，而绝不会被推翻，这也是由真理的绝对性和相对性的辩证关系原理所决定的。诺曼·莱文在写作过程中，基于 $MEGA^2$ 的一手资料，这些

---

① Norman Levine, *Dialogue Within the Dialectic*, London: George Allen & Unwin, 1984, p. 5.

资料是相当丰富和前沿的，抛去其理论观点的问题和局限性，对其观点的研究、借鉴和批判无疑可以对这场争论而且可以对马克思主义哲学今天的发展起到一定的推动作用。①

在对待马克思与恩格斯的关系问题时，我们应该遵守一种悬置性原则。"所谓悬置性，即对马克思恩格斯未论及范围并未有充分证据的不可臆断性。"② T.卡弗曾说过这么一段话："在任何情况下，文本记录都不必然是完成的。我们有理由假定：那些可以直接选择它们的人，包括恩格斯自己，完全可能因为政治的和个人的理由改动不一致的证据。我不是说他们的确这么做了，而是说必须承认他们这么做的可能性，所以，他们的任何解释都应当进行适当的限制。"③ 也就是说，在 T.卡弗看来，马克思未有论及的领域完全有可能被恩格斯用一致性代替他们实际上的不一致。同样这一话语也可以被理解为，马克思未有论及并不等于马克思同意恩格斯，同样也不等于马克思反对恩格斯。④ 因此，翔实的文本考据只能让我们尽量接近事实的真相，但由于无法还原到历史的当下，对于诺曼·莱文来说，用马克思与恩格斯的差异论代替激烈的"对立论"或许是种更为明智的选择。

---

① 部分观点参照［美］诺曼·莱文《辩证法内部对话》，张翼星等译，云南人民出版社 1997 年版，第 4、540 页。

② 余乃忠、于今玺：《"回到马克思"的问题、方法与原则——兼评若干英美马克思主义学者的文本演绎》，《马克思主义与现实》2013 年第 4 期。

③ ［美］T.卡弗：《"马克思和恩格斯"，还是"恩格斯对马克思"——在东京弗里德里希·恩格斯国际研讨班上的演讲》，张亮译，《江海学刊》2006 年第 1 期。

④ 余乃忠、于今玺：《"回到马克思"的问题、方法与原则——兼评若干英美马克思主义学者的文本演绎》，《马克思主义与现实》2013 年第 4 期。

结　语

　　"马克思学"（Marxologie/Marxology）概念最早来自法国马克思学家吕贝尔创办的《马克思学研究》。他指出："……西方马克思学不是一个严格意义上的学派，不同时期的代表人物的观点也存在着差异，但他们注重对马克思生平、著作的文本学研究，主张以青年马克思的人道主义思想理解马克思的全部学说，从而作出不同于正统马克思主义的阐释范式，这是西方马克思学共有的一个理论特征。"① 之后，马克思学也因 M. 吕贝尔的系列学术活动而声名大振。MEGA² 编辑出版研究，应该被看作 21 世纪马克思学领域的重大理论成果之一。20 世纪末尤其是 21 世纪以来，随着 MEGA² 编辑出版的推进，越来越多的国外马克思学家立足 MEGA²，对马克思与恩格斯的关系、马克思与黑格尔关系进行了新的探索与研究。

　　自 20 世纪 80 年代以来，国内学界对于西方马克思主义流派及其代表人物著作的译介和研究呈现出繁荣的景象。相形之下，人们对于同样作为五条阐释路径的国外马克思学的纯学术研究的重视程度就显得稍许薄弱，这里可能更多地涉及意识形态的原因。虽然近几年来国内有了较为集中的译介，但总体来说，成果数量相对较少。正如前文所述，国外

---

　　① 陈学明、王凤才：《20 世纪马克思主义发展史·第七卷·20 世纪下半期马克思主义在西方国家的发展》，中国人民大学出版社 2021 年版，第 138 页。

马克思学阐释路径偏重文献学考证、文本学解读，且更加强调学术性，其研究往往以"解读"见长，研究者思想活跃且善于提出新的问题，得出新的结论。在这种情形下，深化对国外马克思学的跟踪、展开积极的学术对话就显得尤为重要。

党的二十大报告指出，"我们要坚持对马克思主义的坚定信仰、对中国特色社会主义的坚定信念，坚定道路自信、理论自信、制度自信、文化自信，以更加积极的历史担当和创造精神为发展马克思主义做出新的贡献，既不能刻舟求剑、封闭僵化，也不能照抄照搬、食洋不化"。因此，今天我们研究西方马克思学，重新审视马克思与恩格斯的学术关系、马克思与黑格尔的学术关系以及马克思学说和马克思主义的关系等问题，既不能"唯我独马"，又不能"唯西是马"，而应试图从理论与实践两个维度坚持、继承与创新、发展马克思主义。在立足中国特色马克思主义理论体系的基础上，对于国外马克思主义研究，我们一方面应保持开阔视野，秉持自觉的探索立场，积极在国内外学界开展探讨与交流，拒绝固步自封和教条主义，既能够掌握国外马克思主义研究整体面貌和必要的理论内容，又能够通过对其的讨论与回应"走出去"，使我们的理论研究实践和政治实践成果在世界范围产生影响；另一方面还应该秉持高度的历史自觉和文化自信，厚植新时代马克思主义发展的中国立场和意识形态原则，在交流讨论中、在研究方式和整体倾向上取得积极的结果。只有这样，才能实现中国马克思主义研究的拓展与深化，才能正确回答时代和实践提出的重大问题，才能始终保持马克思主义的蓬勃生机和旺盛活力，从而达到马克思主义发展的新境界。

参考文献

一　中文部分

经典著作

《马克思恩格斯全集》第3卷，人民出版社2002年版。

《马克思恩格斯全集》第25卷，人民出版社2001年版。

《马克思恩格斯全集》第29卷，人民出版社1972年版。

《马克思恩格斯全集》第30卷，人民出版社1995年版。

《马克思恩格斯全集》第35卷，人民出版社1971年版。

《马克思恩格斯全集》第36卷，人民出版社1974年版。

《马克思恩格斯全集》第39卷（上），人民出版社1974年版。

《马克思恩格斯文集》第1卷，人民出版社2009年版。

《马克思恩格斯文集》第2卷，人民出版社2009年版。

《马克思恩格斯文集》第3卷，人民出版社2009年版。

《马克思恩格斯文集》第4卷，人民出版社2009年版。

《马克思恩格斯文集》第5卷，人民出版社2009年版。

《马克思恩格斯文集》第7卷，人民出版社2009年版。

《马克思恩格斯文集》第8卷，人民出版社2009年版。

《马克思恩格斯文集》第 10 卷，人民出版社 2009 年版。

《马克思恩格斯选集》第 3 卷，人民出版社 2012 年版。

中文著作

陈先达：《历史唯物主义与当代中国》，中国人民大学出版社 2019 年版。

陈学明、王凤才：《20 世纪马克思主义发展史·第七卷·20 世纪下半期
马克思主义在西方国家的发展》，中国人民大学出版社 2021 年版。

陈学明、王凤才：《西方马克思主义前沿问题二十讲》，复旦大学出版
社 2008 年版。

陈学明：《西方马克思主义教程》，高等教育出版社 2001 年版。

何中华：《重读马克思：一种哲学观的当代诠释》，山东人民出版社
2009 年版。

鲁克俭：《国外马克思学研究的热点问题》，中央编译出版社 2006 年版。

孙承叔：《真正的马克思——〈资本论〉三大手稿的当代意义》，人民
出版社 2009 年版。

孙正聿：《辩证法研究（上）》，吉林人民出版社 2007 年版。

王凤才、袁芃：《21 世纪国外马克思主义与当代中国马克思主义发展趋
向》，上海人民出版社 2021 年版。

王凤才：《重新发现马克思——柏林墙倒塌后德国马克思主义发展趋
向》，人民出版社 2015 年版。

吴家华：《理解恩格斯》，安徽大学出版社 2005 年版。

杨耕：《为马克思辩护：对马克思哲学的一种新解读》，北京师范大学
出版社 2004 年版。

衣俊卿：《西方马克思主义概论》，北京大学出版社 2008 年版。

余源培、吴晓明：《马克思主义哲学经典文本导读》，高等教育出版社
2005 年版。

俞吾金：《被遮蔽的马克思》，人民出版社 2012 年版。

俞吾金、陈学明：《国外马克思主义哲学流派新编·西方马克思主义卷》，复旦大学出版社 2002 年版。

俞吾金：《从康德到马克思》，广西师范大学出版社 2004 年版。

俞吾金：《重新理解马克思——对马克思哲学的基础理论和当代意义的反思》，北京师范大学出版社 2005 年版。

赵敦华：《西方哲学简史》，北京大学出版社 2001 年版。

邹诗鹏：《从启蒙到唯物史观》，上海人民出版社 2016 年版。

中文译著

［德］马克斯·霍克海默、西奥多·阿道尔诺：《启蒙辩证法——哲学断片》，渠敬东、曹卫东译，上海人民出版社 2006 年版。

［法］埃蒂安·巴利巴尔：《马克思的哲学》，王吉会译，中国人民大学出版社 2007 年版。

［法］路易·阿尔都塞：《保卫马克思》，顾良译，商务印书馆 2010 年版。

［法］吕贝尔：《吕贝尔马克思学文集（上）》，郑吉伟等译，北京师范大学出版社 2009 年版。

［法］汤姆·洛克曼：《马克思主义之后的马克思》，杨学功等译，东方出版社 2008 年版。

［美］伯特尔·奥尔曼：《辩证法的舞蹈——马克思方法的步骤》，田世锭等译，高等教育出版社 2006 年版。

［美］赫伯特·马尔库塞：《单向度的人——发达工业社会意识形态研究》，刘继译，上海译文出版社 2008 年版。

［美］莱文：《不同的路径：马克思主义与恩格斯主义中的黑格尔》，臧峰宇译，北京师范大学出版社 2009 年版。

［美］诺曼·莱文：《黑格尔〈逻辑学〉中的"本质论"与〈资本论〉中的方法论》，参见张庆熊等《现象学方法与马克思主义文选》，上海三联书店 2014 年版。

［美］诺曼·莱文：《马克思与黑格尔的对话》，周阳等译，中国人民大学出版社 2015 年版。

［美］特雷尔·卡弗：《马克思与恩格斯：学术思想关系》，姜海波等译，中国人民大学出版社 2008 年版。

［日］广松涉：《唯物史观的原像》，邓习议译，南京大学出版社 2009 年版。

［日］望月青司：《马克思历史理论的研究》，韩立新译，北京师范大学出版社 2009 年版。

［英］戴维·麦克莱伦：《马克思以后的马克思主义》，李智译，中国人民大学出版社 2004 年版。

论文

陈学明：《马克思恩格斯晚年放弃原先的理论了吗?》，《理论学刊》2012 年第 10 期。

龚剑飞：《国外学者马克思恩格斯哲学思想关系论争及其评析》，《贵州社会科学》2011 年第 6 期。

J. D. 亨利：《马克思和恩格斯思想上的一致性》，黄文前译，《马克思主义与现实》2009 年第 3 期。

李佃来：《马克思与黑格尔思想因缘的再考证——诺曼·莱文解读马克思哲学的理论定向》，《武汉大学学报》（人文社会科学版）2010 年第 2 期。

李佃来：《马克思主义的黑格尔化与去黑格尔化——诺曼·莱文〈分歧的路径〉的文本解读》，《江西社会科学》2013 年第 5 期。

李佃来：《重新理解历史唯物主义理论起源》，《理论探索》2017 年第 2 期。

林锋：《诺曼·莱文对晚年恩格斯历史观的误读》，《马克思主义与现实》2019 年第 4 期。

林锋：《〈摩尔根《古代社会》一书摘要〉社会发展观辨析——对诺曼·莱文相关观点的质疑》，《马克思主义与现实》2022 年第 6 期。

鲁克俭：《国外马克思学者关于马克思与黑格尔关系的新观点》，《中共天津市委学校学报》2009 年第 1 期。

鲁克俭：《体系辩证法与马克思新阅读：一个比较视角的考察》，《国外理论动态》2024 年第 1 期。

［美］凯文·安德森：《黑格尔与社会理论的兴起——对马尔库塞〈理性与革命〉的一种批判性阅读》，蒙木桂译，《马克思主义美学研究》2014 年第 1 期。

［美］诺曼·莱文：《阿尔都塞对〈大纲〉的曲解》，李旸译，《马克思主义与现实》2011 年第 1 期。

［美］诺曼·莱文：《论恩格斯、列宁和斯大林对马克思思想的解读——以"辩证唯物主义为例"》，李紫娟、刘娟译，《江海学刊》2013 年第 4 期。

［美］诺曼·莱文、臧峰宇：《马克思学与马克思政治哲学的文本语境》，《马克思主义与现实》2014 年第 6 期。

聂锦芳：《马克思思想的起源及对其一生的影响》，《社会科学辑刊》2017 年第 3 期。

苏国辉、张琪：《诺曼·莱文"马克思——黑格尔连续论"之辨析》，《哲学动态》2019 年第 7 期。

孙海洋：《国外马克思主义者论马克思与黑格尔的关系：一种谱系学分析》，《国外理论动态》2015 年第 9 期。

文兵：《〈自然辩证法〉再认识——兼评诺曼·莱文的〈辩证法内部对话〉》，《马克思主义哲学》2021 年第 1 期。

王凤才、袁芃：《MEGA² 中的马克思恩格斯关系问题》，《探索与争鸣》2016 年第 2 期。

王凤才：《再谈马克思与黑格尔关系问题——从 N. 莱文的视角出发》，《复旦学报》2021 年第 6 期。

汪行福：《马克思误读了黑格尔吗——评诺曼·莱文教授的〈马克思对话黑格尔〉》，《哲学动态》2013 年第 9 期。

吴昕炜：《诺曼·莱文"新黑格尔马克思主义"的特点》，《武汉大学学报》（人文社会科学版）2013 年第 11 期。

仰海峰：《国外马克思主义研究的理论构图》，《国外社会科学》2012 年第 1 期。

余乃忠、于今玺：《"回到马克思"的问题、方法与原则——兼评若干英美马克思主义学者的文本演绎》，《马克思主义与现实》2013 年第 4 期。

袁芃：《诺曼·莱文视阈中的马克思黑格尔关系》，《马克思主义与现实》2017 年第 5 期。

［英］保罗·布莱克利奇：《"马恩对立论"驳议》，曲轩编译，《当代世界与社会主义》2020 年第 4 期。

张亮：《马克思的辩证方法和它的黑格尔基础——莱文〈辩证法内部对话〉评析》，《探索》2003 年第 2 期。

张亮：《恩格斯：马克思主义哲学史研究的第一推动力》，《南京大学学报》（哲学·人文科学·社会科学版）2005 年第 1 期。

赵立、张亮：《马克思与黑格尔关系问题的"失锐式解读"：苏东剧变以来西方"马克思学"对辩证法的研究及反思》，《教学与研究》2021 年第 4 期。

邹诗鹏：《马克思社会思想的三重内涵》，《南京大学学报》（哲学·人文科学·社会科学）2020 年第 1 期。

张秀琴：《论当代美国马克思主义的辩证法观》，《哲学基础理论研究》2011 年。

赵玉兰：《马克思主义与黑格尔主义：对话诺曼·莱文》，《国外理论动态》2013 年第 6 期。

二　外文部分

外文著作

Allen W. Wood, *Hegel's Ethical Thought*, New York：Cambridge University Press, 1990.

Alvin W. Gouldner, *The Two Marxisms：Contradictions and Anomaliesin the Development of Theory*, USA：Oxford University Press, 1982.

August Nimtz, *Marx and Engels：Their Contribution to the Democratic Breakthrough*, New York：State University of New York Press, 2000.

Christopher J. Arthur, *Engels Today：A Centenary Appreciation*, New York：St. Martin's Press, 1996.

George Lichtheim, *Marxism：An Historical and Critical Study*, London：Routledge & Kegan Paul, 1964.

Herbert Marcuse, *Reason and Revolution：Hegel and the Rise of Social Theory*, London：Routledge & Kegan Paul Ltd. , 1955.

Ian Cummings, *Marx, Engels and National Movement*, London：Croom Helm, 1980.

Iring Fetscher, *Marx and Marxism*, New York：Herder and Herder, 1971.

J. D. Hunley, *The Life and Thought of Friedrich Engels: A Reinterpretation*, New Haven: Yale University Press, 1991.

KaanKangal, *Friedrich Engels and the Dialectics of Nature*, London and New York: Palgrave Macmillan, 2020.

Lucien Goldmann, *Cultural Creation in Modern Society*, trans. Bart Grahl, Oxford: Basil Blackwell, 1977.

Manfred B. Steger and Terrell Carver, *Engels after Marx*, Pennsylvania: Pennsylvania State University Press, 1999.

Norman Levine, *The Hegelian Foundations of Marx's Method*, Lanham: Lexington Books, 2006.

Norman Levine, *Marx's Discourse with Hegel*, New York: Palgrave Macmillan, 2012.

Norman Levine, *Marx's Rebellion Against Lenin*, New York: Palgrave Macmillan, 2015.

Paul Blackledge, *Friedrich Engels and Modern Social and PoliticalTheory*, New York: SUNY Press, 2019.

期刊论文

John Bellamy Foster, "TheReturn of Engels", *Monthly Review*, Vol. 68, No. 10, 2017.

Paul Blackledge, "Engels vs. Marx? Two Hundred Years of Frederick Engels", *Monthly Review*, Vol. 72, No. 1, 2020.

Terrell Carver, "Whose Hand is the Last Hand? The New MEGA Edition of 'The German Ideology'", *New Political Science*, Vol. 41, No. 1, 2019.